明治維新史論集

1

幕末維新の政治と人物

明治維新史学会

[編]

有志舎

刊行の辞

本書は、「明治維新および関連事項に対する研究の発展と普及をはかり、あわせて、その研究者相互の協力の促進を目的とする」（明治維新史学会規約第三条）、明治維新史学会の編集による論集である。明治維新史学会がその研究成果を世に問うため、一九八八年に論集編集委員会を組織し「明治維新史研究」として、論集第一巻『幕藩権力と明治維新』を発刊したのは、一九九二年四月であった。以後、二〇一〇年二月の第九巻『明治維新と史料学』まで、およそ二〇年間にわたって計九冊の論集を吉川弘文館から刊行してきた。この論集は単なる論文集ではなく、政治史・思想史・民衆史・地域史・外交史・文化史および史料学に関わる、広範なテーマを掲げて明治維新史研究に新たな論点を提示してきたものであった。

ところで、この二〇一〇年は一九八〇年に「廃藩置県研究会」として産声をあげた、本学会（一九八二年に明治維新史学会と発展的に改称）の発足三〇周年にあたる年であった。そこで、三〇周年記念事業の一環として、二〇〇七年に『講座　明治維新』（全一二巻）を企画した。明治維新史研究の総括と今後の展望を示すことを目的とする、この事業に学会の総力をあげて取り組むため、第一〇巻以降の論集刊行を一時的に休止することにした。そして、『講座　明治維新』の第一巻『世界史のなかの明治維新』を二〇一〇年に刊行し、以後の編集・刊行のメドが一応立った二〇一二年、創設期を担った会員より若い層を中心とする論集編集委員会を再び組織し、論集復刊に向けて動き出すことになった。

本書は論集の通算一〇冊目となるが、再刊論集としての第一弾であり、新たに「明治維新史論集」を書名に冠し、有志舎から刊行することとなった。リニューアルにあたっては、掲げたテーマの明治維新史上の意義をより鮮明に打ち出し、その趣旨を論集の冒頭で述べることにした。

明治維新史研究は一〇〇年以上にもおよぶ歴史をもち、日本近代史においては最も豊富な蓄積を有する分野であり、近年でも精緻な実証研究の成果が相次いで発表されている。そして、二一世紀に入る頃から本学会が一つの起爆剤となって、とりわけ若い研究者によって、特に開国前後からの幕末史研究が活性化して隆盛を極めている。そこでは、従来の倒幕を前提とする薩摩・長州両藩の研究から、これまでともすれば軽視されてきた、幕府や薩長以外の諸藩および天皇・朝廷にも分析のメスが入れられている。

リニューアル版論集第一巻（本書）の書名（テーマ）『幕末維新の政治と人物』は、こうした最近の研究潮流のなかから設定したものである。明治維新の総体的・包括的な理解を深化させるためには、研究史をふまえた一次史料による確かな実証に基づく研究が必須となる。再来年の二〇一八年は「明治一五〇年」となり、「明治維新とは何であったのか」、という古くからの課題が、再び問われることになる。この課題に関して本書は、幕末政治史についての議論を深める素材となり得るであろう。読者の皆さまからのご批評をお願いする。

最後に刊行にあたってお世話になった、有志舎をはじめとする関係各位にお礼申し上げる。

明治維新史学会会長

勝田政治

二〇一六年五月

明治維新史論集 1

◆幕末維新の政治と人物 〈目次〉

はじめに

明治維新史学会

本書は、幕末維新期の政治に関わった人物に注目し、同時期における政治社会の諸問題を考えるべく編まれた論集である。そのねらいについて、初めにやや詳しく述べておきたい。

現在の日本を取り巻く政治・社会的課題は少なくない。国内では少子化による著しい人口減少、雇用形態による経済的格差の拡大、エネルギーや自然環境、また領土やテロをめぐる国際関係の急激な変化、それに伴う憲法と安全保障など、いずれも深刻な問題を抱えている。政治はかつては「決められない」政治と揶揄される状況が続いたが、現在は一転して、「決める政治」や「強い政治」が標榜され、民主主義との関係が問われている。今ほど、政治のリーダーシップや政策決定のあり方が問われている時代はない。

ところで、様々な課題を抱える時代において、「改革」を標榜する人々が、しばしば引合いに出すのが明治維新である。それは、国家的な危機を打開し、日本を近代化に導いた革命（あるいは変革）として捉えられ、幕末期の薩長の指導的人物や志士、明治政府の政治家の指導力に熱い視線が集まるのだろう。そこから、「明治維新に学べ」という言葉が広く流通する。

しかし、そこには片方から見た、単純ともいえる認識が存在する。つまり、ペリー来航に際し、なす術を知らない幕府が変革を求める薩長勢力に倒され、明治政府が誕生したというものである。あるいは、現状に甘んじて「決断できない」幕府に対し、変革を断行した薩長指導者たちが対比されることもあろう。だが、これらの見方は史実を正確に反映しているだろうか。

例えば、幕府は安政五年（一八五八）に日米修好通商条約の締結という決断を下し、そのことが国内政治の流動化と幕府の弱体化を招く結果となったが、のちに明治政府が条約を積極的に継承したことは周知のことだろう。明治政府が対外和親を推進するうえで、反対勢力のために費やした労力は小さくなかったが、幕府の「地ならし」のうえに、相対的に見てスムーズに開国路線を取り得たことは否定できない。

あるいは、幕府による文久改革（参勤交代制度緩和を初めとする諸改革）が、挙国一致的な政治体制を目指した反面、幕府による朝廷や諸藩への統制は弱まり、明治維新の趨勢に重大な影響を与えたことを、最新の研究は教えている。また、徳川慶喜による有名な大政奉還の決断も、幕府の自己否定のうえに、新たな政治情勢を生み出した。このような決断の積み重ねの果てに幕府は消滅したのである。「何もしない幕府」というイメージが実際といかにかけ離れているか、これだけでも分かるだろう。

幕府だけではない。薩長両藩以外の多くの藩が、政局に対応すべく様々な決断を迫られる経験を有している。幕末政局だけでなく、幕府倒壊以後も、藩の解体という現実的な危機感の中で藩の存続を追究する一方で、一部の藩は廃藩へ向けて自ら舵を切った。これら、消滅した幕府や藩の政治的体験は顧みる意味は無いのだろうか。そのようなことはあるまい。旧藩士や旧幕臣などで構成される明治政府の政治指導には、当然幕府や藩の経験が反映されているはずであり、明治維新の政治的体験は、あくまで、重層的に考察されねばならないのである。また、もし「明治維新に学ぶ」というならば、単純かつ理想化された物語りではなく、現実に根ざした、複眼的な史実でなくては意味をなさないだろう。

ところで、幕末維新期は、いまだ身分制度が力をもった時代である。政治的影響力を行使できる人々は身分や家格制度のために限られていた。しかし、だからといって君主的な立場の人々や、少数の指導者だけで重大な決定が行えたわけではない。ペリー来航以降、幕府や藩のみでなく、天皇をいただく朝廷でも、人材登用や「言路洞開」「衆議尊重」のスローガンのもと、従来の身分・階層をこえる政治参加枠の拡大がなされた。そこでは、政治決定の手続きや正当性が鋭く問われる事態が生まれた。この時期、諸大名から幕府へ、あるいは藩士から上層部へ、また、中下級廷臣から天皇・関白へと膨大な建白（意見書）が提出され、逆に上からも諮問が繰り返された。同時に「御前会議」が幕府、諸藩、朝廷などで広く見られるほか、君臣間の多様なコミュニケーションが展開されたのは、そのような事情が背景にある。これらの点は、近年研究の進展が著しいが、本書の各論文からも看取できる。

それに関連して、幅広く「衆議」「公論」を吸い上げ、最終的に優れた決断を下せる君主が時代の要請として求められた。本書では将軍や藩主レベルの人物を多く取りあげるが、それはこのことに関わっている。すなわち、幕末維新期の君主に視点を定めることは、当該期の政治指導や決断に関わる、幅広い階層の人々を射程に収めるうえで有効なのである。

以上の考えをもとに、本書は主として二つの視点を設定した。その一つは、単に伝記的な生涯を追うのではなく、人物を通じて、当該時期の政治や社会に関わる諸課題を追究すること。二つ目は、その際、人物の政治指導の側面に可能な限りアプローチし、実際の政治の場での役割を明らかにすることである。また、その場合、後世から見て「失敗した」政治指導と評価されるものも積極的に取りあげる。

もっとも、収録論文のすべてが右の課題に十分答えているわけではなく、対象に接近するうえでの方法も様々である。それは、史料の残存状況や考察対象による個別の事情に左右されるため、やむをえないところである。しかし、執筆者が共通の問題意識を有していることは確認しておきたい。

＊　＊　＊　＊　＊

以下では、本書に収めた七本の論考について若干の紹介を行うが、執筆者は世代間のバランスを考慮しつつ選んでいる。いずれも本学会で精力的に活動し、切磋琢磨してきたメンバーである。執筆にあたって、メンバー全員で意見交換会を持ち、活発な議論をへて問題意識を共有した。そのうえで、本学会の例会や大会で発表を行い、様々な指摘や批判を受けとめながら論考を作成している。

まず、Ⅰは「幕府政治の展開」と題し、二つの論考を用意した。一方は幕府官僚、他方は将軍という相異なる立場から幕府政治の展開を見ていく。幕末期の徳川幕府については、従来は将軍徳川慶喜の政治路線や、配下の小栗忠順ら「親仏派」官僚の分析が花形である時期もあったが、中央政局を軸とした実証分析が進むなかで、従来の「通説」が批判され、外交・内政・軍事の各分野、さらに幕臣の伝記的研究まで、幅広く成果が生まれている。ただ、敗者としての幕府研究においては、史料環境は決して良好ではなく、収録した二つの論考も事情は同じであるが、史料が少ない中での創意工夫を行っている。

まず、後藤敦史「岩瀬忠震と幕末外交」は、安政期の幕府外交で主導的役割を果たした岩瀬忠震を取りあげる。岩瀬は開国派の「開明的」幕臣の代表として知られるが、、意外にも研究は少なく、基本的な部分で未解明な点を残している。例えば、なぜ、幕府の目付（海防掛兼帯）のひとりに過ぎない岩瀬が幕府外交を主導しえたのか、また、その開国論を基調とする外交構想の形成過程や、変遷の有り様はいかなるものか、などの諸点である。本稿では一次史料を中心に、右の諸点の解明を目指すとともに、岩瀬が活躍した嘉永～安政期（一八五〇年代）の幕府政治・外交の特質についても検討を加える。読者は、併せて近年のペリー来航前後の政治外交史の水準も知ることができるだろう。

続いて、久住真也「政治君主としての徳川家茂」は、幕府の頂点にいた将軍を扱う。大政委任（条件つき）に基づき政権を掌握する将軍の動向は、全国レベルの政治に大きな影響を与えるのは言うまでもない。しかし、幕末期の将軍の研究は、徳川慶喜以外ほとんどなく、一四代の家茂も、慶喜の影に隠れ十分注目されてこなかった。しかし、家茂期の将軍の国政上の地位は、いまだ慶喜期より高く、家茂を考察することは、当時の幕府組織の抱える問題と政局の関係を理解するうえで不可欠である。本稿では、家茂の政治的役割を検討するほか、幕臣や有志大名が家茂を高く評価し、その将来に期待した背景を、幕末維新期に求められた君主像との関わりから探る。

Ⅱは、「大藩の選択」として、三つの藩を取りあげる。近年薩長以外の諸藩の研究が進んでいるが、政局を広い観点から理解するうえで重要なのは、中央のみならず、周辺地域への政治的影響力が大きかった藩である。例えば、攘夷実行や長州征伐、大政奉還と王政復古、さらに戊辰戦争などにおいて、いかなる行動を選択するかは、全国二〇〇以上の藩にとって死活に関わる重大事であった。そこでは、近隣の大藩の動向が進路決定の重要な判断要素（材料）になることが少なくなかった。ここで取りあげる加賀・尾張・仙台などの大藩は、まさにその動向が注視された存在であり、政治決定に関わる藩主以下の人々の役割に、注目しなくてはならない。

まず、宮下和幸「加賀藩の政治過程と前田慶寧」は、加賀藩の世子・藩主として活動した前田慶寧《よしやす》の政治指導に注目した。慶寧は戦前を中心に「勤王」の象徴として地域で顕彰された人物であるが、その反面、慶寧が一一代将軍家斉の外孫にあたり、子女が会津藩主松平容保と婚約していた事実などは、十分考慮されてこなかった。加賀藩自体も「日和見」と片づけられる傾向があるが、藩の政治方針の内在的理解や考察は十分ではない。慶寧の「御意」（発言）、「親翰」（手紙）などに注目し、慶寧の行動と役割を、「勤王」基準と異なる視点から再考する。

次に藤田英昭「徳川慶勝の政治指導と尾張徳川家」は、有志大名として知られ、尾張藩主・隠居として活動した徳川慶勝の政治指導に注目した。慶勝については、すでにそのリーダーシップを評価する見解が存在するが、徳川一門としての尾張家の先例や格式の存在、家臣団（とくに両家年寄）の影響力は看過できない。かつ慶勝は、分家の美濃高須松平家の出身で、将軍家の血統が続いたそれ以前の当主から見て、傍流であった。天保期の家督相続以後、慶勝が指導力を発揮するのは、実は容易ではなかったのである。本稿は、前近代の大名家当主が政治指導力を発揮するうえでの、阻害要因を考察するに際しても重要な視点を提示している。

栗原伸一郎「仙台藩の意思決定過程と伊達慶邦」は、一般に西南雄藩に比して、「遅れている」、あるいは「保守的」と評価されてきた、仙台藩と藩主伊達慶邦について取りあげる。具体的には、幕末政局〜戊辰戦争期の藩内の政治意思決定の構造と、慶邦の政治姿勢を一次史料をもとに精緻に分析していく。読者は、本稿を通じて、一般にお飾りの印象が強い大藩の当主が、人材抜擢や積極的に家臣との面談を行い、意見諮問や御前会議などを通じて、政治方針を懸命に模索していた姿に意外さを感じるかもしれない。伊達家は「東方雄藩」あるいは「鎮守府将軍」であるとの自己認識が、慶邦の判断や行動を規定していく状況は、藩研究と幕末政治史をつなぐうえでも、注目できる。

Ⅲは「薩長再考」と題し、「倒幕勢力」として一見疑う余地のない、薩摩藩と長州藩の政治指導を再考する二論考を用意した。長州藩研究は、かつては明治維新史の中心であり、膨大な研究蓄積がある。しかし、マルクス主義歴史学の退潮とともに、中央政局との関連を重視した実証的な研究により、薩長盟約（同盟）の性格や、倒（討）幕派の成立時期について再考を迫られている。近年は、長州藩に比べ圧倒的に立ち遅れていた薩摩藩研究が進展したのに対し、長州藩の場合、政治史的研究の分野について見れば、以前に比べ活発さを欠いている感は否めない。

その中で、上田純子「長州藩の国事周旋と益田右衛門介」は、従来の主要な研究が、中級武士による党派的勢力を「改革派」と捉え、「有司」専制を同藩の特徴として捉える点を批判し、新しい視点による長州藩政治史の再検討を試みる。具体的には、今まで政治構造の考察から捨象されてきた、藩主と家老集団に注目し、中でも藩主毛利敬親が抜擢した益田右衛門介らを、政治と軍事両面で重きをなした「改革派」として捉える。分析にあたっては、政治の動向だけでなく、改革派の背景である学問や思想による党派性も考慮されている。

そして、家近良樹「島津久光の政治構想について――武力倒幕を決断したか否か――」は、近年大久保や西郷の動向とは区別され、とみに注目されている島津久光を取りあげ、その政治構想を考察する。久光が幕末維新史期の歴史上に与えた影響は、一般に考えられているより大きいとする認識を前提に、久光が武力による倒幕を意図したかどうかの解明に力点が置かれる。薩摩藩内での久光の態度を考察することは、薩摩藩研究に資するだけでなく、明治初年の久光の政治行動と、明治政府との関係を理解する鍵ともなるだろう。本考察は、本書のⅡでも取りあげた諸事例を考えるうえでも、多くの示唆を与えるはずである。

以上が本書の大まかな内容であるが、もとより、本書に収録した諸論考は、膨大な幕末維新期のわずかな事例に過ぎない。特に、この時期急速に政治権力としての性格を現す天皇・朝廷について、種々の事情で扱えなかったのは、心残りであるとともに、不十分さを認めざるをえないが、それについては今後の課題としたい。

最後に、歴史学研究は、ただちに現代問題の処方箋にはなりえないし、また、無媒介に現実と重ねることには慎重でなくてはならない。しかし、確かな史実と実証、理論に基づく学問的方法により、幕末維新期の政治指導のあり方を、様々なレベルで顧みることは、現代を考えるうえで無意味ではないだろう。個人と組織、集団の関係が存在する限り、何らかの普遍的な問題が含まれていると考えるが、あとは読者の判断に委ねるとしたい。

（論集編集幹事　久住真也）

I 幕府政治の展開

一　岩瀬忠震と幕末外交

後藤敦史

はじめに

岩瀬忠震《いわせただなり》（一八一八〜六一年）は、幕末の日本開国に際して、最前線で活躍した開明的な幕臣として有名である。実際、岩瀬が優秀な人物であったことを示す同時代の史料は数多い。それは、国内の史料にとどまらない。たとえば、日英修好通商条約（一八五八年）の交渉のために来日したエルギン卿の秘書ローレンス・オリファントは、「私が日本で出会ったもっとも愛想のよい、また教養に富んだ人物」として、岩瀬を高く評価している。[*1]

一方、開明的な幕臣という岩瀬のイメージは、彼の死後、明治維新を経て、旧幕臣たちが幕末当時を回顧するなかで形成された部分も大きい。たとえば、維新後にジャーナリストとして活躍した旧幕臣の福地桜痴は、「当時幕吏中にて初よりして毫も鎖国攘夷の臭気を帯びざりしは岩瀬一人」と述べている。[*2]幕臣のなかでも早い段階で開国論を主張した、という理解が、外交を主導した人物という評価にもつながっているのであろう。

しかし、「岩瀬＝開明的」というイメージが先行するあまり、次のような問題が生じていることも指摘しなければならない。まず、このイメージが自明の前提となるため、そもそもなぜ目付のひとりに過ぎない岩瀬が幕府外交を主導し得たのか、という点が不明確なままとなっている。彼が開明的な人物であることと、外交を主導できた要因とは、別次元の問題として論じる必要がある。

また、上記の点と関わって、岩瀬自身が開国の必要性を認識するにいたった具体的な経緯も、十分に考察されてきたとは言い難い。たとえば上記の福地による評価にしても、「初よりして毫も鎖国攘夷の臭気を帯びざりし」といった場合の、「初より」とは一体いつの時点を指すのであろうか。岩瀬が幕府の外交を主導し得た理由を明らかにするうえでも、彼自身の外交構想の特質とその変遷を検討していくことが重要である。

ただし、このような基礎的ともいうべき作業が従来なされてこなかったのは、史料的制約によるところが大きい。岩瀬の伝記として先駆的な業績を残した川崎紫山が、「其材料考証欠乏シ、未タ以テ鷗処（所）其人ヲ伝フルニ足ラサル也」（鷗所は岩瀬の号）とその史料の不足を嘆いたように、[*3]岩瀬の思想をたどるには大きな困難が伴う。

そのためもあって、知名度の高さからいうと、実は岩瀬の伝記や研究論文などの数はそれほど多くはない。戦前では、先にあげた福地桜痴や川崎紫山に加え、栗本鋤雲も岩瀬について論じており、[*4]また論文としては、松木順が岩瀬の「開国交易思想」について検討している。[*5]戦後には、京口元吉が早稲田大学国史研究室（当時）に寄贈された岩瀬の手記類を一九六一年に紹介した。[*6]戦後の幕末外交史研究を牽引した石井孝も、開国政策の推進者として岩瀬に着目している。[*7]また伝記としては、一九八一年に刊行された松岡英夫『岩瀬忠震』が、一般向けの新書とはいえ、現段階で最も充実した内容のものと評価できる。[*8]なお、岩瀬の経歴等を詳細な年表にまとめた飯田虎男の成果も重要であろう。[*9]

一方で、岩瀬に関する史料の発掘とその整理が進められてきたこともあり、川崎紫山が史料の不足を指摘した頃に比べれば、岩瀬忠震研究の環境は大きく改善されていることも確かである。たとえば京口が紹介した岩瀬の手記類は、現在、早稲田大学図書館「古典籍総合データベース」で、「岩瀬鷗所日記」として閲覧することができる。[*10] また、岩瀬の書簡については、宇和島藩主伊達宗城宛の書簡や、[*11] 目付木村喜毅宛の書簡が翻刻されている。[*12] そのほか、新城市設楽原歴史資料館の展示図録では、漢詩や山水画など、岩瀬の文化人としての側面を示す作品が多数紹介されている。[*13]

以上の点を踏まえ、本稿は、岩瀬の開国論の形成過程、および彼が幕府外交において中心的な役割を担うようになった具体的な経緯を解明することを課題とする。その際、「岩瀬＝開明的」というイメージや先入観を極力排して検討をおこなうため、後世の回顧談などよりも、近年利用環境の整った上記の史料も含め、実際に岩瀬が生きていた当時の一次史料の分析を重視する。そのうえで、岩瀬忠震という人物を通して、彼が活躍した嘉永・安政期（一八五〇年代に相当）の幕府政治・外交の特質についても考察を加えたい。

なお、岩瀬が開国論を形成していく時期を重点的に検討するため、彼が本格的に幕府外交の最前線に立って活躍した日米修好通商条約の交渉、調印にいたる時期の考察は、諸先学の成果と今後の研究に委ねざるを得ないことをあらかじめ断っておきたい。

1　日米和親条約締結前後の幕府外交と岩瀬忠震

(1) 岩瀬忠震の経歴

まずは、岩瀬忠震の経歴について簡単に紹介したい。

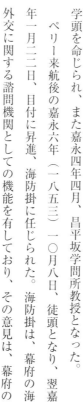

岩瀬は、文政元年（一八一八）一一月二一日、旗本設楽貞丈（一四〇〇石）の三男として生まれた。母は林大学頭述斎と側室との娘にあたる。天保一四年（一八四三）に昌平坂学問所の学問吟味に乙科で及第し、嘉永二年（一八四九）二月、西丸小姓番士に取り立てられた。その後、同年一〇月に昌平坂学問所の分校である甲府徽典館の学頭を命じられ、また嘉永四年四月、昌平坂学問所教授となった。

岩瀬忠震（後列左端．写真は日英修好通商条約締結に関わった日本側関係者．Victoria and Albert Museum, London 提供）

ペリー来航後の嘉永六年（一八五三）一〇月八日、徒頭となり、翌嘉永七年一月二二日、目付に昇進、海防掛に任じられた。海防掛は、幕府の海防や外交に関する諮問機関としての機能を有しており、その意見は、幕府の外交方針にも大きな影響を与えていた[*14]。その海防掛の一員として、岩瀬は外交に携わることとなる。その後、安政五年（一八五八）七月に新設された外国奉行に就任した。

一方、岩瀬は幕府内において大きな問題となりつつあった将軍継嗣問題に一橋派として関与したことから、南紀派の領袖である大老井伊直弼からしりぞけられることとなり、安政五年九月五日、作事奉行に転じられた。その後、いわゆる「安政の大獄」のなか、翌年八月二七日には職録を奪われ、「差控」を命じられる。岩瀬はそのまま復職することなく、文久元年（一八六一）七月一一日、四四歳という若さで病により亡くなった。岩瀬は「悲劇の幕臣」としても知られているが、それはこの非業の死に由来している。

以上の経歴を有する岩瀬について、ペリー来航以前に関しては史料上に残されていることが少なく、彼の外交構想などを分析することは不可能である。岩瀬の名前が幕末外交史上に具体的に登場してくるのは、ペリー来航後を待たなければならない。

(2) 海防掛目付への登用

嘉永六年（一八五三）六月三日、マシュー・C・ペリー率いるアメリカ東インド艦隊の軍艦四隻が浦賀沖に来航した事態をうけ、老中首座阿部正弘は積極的な人材登用をおこなった。この登用策のなかで、阿部に取り立てられた人物のひとりが岩瀬忠震である。上記のように、岩瀬は嘉永六年一〇月に徒頭となり、わずか三か月後には目付に任命された。幕臣木村喜毅によれば、本来は徒頭、小十人頭、または使番として「数年間之を試みたる上」で目付に登用されることが一般的であったという。[*15] このような短期間での目付昇進は、岩瀬が徒頭に任じられたのと同じ日に目付となった永井尚志も同様であり、阿部が目付を中心に「人材の集中に意を用いた」事例として知られている。[*16]

しかし、阿部は岩瀬を登用する際、一体彼のどのような点を評価したのであろうか。少なくとも、彼の外交に関する意見を高く評価したわけではないであろう。ペリーによってもたらされたアメリカ大統領親書に関し、大名や幕臣たちに意見が諮られたことをうけて提出された岩瀬の意見書をみる限り、開国論者としての彼のイメージを読み取ることはできない。岩瀬の意見書は、以下の通りである。[*17]

御返翰之儀、願之筋件々、御取上ケ有無之儀、不被命遣、今般恐入候御凶事被為在候儀を以打出し、明白ニ被命遣、御国中之御新政粗相定候上ならては御諭無之候付、追て御返答可被遣、此度アメリカ之書翰ニも国法他国之政乱さすと有之候得は、通信之儀、長崎表之御扱ニ付、御国法通於彼地蘭人え御渡し可相成後《趣》被命遣候方、御返翰和順之態ニ願之筋御取上ニも可相成候哉と相聞候振合ニ有之度、右ニ付御備向之儀、海岸之人家を払ひ、軍艦蒸気船御製造、御旗本之面々虚飾無之儀は気を励し、御先手等老衰之者ハ寄合勤仕並ニ転し、壮健之者被命付、三番頭調練一組と一揃ニ成、其備相睦ミ、習練致し、三千石以下拝借金被　仰付、富商及寺社へ上納金、武備精々御世話、且又（マヽ―原注）之事無之てハ武備も行届不申間、尚又返事之儀、御世話等之儀（後欠）

途中で切れており、文意としてもやや通りにくいところがある。しかし岩瀬が述べていることは、まず将軍家慶の死（六月二二日）という「恐入候御凶事」を理由に、「追て御返答」をすると伝え、また「通信」は長崎で取り扱うことになっており、「御国法」通り、書簡は長崎のオランダ人に渡すようにアメリカへ申し渡すべきというものである。つまり、返答の引き延ばしであり、何か具体策を提起したようなものではない。また、後半では海防強化の重要性について述べているが、これも別段特徴のある意見ではない。

同じく阿部に登用された永井尚志についても、嘉永六年八月二一日に出された上申書は、「当時にありがちな意見の一つで、建前論的で対策の具体論に乏しい」ものであったという。[*18] 永井は嘉永元年（一八四八）に昌平坂学問所の学問吟味で甲科及第を果たし、嘉永三年には甲府徽典館の学頭に任じられるなど、岩瀬と同様に学問の世界で昇進を果たしていた人物である。この点を踏まえれば、岩瀬も永井もともに、学問上の優秀な成績から登用されたのであって、その外交構想に着目したうえでの登用ではなかったといえる。

したがって、岩瀬たちが目付に就任したからといって、即座に目付方（大目付・目付）の対外論が「開明的」になったというわけではない。嘉永七年（一八五四）二月、再来したペリー艦隊が江戸湾内に進入した場合の対応について上申をおこなった海防掛目付方（大目付井戸弘道・目付堀利熙・永井・岩瀬）が述べているのは、「先般被　仰出候　上意之趣、得と熟思仕候へは、いつれニも一先穏便ニ退帆」させるべきであり、「御備向相整候上は、御処置之品も可有御座候間、万一品川沖迄乗入候とも、更ニ動揺不仕、横浜表応接之意味合を以、穏ニ申諭」すという、徹底した穏健策であった。[*19]

ここでいう「先般被　仰出候　上意」とは、前年一一月一日に幕府から出されたいわゆる大号令を指す。この大号令は、アメリカの艦隊が再来した際、大統領親書に対する返答はせず、一方で日本側からは徹底して穏健な対応をとるということを国内に向けて宣言したものである（『幕外』三巻五五号）。[*20]彼らは大号令の趣旨に即した対応をここで主張しているのであり、その意味で、日米和親条約締結前後の海防掛目付方は、幕府外交の既定路線のなかで外交構想を練っていたといえる。

2　岩瀬忠震の外交構想の変化

(1)　岩瀬の強硬論とその背景

岩瀬忠震が外交交渉の現場に直接立ったのは、安政二年（一八五五）に入ってのことである。同年一月一八日、海防掛勘定奉行川路聖謨・水野忠徳、そして岩瀬の三人が下田出張を命じられた（『幕外』九巻四二号）。前年一二月二一日に締結された日露和親条約について、条項の修正を交渉するためである。なおこの三人は、ロシアとの交渉を命じられる八日前、下田取締掛に任命されていた（『幕外』九巻二九号）。

ロシアとの条約の修正を求めたのは、当時幕府の外交方針に強い影響力を有していた水戸前藩主の徳川斉昭である。条約の内容を知った斉昭は、安政二年一月一五日、老中牧野忠雅に対して建議書を示し、条約第六条について異議を唱えた。[*21] 日露和親条約の第六条は、もし「止むことを得さる事ある時は、魯西亜政府より、箱館、下田の内、一港に官吏を差置へし」と定めていた（『幕外』八巻一九三号）。斉昭はこの条項が朝廷や祖宗、天下、後世に対して「御申訳に忍びざる御大変」であるとして、削除を求めたのである。

結果からいえば、プチャーチンとの交渉はほぼ失敗に終わるが、この交渉のなかで、岩瀬が何か特筆すべき活躍をしたという形跡はない。あくまでも一担当者として交渉に名を連ねていたに過ぎないようである。しかし、この頃から、彼の外交構想をうかがうことのできる史料も、数は少ないが確認できるようになる。たとえば下田赴任の前後に詠んだと思われる漢詩で、岩瀬は次のように意気込んでいる。[*22]

大輪輥輥《こんこん》巨礮《きょほう》震ふ　黒烟船を激し波轍《はてつ》を印す
彼は何為《なにす》る者ぞ来りて相欺くは　曰く魯曰く亜曰く英仏
其の器は巧と雖も其の人は卑　肯《あえ》て為す利を啗《くら》はし互に呑滅《どんめつ》するを
汝知らず乎《や》東方男子の国　男子の義胆堅きこと鉄に似たり

漢詩としての修辞は差し引いたとしても、この詩からは、彼が欧米諸国のことをそれぞれに利益を貪るような「卑」しい存在としてとらえていたことが分かる。

このような岩瀬の対欧米観は、京口元吉が紹介した安政二年の岩瀬の日記からも伺うことができる。後で述べるように、当時の下田には、日米和親条約をうけて、同地で貿易をおこなおうというアメリカの商人たちが滞在していた。そのアメリカ人たちが散歩している様子を見た岩瀬は、二月二〇日の日記に「華夷混乱、可歎甚」と記したのである。[*23]

この頃の岩瀬が、後の開国論者としてのイメージとは異なって、強硬な対外意見を有していたということは先行研究でも知られてきた。[*24] さらにいえば、岩瀬は当時の幕臣のなかでも、とくに強硬な意見の持ち主であったようである。安政二年四月二〇日、評定所一座、林大学頭、浦賀・箱館奉行、大小目付、そして海防掛という、当時の外交に関する評議に携わっていた構成員たちがある上申書を出している。それは、「亜墨利加之測量船、海岸え乗入、相制候ても強て上陸等いたし候ハヽ、搦捕、下田奉行え可引渡」という「岩瀬修理《（岩瀬忠震）》申上候趣」に対して、「猥ニ搦捕候ては、後患を醸し可申哉」として、「平穏之御取計」の必要を唱えたものである（『幕外』一一巻二八号）。

この上申書は、安政二年三月二七日に下田へ来航したアメリカ北太平洋測量艦隊が、幕府に日本近海測量の認可を求めた事件に関連し、[*25] 同艦隊が幕府の認可のないまま下田から箱館までの航路を測量しながら進んでいったことについての上申書である。岩瀬が、強いて上陸をしてきた場合には「搦捕」るべきという意見書を出したのに対して、評定所一座以下の者たちは、その「後患」を懸念し、平穏な対応を主張したのである。

それでは、岩瀬は具体的にどのような意見を述べたのであろうか。安政二年当時の岩瀬の強硬論の特質とその背景を知るうえでも、彼が単独で提出した上申書は重要であろう。紙幅の都合上、全てを引用することはできないが、彼は次のように述べている。[*26]

昨十三日夕七ツ時頃、水野出羽守（沼津藩主水野忠良）領分豆州加茂郡白浜之内、松戸村えハッテーラ壱艘漕寄、異人とも上陸いたし候趣（中略）右様不法之処置ニ及ひ候上は、追々東海岸通り測量仕、城ガ島より内手浦賀は勿論、江戸近海品川辺迄も乗入、夫より房総外海水戸殿御領知、奥州筋諸家領分悉く乗廻り候には相違も有之間敷、左候ハ、測量之儀ニ付先般差出置候書面御差図も不相伝、右様之所為ニ及ひ、先方より条約を破り候始末柄、奥州筋房総近海之諸候（ママ）、浦賀奉行え厳重ニ被仰渡、亜美利加測量之艀ニて乗入候ハ、相制し、強て上陸仕候ハ、其場所ニおゐて搦捕、下田奉行え引渡可申旨、浦々え御触達被為在候様奉存候、其上下田奉行方ニて如何様ニも彼船再渡之節談判方、条理相立候様之所置は幾許も有之儀故、聊右を以戦争等相拓候筋ニ無御坐儀と奉存候、尤右を其侭被差置候様ニては、五ヶ月後彼船再渡之節申立候趣、御断に相成候辞柄ハ更ニ不相立、昨年異船為御取締、外浦々え猥りニ渡来不仕為メ、下田箱館之両港御開相成候御触達之趣ニも齟齬仕、向後異国船御取締向、却て相立申間敷哉と深く心痛仕候、川路左衛門尉（川路聖謨）始、連名を以申上候趣も御坐候得共、国家之御大事之儀ニ付、別紙対話書幷船長え達書写相添、私限り此段申上候、以上

この上申書の日付は、四月一四日である。アメリカ北太平洋測量艦隊は、測量認可に関する正式な回答を得るため、五ヵ月後に再び来航する旨を告げ、その前日の一三日に下田を出帆している。結局、同艦隊は幕府の認可なしに測量を続け、五ヵ月後に来日することもなかったが、その測量の途次に、本州の太平洋岸の各地に立ち寄っている。

岩瀬は、一三日にアメリカ船員たちが沼津藩領に上陸した事件を受け、この上申書を作成した。まず彼は、このような「不法之処置」が今後も続く可能性を危惧している。同日の時点で幕府は「容易ニ御聞届難相成」という測量拒否の方針を下田奉行および岩瀬を含む下田取締掛たちに伝えていたが（『幕外』一一巻一号・一一号）、岩

瀬はこのままではその方針（「先般差出置候書面御差図」）も貫徹できないと述べる。そのため、浦賀奉行や、今後上陸が予想される海岸を領する大名たちに対し、アメリカ人たちが上陸してきた場合には「搦捕」のうえで下田奉行へ引き渡すよう、通達すべきと主張したのである。

ここに示されているように、岩瀬が上陸したアメリカ人を「搦捕」るという強硬な策を提言した背景には、測量を理由にした各地への寄港、さらには上陸をそのまま許してしまえば、下田と箱館を開き、それ以外の港への進入を禁止した日米和親条約とも「齟齬」し、「異国船御取締向」が不可能になる、ということに対する危機意識があった。それはまさに「国家之御大事」に関わる重大な問題であったために、岩瀬は川路聖謨など他の下田取締掛の連名としてではなく、単独で上申に踏み切ったのである。

(2) 開国論への転換

その一方で、下田に赴任し、実際に外国人との交渉をもつようになった岩瀬にとって、同地での経験は、彼の対外構想を大きく揺さぶるものでもあったと考えられる。当初は「卑」なる存在と認識していた欧米人との直接の交流を通じて、岩瀬は安政二年中頃には、欧米諸国との通商の可能性、つまり開国論をも視野に入れるようになる。

先に引用した漢詩で、岩瀬は欧米諸国について、「其の器は巧と雖も其の人は卑」と記していた。欧米人を「卑」とする評価に対し、「器」（＝技術）については、その先進性を認めていたようである。岩瀬は下田において、その「器」に直接触れる機会も持つようになった。たとえば、岩瀬は上記のアメリカ測量艦隊が作成した海図を見たようで、「其精細緻密」に「瞠目之至」であると日記に記したという。[*27] 欧米諸国の技術を実際に目にするという体験は、それらの摂取、つまりは通商の必要性を認識するようになるひとつの契機となったのではなかろうか。

欧米諸国との通商を視野に入れる、という点では、下田において実質的な交易が行われていたということも大きく影響しているであろう。日米和親条約の第二条は、「薪水食料石炭欠乏の品を、日本にて調候丈ハ給候為メ」に、アメリカ船が下田と箱館へ寄港することを認めていた（『幕外』五巻二四三号）。この条項は、あくまでも欠乏品が生じて困っているアメリカ船への支給を想定したものであるが、実際には、条約締結後にアメリカの商人たちが来日し、「欠乏品」という名義で売買をおこなうという事態（いわゆる「欠乏品交易」）につながっていたのである。[*28]

この事態をうけて、安政二年五月三日、下田奉行伊沢政義・都筑峰重・井上清直と下田取締掛川路・水野・岩瀬の六人は上申書を提出し、アメリカ人に対し「反物、塗物、瀬戸物」や「小児翫物」までが渡されており、「欠乏之名義」が失われつつあるという状況を指摘した。そのうえで、今さら「欠乏之名義を立」て、厳格に対応しようとした場合、「彼之憤り」を招き、「遂ニハ争端をも可引出」おそれがあるとして、「差支」のない物品であれば今後もアメリカ人に渡すべきだと主張している（『幕外』一一巻八八号）。

この主張は、「欠乏品」という名目で既成事実となりつつあった売買行為を公的に容認することを求めたものといえるが、その背景には、幕府の「欠乏品」に関する条約解釈がアメリカ側には通用しない、という問題があった。測量を理由にアメリカの測量艦隊が開港地以外の港にも上陸を試みるなど、幕府側の条約の認識とアメリカ側の認識の齟齬が見られるようになっていた。これが、岩瀬が下田に赴任した当時の状況だったのである。

以上のような下田でのさまざまな経験によって、岩瀬の外交構想は大きな変容を迎えたと考えられる。そのひとつが、「欠乏品」という名目そのものを廃止して、名実ともに交易を容認するという議論への転換であった。

江戸に帰府した後、岩瀬は安政二年六月から七月にかけての時期に、海防掛目付一色直温・大久保忠寛とともに、「条約文に所謂欠乏品給与といふが如きは文字上名目の不明なるのみにて、実は交易と異なることなし」として、「寧ろ出格の英断を以て公然三港に交易を開き、諸藩にも便宜三港の内に於て物産を輸出することを許し、公共の実益を得しむべし」という内容の意見書を提出した。[*29] まさに「欠乏品」という「名目」を廃止し、「公然」と交易を開始すべきという主張である。残念ながら上申書そのものは残っておらず、その要旨しか分からないが、これは岩瀬が安政二年中頃の段階で開国論を構想するにいたったことを示す上申書として注目されるであろう。

ただし、史料の不足もあり、彼がその後どのようにこの論を展開しようとしたのか、という点は確認できない。安政二年の段階では、強硬な対外論で知られる水戸前藩主徳川斉昭の幕政に対する影響力が強かったこともあり、岩瀬も表だって開国論を唱え続けることを避けた可能性も考えられる。[*30] いずれにしても、岩瀬が開国論を積極的に展開するようになるのは、翌安政三年後半に幕府内で実際に交易開始に関する議論が行われるようになってからのことである。

3　海防掛目付方のなかの岩瀬忠震

(1)　幕府における交易仕法の検討

安政三年（一八五六）八月四日、老中阿部正弘は「交易互市之利益を以、富国強兵之基本と被成候方、今之時

勢ニ協可然哉ニ候得共（中略）此上五年七年を経不申候ては、万里之航海無覚束儀」と述べたうえで、「如何様之仕法ニ致候て差支無之、　御国力相続可申哉」として、交易を開始した場合の仕法について、評定所一座、海防掛、大小目付、長崎・浦賀・下田・箱館奉行たちに諮問した（『幕外』一四巻二一三号）。

この諮問の契機となったのは、同年七月八日に長崎へ来航したオランダの軍艦メデュサ号によって、イギリス香港総督が条約締結のため近々長崎へ来るであろう、という情報がもたらされたことによる（同上一四六号）。結果的には香港総督の来日はなかったが、イギリスからの通商要求に備え、事前に通商開始を想定した対応策が検討されることになった。

阿部がこの諮問をおこなった背景として、岩瀬忠震をはじめとする海防掛目付方からの影響を指摘する研究もある。[*31] 確かに、阿部の諮問のなかの、「交易互市之利益を以、富国強兵之基本」とするという方針は、同年七月付で出された岩瀬忠震と徒目付平山謙次郎の上申書の影響を推定することが可能である。[*32]

この上申書の作成の背景は不明であるが、その内容としては、まず「大船製造御差免被　仰出、旧来之御条目御改正被遊候は、全く御時世変通之御英断ニて、却て　祖宗之御遺志ニ被為叶候御儀ニ可有御座」として、嘉永六年（一八五三）九月に大船製造を解禁した措置を「御英断」と讃えている。そのうえで、大船製造が解禁された以上、「更ニ御取締無之候ては、海上奸蘭外国密交易、内応漏泄邪教伝染等、無量之弊」が生じるおそれがあり、とくに密貿易については「諸家は勿論、三都其外国々之商売も、大船所持之ものとものミ大利を擅ニ致し公儀御益は聊も無之」という状況に成りかねないと指摘する。この上申書は、このような密貿易を取り締まるため、日本沿岸の各地に会所を設け、幕府による管理の強化を提案したものである。

重要な点は、この構想が単に国内の管理だけはなく、欧米諸国と交易をおこなうことも視野に入れていたという点である。彼らは会所での税の取立方法などについて説明したうえで、次のように述べている。

大凡右之通相成候得は、沿海御取締も相立、〆売〆買、密交易等之患も無之、利権全く上ニ帰し、下々も難有奉存、冨国強兵之御基本も相立可申、尤大艦諸藩ニても相開候上は、外国えも御取引相成候勢ニ相移候は、眼前之儀ニ可有之義ニ付、速ニ先鞭を被為着、是迄通商之国々ハ勿論、近年条約済之国々え日本通船改之役人、御差渡改会所御取立、御国地仕出し之船々は、江戸、下田、長崎、箱館より浦証文持参、右改会所え着津、右会所役人より彼方え取引直組致し、売高ニ応し、五分之税を為相納候御規則相立申度、巨細之儀は、追々取調申上候様可仕と評議罷在候

このように岩瀬たちは大船製造によって活発化するであろう国内取引について、会所による管理を通して「利権全く上ニ帰し、下々も難有奉存、冨国強兵之御基本」とすることを目指したのであるが、それは、将来的には「近年条約済之国々」へ日本船が進出することまで想定したものであった。ただし、海外交易の詳細については「追々取調」とあるように、国内の会所の構想に比べるとまだ不明確な部分も大きい。それでも、岩瀬が外国船を待つだけではなく、日本側から出向くという積極的な貿易を構想していたことは確かであろう。彼の構想は、まさに世界に広く目を向けたものであった。

ここで、上記の阿部による諮問と岩瀬・平山の上申書を比べると、交易を「富国強兵之基本」に据えるという点で確かに共通していることが分かる。したがって、阿部が諮問に際して、岩瀬たちの上申書を参考にした可能性は高い。

ただし、阿部の諮問においては、「此上五年七年を経不申候ては、万里之航海無覚束」という懸念も指摘されており、「御国力相続」のための方法の確立が重視されているところに着目したい。実はこの「御国力相続」に

対する懸念は、海防掛勘定奉行・勘定吟味役が表明していたことである。イギリス香港総督の来日情報がもたらされた際、領事官ドンケル・クルティウスはオランダの仲介で諸外国との通商を開始することを提案してきた（『幕外』一四巻一四六号）。これに対し、安政三年七月二八日の上申書で海防掛勘定方は「御仕法幷御渡物之見留等も付不申候内、御差免ニ相成候様ニては、御国力続兼、忽差支出来可致は必然」と述べている（同右一八八号）。慎重な調査のうえで通商を開始しなければ、「御国力続兼」ねるというのが彼らの見解であった。したがって、阿部の諮問とは、岩瀬・平山の意見書と、海防掛勘定方の意見書をまさに折衷したような内容であったと評価できる。一方で交易による「富国強兵」の効果を認めつつ、「御国力相続」に関する海防掛勘定方の懸念も踏まえ、交易を想定した仕法の調査を阿部は命じたのである。

通商開始に消極的な海防掛勘定方と、積極的な目付方が、幕府外交の方針をめぐって鋭く対立したことは先行研究でもよく知られている。ここで指摘したい点は、このような両者の対立に関し、老中阿部がどちらかの肩を持つようなことをしなかったという点である。交易仕法の諮問にも見られるように、阿部の政治手法とは、評議を通しての合意形成を重視し、慎重に政治判断を下していくことに特徴があった。

この阿部政権の特質は、岩瀬が「阿部内閣の時には、未だ十分にその技倆を現わすに至ら」なかったという福地桜痴の主張を裏付けるものともいえる。[*33] 岩瀬が阿部政権において「その技倆」を発揮できなかったのは、彼個人の問題というよりも、上記のような阿部の政治姿勢に起因していた。阿部は安政二年（一八五五）一〇月に老中首座を堀田正睦に譲ってからも、次席の老中として幕政に大きな影響力を持ち続けた。慎重な政治姿勢を有する阿部が幕政の中枢にいるかぎり、岩瀬が単独で、その個人の力量をもって幕府外交を主導するということはできなかったのである。

(2) 海防掛目付方の主導者として

一方、安政三年（一八五六）から翌四年にかけての時期は、岩瀬が海防掛目付方の内部で主導的な立場を確立した時期と考えられる。安政三年一〇月、長崎で海軍伝習の指揮をとっていた目付永井尚志から老中へ、もしイギリス香港総督が同地へ来航した場合には応接掛として目付を派遣してほしいという要請があった（『幕外』一五巻八九号）。その人選に関して、海防掛大目付土岐頼旨は、岩瀬を推薦する上申書を単独で出している。[*34]

土岐は、岩瀬について「豆州戸田村ニて魯西亜使節え応接仕、其後於下田表も度々異人談判も仕、外国之事情も粗相心得、交易御仕法組、諸国物産、其外御益筋等之儀も彼是取調、心懸罷在候儀も不少」と評価する。そのうえで、「国家万世之得失ニ関係仕候義ニ付、修理《（岩瀬忠震）》を被差遣候て、跡々之貿易筋取調方をも被　仰付候方、万事之御都合も宜敷」と述べ、岩瀬を強く推している。岩瀬に対する信頼の高さがうかがえるであろう。

土岐が岩瀬を推薦した理由としては、まず岩瀬が外国人との交渉の経験を有し、「外国之事情」に精通していたということが挙げられる。また、安政二年以来、下田取締掛として頻繁に下田を訪れ、同地で積極的に「交易御仕法組、諸国物産、其外御益筋等之儀も彼是取調」べていたということも推薦の理由となっている。

岩瀬による「取調」としては、欧米人からの直接の情報収集が重要であったと考えられる。下田滞在中の安政三年九月一日、オランダ艦メデュサ号が石炭、飲料水の補給のため下田に寄港した。この機会を利用して、岩瀬は艦長ヘルハルドゥス・ファビウスに欧米諸国の貿易事情を直接聞いているのである。[*35]

ファビウスによれば、岩瀬は「ヨーロッパ人とアメリカ人が常に銅を求める理由はなんであるか」を質問したという。この銅の問題は、枯渇しつつある銅資源が海外に流出するおそれがあるとして、欧米諸国と貿易を開始した場合の懸案事項として幕府内部でも問題視されていた。実際、先述の安政三年八月四日における交易仕法に関する老中阿部の諮問書でも、銅輸出の問題が指摘されている。ファビウスに対する岩瀬の質問とは、このような幕府内での懸案事項について確認するためのものであったといえよう。

岩瀬の問いに対し、ファビウスは「蝋燭、樟脳、麻などのような他の輸出向け産物の栽培を奨励」すれば、銅の輸出に代替することができると答えている。さらに岩瀬は、「日本との通商を望む国の存在有無」を尋ねており、ファビウスは「産業と企業精神は全世界共通のものであり、全人類を無限の高さに駆り立てている」と答えたという。このような欧米人との直接的な対話は、通商に対する懸念を和らげ、世界的に見て通商が必然であるという確信を岩瀬が強めていくことにつながったであろう。

以上のように、外国使節との交渉経験や、開港された下田での実地調査などを通して、岩瀬忠震は「国家万世之得失ニ関係仕候義」を任せられる人物であると土岐頼旨が推薦するような存在として、海防掛目付方の内部での影響力を強めていったと考えられる。安政三年八月以降、幕府内部で通商の可能性が検討されるなか、岩瀬は海防掛目付方の先頭に立って、積極的な開国論を展開していくのである。

4　岩瀬忠震の国家構想と幕府外交

(1)　岩瀬忠震の国家構想

岩瀬は安政四年（一八五七）四月一五日、海防掛勘定奉行水野忠徳とともに長崎への出張を命じられた（『幕外』一五巻三〇二号）。「貿易筋」の取調を主な任務としていたが、オランダおよびロシアが求める和親条約の改正交渉に臨むことがとくに期待されていた。

この頃に詠まれたと推測される岩瀬の漢詩がある。*36

航海は誰か自任する　只碧霄《へきしょう》の知るを許す
五州何ぞ遠しと謂《い》わん　吾も亦一男児

世界を想像し、「一男児」として「五州何ぞ遠しと謂わん」と意気込む彼の姿が示されている。ここで岩瀬が「五州」を想像したのは、香港渡航の期待とも関わっていたであろう。岩瀬は同年六月二一日、長崎から同役たちに送った書簡で、「追々貿易之取調も何とか纏り可申候得共、此上はせめて香港へ少し之間にても参り、実地研究」をしたいと、香港への留学の構想を述べている（『幕外』一六巻一三九号）。

この構想は、幕府内の反対意見もあって実現しなかったが、岩瀬は自ら海外に出て、その目で世界を見たいと強く願うようになっていた。そして、このような海外渡航をも見据えた彼の開国論は、国家のあり方自体を問うような議論に展開していくこととなる。

安政三年（一八五六）七月に来日したアメリカ総領事タウンゼント・ハリスは、伝えるべき重要事項があるとして、江戸への出府と将軍への謁見を求めるようになった。後でも述べるように、このハリスの登城の可否をめぐって海防掛の目付方と勘定方が対立する。その論争のなかで、ハリスの登城認可を主張する海防掛目付方は、安政四年三月、次のように幕府外交の「急務」を訴えた（『幕外』一五巻二六五号）。

当今外国と匹敵之御国勢を被為張候義、第一之御急務ニ有之（中略）御急勢（務カ）之大要、一ニハ、西洋之事情探索之者を被為遣、一ニは、御国地諸港之法程を立、夫々之租税を定、一ニは、外国之貿易を開き、諸侯に令し、国産を運搬せしめ、天下と利を公共ニ被遊、一ニは、在住官吏ニ限り、出府を被許、其情偽を察し、聞見を広め、一ニは、和親之国え此方より官吏を置、留学生を遣し、一ニハ、広く万国ニ航して、真利を興し、一ニは、世界之内、信義強大之国ニ交を厚ふし、孤弱之国を救ひ、一ニハ、弥文武を練り、教化を厚ふし、一ニハ、蝦夷地御墾開今一層之御力を被用、一ニは、天帝ニ代り、忠孝信義之風を以、貪婪虎狼之俗を化し、五世界中一帝と被仰候様被遊候儀、御肝要ニ有之

海防掛目付方は、「外国と匹敵之御国勢」を立てることを最も重要な急務とし、そのための方法として、西洋事情探索の者を派遣することや、国内諸港の規則を定めて税を徴収すること、さらに外国との貿易に大名たちを参加させ、「天下と利を公共」にする、などの案を提唱する。最後の急務については、「天帝」が中国の皇帝を指すのか、それとも京都の天皇を想定しているのか、またそれに呼応して「五世界中一帝」とは誰を想定しているのか、といった点が不明確ではあるものの、海防掛目付方がいかに壮大な構想を抱いていたか、ということを端的に示した部分ともいえる。

そして、この構想の主唱者は、「五州何ぞ遠しと謂わん」と同じく壮大な漢詩を詠んだ岩瀬忠震であったと見ていいであろう。たとえば、「諸港之法程」に関する二番目の急務は、会所の設置を提唱した前年七月の平山謙次郎との上申書を想定させる。また、日本から官吏や留学生を派遣するという構想は、香港への留学という岩瀬自身の願望も反映されているであろう。それまでに示された岩瀬個人の構想と比較すれば、この海防掛目付方の上申書に与えた岩瀬の影響を容易に推測することができる。

さらに、貿易を開き、大名をも参加させて「天下と利を公共」にするという構想は、その後の岩瀬単独による有名な上申書にもつながっていく。安政四年一〇月二一日にハリスの登城が実現し、二六日には、老中堀田正睦の邸でハリスが日本との自由貿易を求める演説を行った。長崎から帰る途中の一一月六日、天竜川の近くで在府

の同役たちからこの情報を伝えられた岩瀬は、早速、「横浜開港之義建白草案」を書いたという。[37]その名の通り、横浜開港の必要を主張した建白であるが、彼はその理由として、「天下之利権」を幕府の「御膝元」に帰するべきことを挙げている（『幕外』一八巻八九号）。

都て之精美、先ツ江府ニ御採被成候て、闔境え推及候手順ニ相成、天下之権勢、愈御掌握ニ帰し候実事有之のミならす、上は京師え被為対、天下之難とする事を、御手許ニ御引受被成候て、宸襟を休られ候御大義御美徳相顕はれ、諸藩末々迄、一言も申上様無之、下は天下之利権を御膝元ニ帰し、万世之利源を興し、中興一新之御鴻業も、これニ従て相立候御基本と奉存候

江戸から近い横浜を開港することで、幕府自らが「天下之難」を引き受けたかたちとなり、朝廷に対して「御大義御美徳」が立つ。そのため、諸藩も幕府に不満を言うことができなくなり、かつ「天下之利権を御膝元」に帰することができる。先に引用した安政四年三月の海防掛目付方の上申書では、「御国地諸港之法程」により、貿易からの利益を幕府が回収することを求めていた。この議論をさらに進め、岩瀬は横浜開港によって、貿易利益の回収に加え、幕府権威の強化をも実現させようと構想したのである。

(2)「海防掛目付体制」の確立

一方、先述のように、老中阿部正弘はあくまでも評議を重ね、慎重に事を進めていく政治手法をとっていた。安政三年（一八五六）から翌年にかけて、ハリスの登城問題をめぐって幕府内で評議が繰り返され、登城認可を唱える海防掛目付方と、拒否すべきと主張する勘定方が鋭く対立したが、阿部が老中として大きな影響力を保持しているかぎり、この対立はなかなか解消されなかった。そもそも、慎重な政治を是とする阿部自身がハリスの

登城要求を条約にないとして拒否する意向を示しており、[*38]論争が長引いたのである。
阿部に登用された岩瀬としては、皮肉なことであったかもしれない。実は、岩瀬が幕府外交を率先・主導することのできる政治的な環境が整ったのは、阿部が死去し、名実ともに堀田正睦による政権が形成されてからのことであった。

安政四年六月二一日付で同役目付宛に出した書簡で、岩瀬は「勢州《（阿部正弘）》公御不快、其後如何」と阿部の病状について触れている。阿部は同年閏五月頃から体調を崩していた。岩瀬は「当今御多事之折柄、別て一日も早く御出勤相成候様、為天下奉祈候」として、阿部の回復を「天下」のためとして祈念していたのである（『幕外』一六巻一三九号）。しかし、岩瀬の祈りもむなしく、阿部は書簡の日付から四日前の六月一七日に死去していた。

多くの関係者が阿部の死を嘆く一方、その死によって政治的状況は大きく変化する。老中首座堀田正睦は、ハリスの登城問題では海防掛目付方と意見を同じくしていた。登城に反対していた阿部がいなくなったことで、まさに「備中殿《（堀田正睦）》の思すまゝ」という状況が生まれたのである（『昨夢』二巻一三三頁[*39]）。阿部の死後、ハリスの登城を即座に認可するということはなかったが、安政四年の後半以降、名実ともに堀田が政治の中心に立ち、その下で、海防掛目付方が外交を主導するという体制が整えられていくことになる。

その手始めとなったのが、七月二四日における海防掛勘定奉行松平近直の田安家家老への転任であろう。松平近直は、ペリー来航以前から海防掛を勤め、阿部政権下では非常に強い影響力を持っていた。それは、「河内伊勢守」（河内守、伊勢守はそれぞれ松平近直、阿部正弘の受領名）とも揶揄されるほどであったという（『昨夢』二巻一一〇頁）。

松平近直の後任として勘定奉行となり、海防掛に任じられたのは、土岐朝昌であった。彼は海防掛大目付土岐頼旨の弟にあたり、後に兄頼旨とともに一橋派として将軍継嗣問題に関与するようになる（同右四三三頁）。安政四年一二月三日には、海防掛勘定奉行水野忠徳が田安家家老に転任した。水野はその前月、岩瀬の横浜開港論に関して強く反対する意見書を示し（『幕外』一八巻一一七号）、岩瀬と激論を交わした人物でもある。その水野がしりぞけられ、岩瀬の盟友である永井尚志がその後任に就いた。この一連の人事交代のなかで、海防掛勘定奉行としてそのまま残ったのは川路聖謨だけである。それまで海防掛目付方と対立していた同掛勘定方の構成員が、目付方に近い人物たちによって固められた。

　このような人事は、海防掛勘定方の影響力を堀田が意図的に削ぎ落とそうとした結果と推定できる。時期はややさかのぼるが、安政四年一月中旬、堀田は幕府内の評議の場で、「当時之諸有司心入不宜」と述べ、「畢竟ハ公事を大切ニ不存より之義、勘定奉行も大小御目付も心懸不宜、以来右様之者有之候ハ、無用捨退黜可被仰付」と告げたという（『昨夢』二巻一〇三頁）。堀田は鋭く対立をしていた勘定方と目付方について、「心懸不宜」と両者をともに批判した。そのうえで、今後も「心懸」のよくない者は「退黜」、つまり退任させることも辞さない、という方針を示したのである。この発言は、単なる党派対立に陥ることなく、より本質的・生産的な議論を両者に求めたものと解釈できるが、論争が進むなかで、最終的に堀田は勘定方の「退黜」を決定し、目付方の議論を支持する姿勢を明確化していったのだと考えられる。

　一方、ハリスの登城問題を含め、海防掛勘定方と対立し続けてきた岩瀬にとって、松平近直をはじめとする一連の「退黜」は望んだ通りのことだったようである。一九日付（安政四年八月と思われる）の目付木村喜毅宛の書簡で、岩瀬は次のように述べている。*40

　江都之盛挙は為天下雀躍之至、追々廟廊一新、己れの功を衒ひ、人の能を妬の輩、己れを利して国家を忘る、の族一掃致し、諸有司同心戮力候ハヽ、凡天下に成し難き事無之、たとへ此度之亜官吏一条如何様出来損し候共、根元改り候ハヽ、恢復も可期、旭旗五州に散布の盛事も此より被行可申候と拆掌仕候、一個のぬらくら老も不日に放逐可相成哉と刮目致居候

ここでいう「江都之盛挙」は、「一個のぬらくら老も不日に放逐」との関係で考えれば、その直前に「放逐」をされた松平近直の転任を指している可能性が高い。「ぬらくら老」が誰を指しているのかは不明だが、岩瀬にとっては、「旭旗五州に散布の盛事」の実現も見えてきたのであろう。ここに、岩瀬を主導者とする海防掛目付方が幕府の開国路線を導いていくという、「海防掛目付体制」ともいうべき政治体制が整ったのである。[*41]

おわりに

安政四年（一八五七）末から翌年にかけて、岩瀬は下田奉行井上清直とともに、タウンゼント・ハリスと日米修好通商条約に関する交渉にのぞむ。この条約をめぐる交渉過程などは先学の成果に委ねるが、この時期の幕府外交は、岩瀬抜きにしては語ることができない。

一方、本稿を通して検討してきたように、このような岩瀬の最前線での活躍は、単に彼が開明的であった、という理由だけで説明できるものではない。目付として海防掛に就任した頃の岩瀬は、開明的であったと断定できるような意見書を残しておらず、そのような活躍の形跡もない。むしろ、幕府内でも強硬な対外論の持ち主であった。

その後、下田取締掛として外国人と直接交渉をもつようになるなか、岩瀬自身の対外構想に大きな変化が生

じ、欧米諸国との通商の可能性を模索するようになる。その後、国際事情にも精通していった岩瀬は、海防掛目付方の内部で議論を主導する存在となっていった。ただし、岩瀬による外交政策そのものの主導は、阿部の死後、堀田正睦が海防掛目付方の支持という姿勢を明確化することではじめて可能となった。

ここに、岩瀬が活躍した嘉永・安政期における幕府外交の特質の一端を指摘することができる。それは、阿部正弘政権の特質とも関わっている。従来、阿部の政策として人材登用ということが注目されてきた。確かに、阿部政権の下で登用され、その後の政治・外交で活躍した人材は、岩瀬に限らず、少なくない。その一方で、阿部に登用されたからといって、阿部政権下において個々人のレベルで飛び抜けて顕著な活躍をした者は見られない。阿部自身の政策が政治的対立を表面化させることなく、慎重な政権運営を特質としていたために、個々の突出した行動は抑えられていたともいえる。

その意味では、阿部政権は旧来の幕府政治の枠組みを超え出るものではなかったということも可能であるが、一方で、その政治的安定性ゆえに、ペリー来航前後の難局を乗り切ることができたとも考えられる。岩瀬忠震という人物を通じて、変革の側面ばかりが着目されてきた当該期の幕府外交について再検討する必要性が見えてきたといえよう。[*42]

ただし、その再検討は今後の課題とせざるを得ない。ここでは、これまでの検討結果を踏まえた、岩瀬の国家構想のさらなる展開過程を見て稿を閉じたい。

幕府の開国政策は、日米修好通商条約に関して朝廷側の勅許が得られないという事態に直面し、最終的には大老井伊直弼政権の下、安政五年（一八五八）六月一九日、「無勅許」のまま条約が調印されることとなる。この無勅許調印を契機として、幕府権威が大きく失墜していったことは周知のことであろう。

ところで、後年に井上清直が語ったところによれば、通商条約の調印後、幕府に対する批判が強まるなかで、岩瀬は次のような趣旨の発言をしたという。[*43]

この調印のために不測の禍を惹起して、あるいは徳川氏の安危にかかわるほどの大変にも至るべきが、はなはだ口外し難き事なれども、国家の大政に預る重職は、この場合に臨みては、社稷を重しとするの決心あらざるべからず。

この発言は、彼がすでに「徳川氏」（＝幕府）という枠組みを超え、「社稷」（＝日本）という単位で物事を考えていたことを示している。横浜開港によって「天下之利権」を幕府に集中させるという安政四年段階の構想とは、一線を画しているともいえよう。ここで重要な点は、上記の発言の時期である。岩瀬が「社稷を重し」と発言したのは、勅許獲得の失敗（安政五年三月二〇日）、政敵ともいうべき井伊直弼の大老就任（四月二三日）という、まさに彼の構想が挫折していく時期でもあった。これらの一連の経緯のなかで、岩瀬は一種の絶望を覚えたことであろう。勅許獲得の失敗後、彼は福井藩士の橋本左内に対し、「日本ハ最早淪没時到候哉、御所ハ固陋蒙昧、列侯ハ固執、将軍家は因循、強大之外寇ハ指迫り有之」と嘆いたという。[*44]

この絶望こそが、岩瀬がそれまで第一に考えていた徳川家を超えて、「社稷」という単位で国家構想を練り直す契機となったのではなかろうか。その構想の一端は、六月二七日に橋本左内に示された「海防の一局」の設置案に示されている。それは、「宇和島侯を薦めて其局の総裁となす事」をはじめとする構想であった（『昨夢』四巻二九六頁）。無勅許調印に対する国内の反発が強まり、幕府の外交が行き詰まりつつあるなか、岩瀬は幕府と藩が一体となって外交問題にあたろうと考えたのである。

しかし、この構想が日の目をみることはなかった。差控を命じられた後の安政六年（一八五九）九月二一日、岩瀬は木村喜毅に対し、「私義も最早今世に用なきものと相成候」と述べている。[*45] 彼の失意がいかに大きなものであったか、容易に想像できるであろう。

一方、岩瀬の発言にある「徳川氏」（＝幕府）と「社稷」（＝日本）の関係性は、その後の幕末政治史において重要な論点となり、日本という国家のなかに徳川家をどう位置づけるのか、という点をめぐって試行錯誤が繰り返される。しかし最終的には、徳川幕府自体が「今世に用なきもの」と見なされることとなった。岩瀬が最終的にたどり着いた、徳川家を超えた国家構想の、その後への影響を考察することが重要であろう。

註

＊1　『〈新異国叢書九〉エルギン卿遣日使節録』（岡田章雄訳、雄松堂書店、一九六八年）九七頁。
＊2　福地桜痴『幕末政治家』（岩波書店、二〇〇三年〈初出一八九八年〉）二五八頁。
＊3　川崎紫山『幕末三俊』（春陽堂、一八九七年）序文。
＊4　栗本鋤雲『匏庵遺稿』一（続日本史籍協会叢書、東京大学出版会、一九七五年〈初出一九〇〇年〉）。
＊5　松木順「岩瀬忠震の開国交易思想」（『経済論叢』五四巻三号、一九四二年）、同「岩瀬忠震の思想的背景」（『経済論叢』五四巻四号、一九四二年）。
＊6　京口元吉「岩瀬肥後守忠震とその手記」（『史観』六二号、一九六一年）。
＊7　石井孝『幕末悲運の人びと』（有隣堂、一九七九年）。
＊8　松岡英夫『岩瀬忠震―日本を開国させた外交家―』（中央公論社、一九八一年）。
＊9　飯田虎男『岩瀬忠震の年譜的研究』（私家版、一九九〇年）。なお、飯田虎男「安政期幕府外交の意義と限界―岩瀬忠震を中心として―」（『藝林』四四巻二号、一九九五年）、同「一橋派運動と岩瀬忠震」（『政治経済史学』三六八号、一九九七年）も参照。
＊10　ただし、京口が紹介した七冊のうち、安政二年の日記とされる『豆役日乗』は登録されておらず、所在も不明のようである。

＊11　河内八郎「伊達宗城とその周辺―岩瀬忠震とその書翰―」（『茨城大学人文学部紀要人文学科論集』二二号、一九八九年）、同「伊達宗城とその周辺（続）―岩瀬忠震・永井尚志ほか―」（『茨城大学人文学部紀要人文学科論集』二三号、一九九〇年）。

＊12　河北展生・高木不二・高輪真澄・木村直也・細川義・西澤直子「史料紹介　木村喜毅（芥舟）宛岩瀬忠震書簡」（『近代日本研究』五号、一九八九年）、岩瀬忠震書簡研究会編『岩瀬忠震書簡注解―木村喜毅（芥舟）宛―』（岩瀬肥後守忠震顕彰会、一九九三年）。なお、同上編『岩瀬忠震書簡注解―橋本左内宛―』（忠震会、二〇〇四年）も参照。

＊13　新城市設楽原歴史資料館編『設楽原ゆかりの外交官　開国の星　岩瀬忠震』（新城市設楽原歴史資料館、二〇〇四年）。なお、岩瀬が詠んだ漢詩については、江戸旧事采訪会編・大久保利謙編輯『江戸』七巻　詩歌・随筆編（立体社、一九八二年）も参照。

＊14　拙著『開国期徳川幕府の政治と外交』（有志舎、二〇一五年）。

＊15　木村芥舟「旧幕監察の勤向」（『旧幕府』一巻一号、一八九七年〈復刻版、原書房、一九七一年〉）六八頁。

＊16　松岡前掲『岩瀬忠震』二六頁。

＊17　『大日本維新史料稿本』嘉永六年一〇月是月条、KA054-0275。なお、閲覧については、「東京大学史料編纂所データベース」を利用した。

＊18　高村直助『永井尚志』（ミネルヴァ書房、二〇一五年）五頁。

＊19　『大日本維新史料』二編四巻（維新史料編纂事務局編、一九四三年）一頁。

＊20　以下、『〈大日本古文書〉幕末外国関係文書』（東京大学史料編纂所編、東京大学出版会）からの引用については、『幕外』と略記のうえ、巻数と号数を本文中に示す。

＊21　『水戸藩史料』上編乾巻（吉川弘文館、一九一五年）五三三頁。

＊22　『江戸』七巻　詩歌・随筆編、八二頁。読み下しは松岡前掲『岩瀬忠震』四二頁。

＊23　京口前掲「岩瀬肥後守忠震とその手記」二一頁。

＊24　たとえば、松岡前掲『岩瀬忠震』四一頁。

＊25　アメリカ北太平洋測量艦隊については、拙稿「アメリカの対日外交と北太平洋測量艦隊―ペリー艦隊との関連で―」（『史学雑誌』一二四編九号、二〇一五年）。

＊26 「豆州下田亜墨利加船　安政元年三月―十二月（上）」（写真帳、東京大学史料編纂所所蔵）九五～九七丁。

＊27 京口前掲「岩瀬肥後守忠震とその手記」二二頁。

＊28 欠乏品交易については、山本有造「下田『欠乏品交易』とその貨幣問題―ペリーとハリスのはざまで―」（『経済史研究』一九号、二〇一六年）。

＊29 『水戸藩史料』上編乾巻、六五三頁。

＊30 詳細については、拙著前掲『開国期徳川幕府の政治と外交』二二二～二二三頁。

＊31 石井孝『日本開国史』（吉川弘文館、一九七二年）一八〇頁。

＊32 『千葉県史料近世編 堀田正睦外交文書』（千葉県、一九八一年）二六九～二八二頁。

＊33 福地前掲『幕末政治家』二五七頁。

＊34 『下総佐倉藩堀田家文書 マイクロフィルム版』（雄松堂書店、一九八九年）R214-7-158。

＊35 以下、『海国日本の夜明け―オランダ海軍ファビウス駐留日誌―』（フォス美弥子編訳、思文閣出版、二〇〇〇年）三三六～三三八頁。

＊36 新城市設楽原歴史資料館編『開国の星 岩瀬忠震』四五頁（読み下しも同書による）。

＊37 「岩瀬鷗所日記」四（早稲田大学図書館所蔵、同館「古典籍総合データベース」を利用）画像八四。

＊38 『水戸藩史料』上編乾巻、七八一～七八二頁。

＊39 以下、『昨夢紀事』（日本史籍協会叢書）からの引用については、『昨夢』と略記のうえ、巻数と頁数を本文中に示す。

＊40 河北ほか前掲「史料紹介　木村喜毅（芥舟）宛岩瀬忠震書簡」一九七～一九八頁。

＊41 石井孝が用いた「海防掛体制」を参照（石井前掲『日本開国史』三九四頁）。

＊42 阿部政権による人材登用策に関する再検討の必要を提起したものとして、井上勲「通念の虚実」（『日本歴史』八一〇号、二〇一五年）。

＊43 福地前掲『幕末政治家』二六五頁。

＊44 『橋本景岳全集』上巻（景岳会編、畝傍書房、一九四三年）四二七号、八三五頁。

＊45　河北ほか前掲「史料紹介　木村喜毅（芥舟）宛岩瀬忠震書簡」一二三頁。

【付記】本稿は、平成二七年度日本学術振興会科学研究費「若手研究（B）」（課題番号：一五K一六八一五）による研究成果の一部である。なお、早稲田大学図書館所蔵「岩瀬鷗所日記」については、矢野美沙子氏より多くのご教示を得た。記して感謝申し上げる。

二　政治君主としての徳川家茂

久住真也

はじめに

本稿の目的は、一四代将軍徳川家茂の政治的役割を明らかにし、さらに、幕末維新期に求められた君主像との関連から、その人物像の一端を示すことにある。

ところで、将軍としての家茂に関しては、正面から検討した研究はほとんどない。その要因として、若年で短命（数えで二一歳）の将軍であり、積極的に政治に関わらなかったという漠然とした思い込み、また、人格的な部分でその政治的資質を低く評価する傾向などが挙げられるように思う。[*1] しかし、これらの評価は具体的な検討を伴ったものではない。

まず、家茂が将軍に在職した安政五年（一八五八）～慶応二年（一八六六）という時期は、幕末期の中でも、内政・外交の激動期にあたり、政権基盤はゆらぎつつも、将軍の国政上の地位はいまだ高かった。そのような将軍に対して十分な研究が無いのは、政治史研究の上でも、大きな問題ではないだろうか。さらに、家茂個人についても、同時代では幕臣のみならず、有志大名クラスまで、その「英明」さを高く評価した事実をどう考えるか、という問題がある。現在も「人柄が良かった」という類のイメージは比較的存在するようだが、単なる性格の問題に矮小化されているように思われる。

筆者は以下において、一般にイメージされる「ひ弱な将軍」、単なる「悲劇の将軍」という類のものとは異なる家茂像を提示することになるだろう。その際、この作業を通じ、幕末維新期の君主論とでもいう問題に、多少のアプローチができれば幸いである。

1 文久改革の推進勢力と家茂

家茂は弘化三年（一八四六）に紀州藩主徳川斉順《なりゆき》（一一代家斉七男）を父として生まれ、嘉永二年（一八四九）に紀州藩主、安政五年に一三歳のおり将軍となった。当初、大老井伊直弼が幕政を主導し、御三卿の田安慶頼が家茂を後見したが、その後井伊が倒れ、雄藩が国政進出をはかるなかで、文久二年（一八六二）に旧一橋派の復権とともに田安は後見を免じられた。この年家茂は、一般に政治が執れると認識される一七歳となり、田安の辞任も表向の理由はそれであった。したがって、その直後に本格的に開始される文久の幕政改革を、本稿の出発点とする。

その文久改革の基本理念・政策は、政事総裁職となった松平春嶽と越前藩の影響が大きい。[*2] 春嶽は、「尊王」

徳川家茂（川村清雄筆，徳川記念財団所蔵．『徳川家茂とその時代』徳川記念財団，2007年，54頁より）

と諸大名との協調を軸に挙国一致を目ざし、幕府の自己否定的な改革を提唱することで、幕府内部に激しい抵抗を生み出した。詳細は研究史に譲るが、従来見落とされてきたのが、改革における将軍家茂の役割である。以下、それを確認していく。

まず、改革の助走にあたる、春嶽の幕政参与から見ていく。春嶽は、四月二五日に安政の大獄の幕譴から完全復権し、五月七日に登城して家茂に対面して以降、病の場合を除いて、以後老中なみに毎日登城した。[*3]また、五月一三日には御用部屋入りを許可されている。そして、文久二年五月二二日の改革の上意（武備充実と簡易制度・質実の士風へ復古）に続き、六月朔日に将軍上洛が予告され、春嶽の影響のもと改革の大きな方向性が決定した。

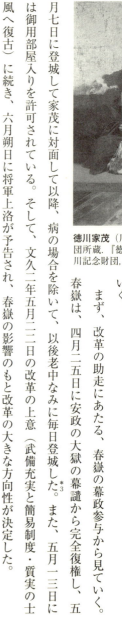

春嶽の幕政参与以後、すぐに君側（奥向）改革が議され、家茂の了承をえて着手されていく。これは、改革に対する将軍の理解が重視されたからで、この一事をもっても、将軍の役割を軽視してはならないと言える。家茂自身も、春嶽が強く主張して実現した、将軍上洛を積極的に支持しており、[*4]春嶽と交流の深い山内容堂は、上洛予告発令の翌日、六月二日に春嶽に宛てた書状で、「第一奉賀ハ　大君之御英明ニ御座候、天下之変革御一身之御心より出候義、万々恐悦之至、足下も嘸々御骨折之甲斐御座候テ難有可被思召奉察候」と、家茂の理解と春嶽の尽力を賞賛している。[*5]

しかし、六月一〇日に勅使大原重徳を迎え、一橋慶喜を後見職、春嶽を大老にすべしとの勅命を受けて以降、幕議は停滞した。老中以下は、慶喜の後見職就任に抵抗し、春嶽は不満を募らせた。また自らの大老就任についても越前家臣団の反対などもあり、幕政参与を辞す意を固め、六月一八日〜七月八日までの長期欠勤に及んだ。春嶽の欠勤中、家茂は病状尋ねとして奥医師林洞海と伊藤玄朴を三日にわたって派遣し、そのうちの六月二七日には、老中水野忠精に直書を持たせて春嶽邸に派遣しようとしたが、春嶽は直前にこれを固辞した。[*6] また、七月一日には大目付大久保忠寛らが来邸のうえ、登城の台命を伝達している。[*7] その間、慶喜の後見職への就任が実現し（七月六日）、春嶽の政事顧問の横井小楠が幕府内部の改革派と交渉し、「幕私」改革の方向が確認されると、春嶽も七月九日に出勤のうえ、政事総裁職に任命された。

　同日春嶽は家茂に対して「幕私」改革の要領を説明したところ、家茂は帰するところは「安　叡慮為天下」、あるいは「為天下」との理解を示し、春嶽を感服させた。[*8] 幕府内部には、大目付大久保忠寛、岡部長常など、一貫して春嶽と連携する改革派幕吏が存在したが、彼らは天皇を明確に国家の中心に位置づけ、挙国一致＝日本の強国化を実現しようという春嶽と理念を共有した。特に大久保が七月三日に御側御用取次に就任したことは、家茂と改革派をつなぐ「表」「奥」を縦断するラインの成立と見ることができる。

　しかし、以後改革は思うように進まず、七月二五日に、同じく改革に積極的だった後見職の一橋慶喜とともに、「休息之間」で家茂に対面した春嶽は、「安宸襟　以身先乎天下」の文字を認め、東照宮（家康）の天下に対する慈悲の心を説くなど、帝王学を注入した。[*9] 春嶽は、国元の藩主茂昭に宛てた書状で、「今日も（中略）御前へ召出し色々御はなし申上、御茶御菓子被下候（中略）、前代未聞之由」、「御懇命と英明等ニハ誰々も不及申候、其余ハ楽ミ更ニ無之候」と書き綴っている。[*10] ともすれば幕閣で浮き上がり、辞任を考える春嶽を支えたものとして、家茂の存在があったのである。

　その後、春嶽は八月二四日より、改革が進捗しない幕議への不満から、暑気あたりを理由として登城拒否に及んだ。欠勤は連続一二日間に及んだが、事態を打開したのは、後見職の慶喜のほか、春嶽サイドの横井小楠、それと連携した、幕府改革派の大久保、岡部らであった。横井、大久保、岡部らは、参勤交代制度緩和に反対であった老中板倉勝静を説得するなどし、春嶽の持論が貫徹する方向で、幕議の環境を整えた。[*11]

そして、春嶽は閏八月五日から出勤すると、本丸の「西湖之間」で行われた家茂臨席の御前会議に参加し、同月二二日に布告される参勤交代緩和、衣服改革令などの制度改革実現に重要な役割を果たした。この御前会議については、次節で見るとし、家茂サイドの動きを見ると、閏八月一五日には、急病の横井小楠のために、春嶽の依頼により奥医師の林洞海と松本良順の診察を許し、同一八日に春嶽が頭痛で欠勤すると、同じく伊東長春院を派遣、また、市中で春嶽襲撃説がながれ、春嶽が登城を断念した九月一日にも、伊東の派遣を企図するなど（春嶽より断り）、春嶽出勤への細かな配慮を見せている。[*12] またこのおり、一橋慶喜も老中の改革に消極的な姿勢に反発して登城拒否を行った（閏八月一五日から九日連続）。その慶喜が春嶽にあてた書状において、「乍恐　上（家茂――筆者註以下同じ）之御誠心御踏込御十分ニて其段は難有仕合奉存候、何事も十分ニ踏込て届かぬ事は無之筈ニ候」と述べているのは、[*13] やはり家茂の改革への積極的姿勢を知るのに重要である。

一方、京都では、文久二年七月以降、攘夷運動が激しくなり、九月下旬に幕府に攘夷を命じるため三条実美・姉小路公知の両勅使の東下が決定する。江戸の春嶽は対外方針をめぐり有司と対立し、また、叡慮遵奉に否定的な老中に不満を持ち、欠勤を繰り返すことになる。そして、辞職を決して一〇月一二日から一四日間の欠勤に及んだ。

この事態打開に動いたのは、例のごとく幕吏の大久保と岡部ほか、当時江戸に下り、幕議にも参加していた前土佐藩主の山内容堂である。[*14] 容堂は、春嶽の居を何度も訪れ登城を勧告するが、背後には家茂の存在もあった。

すなわち、容堂は春嶽への書状で、幕議の状況に加え、家茂の態度に言及して「大君之御誠忠感服落涙之外無之候、又明日登　城せよとの事、迷惑御憐察可被下候」と述べ、翌日は江戸城の「奥」の「休息之間」で、家茂から直々に「徳川之為ニてハ無之、天下之為尽力せよ」という「英明之御一言」を掛けられ、奮起している。[*15] その家茂は、一〇月一六日に病状尋ねとして奥医師石川玄貞を春嶽邸に派遣して保養を、同二〇日には、上使大久保を派遣して登城を命じている。春嶽は、幕議が叡慮遵奉で一致したことで同二六日より登城を開始する。

ところが、今度は開国論であった一橋慶喜が、対外方針が攘夷奉承に決定したのを苦に後見職の退役を願い、一〇月二二日から一一月二五日まで長期の欠勤に及ぶことになる。[*16] 慶喜のもとには、春嶽、老中、大目付岡部のほか、将軍サイドから御用取次の大久保、同役村松武義以下、側衆などが立て続けに訪問し、家茂の内命を伝達している。一〇月一九日に慶喜邸に向かった、老中格小笠原長行の手記には、「上之　思召御主意」として、次のように記されている。

一、御出勤無之候ハヽ、　御自身可被成とも思召候間、是非御出勤可有之、

一、刑部卿殿御出勤無之候へは、御軍艦御成御見合、[*17]

つまり、慶喜が出勤しなければ家茂自ら一橋邸に御成し、予定している軍艦での浦賀御成も中止するというもので、[*18] 家茂自身の強い勧告に他ならない。結局慶喜は、最終的に三条・姉小路両勅使登城の前日、一一月二六日に家茂の内命によって登城し、以後欠勤を取りやめた。以上を見るに、春嶽や慶喜の欠勤は、幕閣にとっては、朝廷や輿論の反応を考えれば放置できず、改革に積極的な家茂にも他人事ではなかった。したがって、頻繁な内命は、家茂自身の強い意志から発せられたと考えるべきだろう。

そして、勅使の江戸滞在中に行われたのが、幕府の失政への自責表明である、井伊政権期の幕吏の大量処罰

（一一月二〇、一三日に公表）と、家茂自身の官位一等辞退の上表である。前者では、処罰の対象は、故井伊直弼ほか安藤信正・久世広周以下総計二〇人以上に及んだ。これを強く主張したのは小笠原長行であったが、処罰の断行は改革ラインに思わぬ影響を及ぼした。すなわち、これに先立つ一一月五日に、御用取次の大久保が講武所奉行に左遷となった一件である。大久保の失脚はいくつかの要因が伺えるが、直接的には、同人が故井伊以下幕吏の処罰に反対し、将軍への言上を拒んでいると小笠原に糾弾されたことによる。[*19] 春嶽は反対したが、すでに幕議が一決し、家茂に伺う段取りとなっていたことで諦めてしまった。

家茂は、春嶽と自らを結ぶ大久保を切ることで故井伊以下を処罰する政治的決断を行ったのである。そして、春嶽の国元にあてた書状によれば、一一月二〇日に登城した春嶽は、老中から家茂の指示を聞かされた。それは、「彦根始」に厳しい処罰が無くては朝廷に申し訳が立たないので、今日中に取り計らえ、というものであった。[*20]

春嶽は、そのあと本丸の「奥」の「小座敷」に召され、家茂から、「……内大臣之官位を一等降し度、其義朝廷え御辞退奉申上度候間、春嶽より早々老中へ相咄、早々取斗候様ニとの断然降命」があった。それを春嶽が老中に伝えると、「一同感涙叩頭伏地」の状態で、さらに若年寄・大小目付などは「英明果断之台旨」に涙し、御用部屋は感動と興奮で満たされた。この官位一等辞退の願書は、一二月一八日に朝廷に呈されたが、その後朝廷からは慰留され、実現はしなかった。しかし、この家茂の意志と行動は、幕府の朝廷遵奉の態度と、井伊政権からの政治の転換を、これ以上無い方法で示したものであった。この流れの上に、公武関係を劇的に転換する、翌年三月の将軍上洛以降の政治が展開する。ただ、その一方で、家茂が君側の大久保を切ったことが、[*21] 翌年の春嶽の幕府離脱（三月）とあわせ、家茂を補導する態勢に少なからぬ影響を及ぼすことは、のちに見るだろう。

それは措き、以上の流れから、将軍としての家茂が、改革の理念や必要性をよく理解し、春嶽らを後押しし、幕府全体が進む方向性を示し続けたことが分かる。このことを前提に、さらに家茂の政治的役割を掘り下げる。

2 求められる「将軍親政」

研究史によれば、近世中後期の重要案件の処理は、将軍―老中―奉行のラインを中核に、実質的な決定は老中が行い、将軍は裁可を与えるのが基本とされる。また、老中の意見が対立した場合、将軍が裁断して決着をつけることもあったという。[*22] これを念頭に文久改革期を見たとき、政策決定の中心が老中であることに変化はなかった。その一方で、政事総裁職(春嶽)、後見職(慶喜)については、老中は将軍の裁可を得る前に、両人(特に後見職)の同意をえる必要があると考えられていたようだ。しかし、実際には、両人が案件の発議と評議、また諸有司との審議に加わる場合もあり、一定していない。[*23] では、将軍の関わり方はどのようであったか、以下、三つに分けて考える。

まず、裁可型である。これは、御用取次を通じて上がった案件に、将軍が裁可を与える最も基本的な形だが、改革期にはその変形が見られる。春嶽は家茂に対し、老中らと懇親を結ぶ「君相一致」による政治運営を説き、御用取次を介さない政務言上を推進した。[*24] つまり、「奥」と「表」の連携強化が目的であり、六月の将軍上洛予告発令も、春嶽と老中一同が家茂に言上して決している。[*25] その一方で、大久保が御用取次に就任したことも関係するのか、同役を介して裁可を得る形も存続した。例えば、七月に懸案となった、勅命による安政の大獄以後の国事犯大赦の件は、奥右筆組頭・評定所一座が取り調べ、老中・春嶽→慶喜→御用取次(大久保)→家茂というルートで決したようである。[*26] ただ、この二つを使い分ける際の基準は判然としない。

その「君相一致」の発展型として捉えられるのが、御前会議型である。御前会議については、長州藩をはじめ、各藩の事例研究が蓄積されつつあり、[*27] その歴史的位置づけや、注目点に違いはあれ、概ね藩主親政の流れとして捉えている。対して、幕府については、三代家光の事例が知られるが、[*28] 幕末期は文久改革期を取りあげた一部の研究があるものの、導入の背景や幕政史上の位置づけは十分ではない。[*29] 十分な史料が無いが、将軍と総裁・後見両職・老中などが一堂に会し、議論する形を御前会議と見た場合、開催日が特定できるのは一〇件で、時期は、五月～一二月にわたる。[*30] これらを見ると、場所は、「奥」の「御座之間」のほか、閏八月には、「表」の黒書院に隣接する「西湖之間」が中心となった。構成員は、閏八月の会議では、諸奉行や大小目付ほか、林大学頭（学斎）、御用取次などへと拡大した。[*31] そして、評議場となっていた「西湖之間」に、家茂が突如として現れ、質問することもあったようである。[*32]

そのなかで、右の閏八月の一連の会議（一、七、一七、二〇日）に注目してみたい。[*33] 閏八月七日の会議を春嶽が国元に報じた書状では、「今日より日々於西湖之間諸役人一同会議有之……」として、「西湖之間」での御前会議が定例となったごとく伝えたが、春嶽が記した図では、家茂は黒書院の上段（下段寄り）に座し、後見・総裁両職以下の首脳は同じ下段の左側（家茂から見て右側）、多人数の三奉行以下の諸役は下段右側、そして、さらに右に隣接する「西湖之間」に座している。つまり、厳密には「黒書院」の御前会議である。[*34]

会議の状況について、春嶽は閏八月二五日の書状では、「日々於西湖之間御前評有之、橋公・小子・会津（松平容保）・老中・大小監察・両奉行等列参議論頻々、実ニ盛成事ニ御座候、小子共ハ御前へ被為召日々五六度も有之、種々御垂訊難有とのミ奉存候」と述べる。家茂は、会議への出席に加え、春嶽を「日々五六度」も御前に召すなど、能動的に政治に関わっており、春嶽が満足しているのが分かる。

では、この御前会議を提唱したのは春嶽なのだろうか。それは判然としないが、春嶽は登城したての五月九日に、「日本の国是」決定の重要性を老中に説くなかで、「閣老・若老・三奉行・大小監察打揃ひ於　御前講究の上、被相定可然」と述べており、[*35]『再夢紀事』の五月二八日の記事に、はやくも御前会議の記述が見えるので、春嶽の可能性はある。

ただ、御前会議は、最終決定の場ではなかった可能性が高い。春嶽は閏八月の御前会議を伝えた藩主宛の書状において、「重大事件ハ今後下評議も有之候得共、御前評にて決候積ニ有之候」と述べている。しかし、それ以前、例えば国事犯の大赦の件は、七月一〇日に御前会議の議題に付されたが、裁可型のところで見たように、通常の如く御用取次を介して裁可を経て、決定している（七月一八日）。また、閏八月七日の御前会議も参勤制度改革、諸大名の献上物廃止などが議論されたが、参勤問題が内決したのは同月九日のようであり、[*36]その日に御前会議は確認できない。これらから考えると、藩主御前で藩是が決定した長州藩などの事例とは異なる点が見られるようである。

ならば、この御前会議の目的はどこにあるのだろうか。状況から見て、将軍出座の場で、改革の大綱、方向性を議論し、最終的な手続きを残して実質的に決定するか、あるいは幕議に拘束性を与えることだったのではないか。そして、春嶽ら改革派にとっての御前会議とは、将軍を会議の場に引き出すことで、同じ空間に存在する老中らの決定権を相対的に弱め、構成員のフラットな関係を実現する意味もあったように思われる。

一方で、閏八月という改革の山場に御前会議が規格化された理由は何か。これについては、実際には春嶽と慶喜には幕議での決定権がないにも関わらず、老中は決断の責任を両者に押しつける傾向があり、[*37]事態が進まなかったという状況に注目したい。そのため、改革の強い推進力として、御前会議が規格化されたのではないか。文久改革期の御前会議は、前述の「裁可型」を補完・強化するものと考えられるのである。

そして、最後に決断型ともいうべきものがある。これは、老中の意見が割れた議案について将軍が裁断を下す、あるいは決定困難な事態に、将軍がトップダウン的に決定するケースである。前者については、外交問題での一一代家斉の事例が知られるが、[*38]家茂の場合、次節でも見るように、続く元治・慶応期にもこの種の決断型が見出せる。実際に家茂政権期の老中井上正直は、明治期の談話で次のように述べている。

昭徳院様は御稽古の為にをりをり御用部屋へ御出でになり、政治を御聞きになつたこともあります、御前会議と申す様な事は勿論御座りました、閣老の意見が決しない時は止むを得ず上聴によりて決定しましたものです、[*39]

実際に、家茂が相対立する議案に決着をつけた例としては、すでに改革以前、文久元年七月の水戸領内への激派鎮圧の出兵について、推進する老中らに対し、家茂が松平容保の意見を採用して出兵案を葬った事例が知られる。[*40]そして、改革期ではトップダウン的な事例として、前述の家茂の官位一等辞退の朝廷への内願がある。これについて、当時目付であった澤簡徳は、明治期の座談会で、自身が小笠原に意見上申して実現し、朝廷への願書は、澤と山口直毅（当時目付）が作成したと述べている。[*41]しかし、先に取りあげた春嶽の国元あての書状[*42]で見る限り、官位一等辞退決定は、①家茂→春嶽→老中→若年寄・大小目付など有司、②家茂（直書）→慶喜、③春嶽→慶喜、④水野→板倉、小笠原→井上、という複数のルートで伝達された。これは、家茂の意志が、トップダウン的に放射状に広がっていく様子を示す。また、春嶽が「於御用部屋泣候斗り声を出し、実ニ廟堂為之ニ鼓舞感動……」と伝えた状況も考えれば、小笠原など臣下の意見を聴いた家茂が、最終的に自ら決断したと考えるのが妥当である。しかも、慶喜へは事後報告であり、春嶽でさえも、一方的に決意を聞かされる状態は、文久期の基本的プロセスからも逸脱している。

以上から、若き将軍である家茂が、改革期の政治過程において、重要な役割を果たしていたことが明らかになったと思う。その背景には、御前会議の部分で触れたような、決断主体の空白という問題がある。幕府の権力が拡散化する状況を乗り越えるため、将軍親政に近い状況が生じていたのである。例えば、小笠原の手記、一〇月一九日の条には、目付の池田修理（長発）の話として、「御親政之事御後見有之ても　御親政不出来と申義は有之間敷、御親政之御行届無之処を御助ケ被成候が、御後見と奉存候」とある。[*43] この発言が、いかなる状況で発せられたか分からず、また、老中政治を否定する意味での「将軍親政」とは即断できないが、内外の困難な問題が続くなか、家茂の政治関与を意識的に強めようとする動きが、有司の中にあったことは注目できよう。

3　決断主体としての将軍

文久改革とそれに続く第一回目の上洛以後、幕府は勅命に応じた攘夷・横浜鎖港を実現できず、家茂も、その是非をめぐって発生した泥沼の幕府内の対立を収束できなかった。しかし、一歩間違えば国家の破滅につながりかねない外交問題において、後見職の慶喜や、春嶽のあとを襲った政事総裁職の松平直克（川越藩主、文久三年一〇月～元治元年六月）、老中以下幕吏が登城拒否や辞職で倒れるなかで、家茂のみの責任や能力を問うのは酷だろう。しかし、その中でも、家茂が重要な場面で決断を下す場面がしばしば現れる。

まず、挙げるのは文久三年一二月の、二度目の将軍上洛である。政局は同年八月一八日の政変を経て、公武合体の気運が高まる中、幕府も将軍上洛をいったん決定した（一一月六日）。しかし直後の同月一五日の江戸城本丸と二の丸全焼により、元来再上洛に反対であった大小目付らの抵抗は熾烈を極めた。それを打ち破る契機は、上洛推進派の京都町奉行永井尚志の帰府と家茂への言上であった。

永井の松平春嶽（滞京中、以後朝議参予となる）への書状によると、[*44]永井は蒸気船で品川に到着した即日（一一月二六日）に、田安御殿（家茂の居所）に登営し、総裁職の松平直克、板倉勝静以下の老中が同座するなか、直接家茂に上洛の必要を切言した。それに対し、家茂からは、「斯迄之次第ニては、是上必上洛不致候ては不相成（候抜けか）間、上洛可致段今日直ニ触達可致との上意」があり、永井は「実以有難感涙之外無之」と感動した。その書状の末尾で「つまり候処上様之御断と御真意ハ只々恐入候外無之」と述べるように、家茂の決断で決着が計られたのである。

それと似た例だが、元治元年七月の第一次長州出兵時に問題となった、将軍進発不履行の問題がある。[*45]当初、幕府は八月初旬には将軍進発を予告したが、当時滞坂中の軍艦奉行の勝海舟は、老中阿部正外からの話として、「東都御進発之挙、　上様之御英意にて御直に被　仰出、有司異議粉々たる者口を閉と云」と記している。[*46]実際に、進発を積極的に推進しようとしたのは、大小目付など一部の有司層であり、彼らが家茂に直接言上した可能性がある。しかし、結局この進発は実行されなかった。この点は、さらに後述する。

そして、家茂最大の決断として特筆されるのは、慶応元年一〇月の、長州再征途上の滞坂中に起こった将軍職辞職の上表と東帰という事件である。これについては、四ヵ国艦隊の兵庫開港要求に応じようとした二老中（阿部正外、松前崇広）への、朝廷の処分に対する反発が原因と考えられてきたが、近年、文久三年以来の積極的開国派による計画的行動の一環との説が提起されている。[*47]長いスパンの考察から、従来の盲点をついた点に学ぶべきものがあるが、その実証部分や論拠には賛同できない点もあり[*48]、事件において、家茂の主体性を認めない点も筆者とは見解が異なる。

別の機会に指摘したように[*49]、当時江戸で非役であった大久保忠寛が、大坂からの情報をもとに、事件の詳細を勝海舟（江戸で非役）に知らせた書状（一〇月一五日付[*50]）を読む限り、この重大な決断は、家茂が主体的に下したものと判断できる。大久保の情報源は、奥向関係者としか分からないが、それによれば、九月二八、二九日ころ、家茂は老中や側近も近づけず、一人で何かを考え認めていたが、「俄に此一条に相成、始は閣参一同幷大小鑑等迄出、強て　御止申上候処、更に　御聴入無之、最早　御決心と計　上意ニて　御せき被遊候趣に候」とある。つまり、辞職の決断は老中以下大小目付などの制止を振り払って行われたことが知れる。

大久保は、自らの在職中、開国論の立場から朝廷の攘夷実行要求を前に政権奉還を主張しており[*51]、この家茂の決断を高く評価した。そして、家茂による辞表、あるいは同時に呈した条約勅許を天皇に求めた建白の文面について、漢文が少ないことから「御草は全　御英断と奉存候」と涙しているが、実際は目付の向山一履（黄村）が下書きしたようである。しかし、たとえ向山の筆であっても、家茂の上書であることに違いはない。大事な点は、家茂を良く知る大久保が、家茂をして、主体的な判断を下せる人物と認識していたことにある。後年慶喜は『昔夢会筆記』の中で、自身が伏見で家茂を説得した際、辞表に述べられていた体調不良について問うたところ、「いずこにも病いなけれど、年寄どものかく申せといえるなり」と事実を明かしたと述べている[*52]。しかし、家茂が慶喜に対して、必ずしも正面から心情を語ったとは限らず、また、他方で将軍の政権放り出しという批判に対し、後年の慶喜が亡き先代を憚かり、老中に責任転嫁した可能性も否定できないように思う。

この決断は、結局撤回されたものの、将軍自身の進退に関わる点では、文久二年の官位一等辞退の決断と類似しており、決断に対する周囲の驚きや狼狽も共通している。このような高度な決断は、単純に臣下が強要したり、逆に臣下に任せておけばよいという類のものではなく、将軍の主体的関わりが欠かせない。長期滞坂による孤独と政治的判断を求められるストレスは多大であり、体調不良も偽りと判断するには慎重であるべきだと思う。

では、なぜこのような決断型の事例が現れるのだろうか。その大きな要因は、老中の力の低下、逆に諸有司の発言力の増大である。実質的な決定権は依然老中が保持しつつも、諸有司の反対の前に、決定を下せない状況が生まれていた。有司たちの影響力増大の傾向は、文久期以前からだろうが、御前会議への出席などは、それに拍車をかけと思われる[*53]。

例えば、第二回将軍上洛時の決断の事例に戻ると、家茂が永井の面前で決断を下したあとも、老中らは御前にもかかわらず、「諸有司紛々之論」を懸念し続けており、それに対して永井は、すでに御前で決定したことに異論があれば、老中が厳然と説得すべきであると論じ、家茂もそのように老中に指示している。しかし、結局永井は板倉老中らの要請で、反対論説得のために数日の滞在を強いられた[*54]。

この上洛の混乱はさらに続く。迅速な上洛を目指す老中に対し、大小目付は、警衛上の観点から、警衛部隊の着京後に将軍が出発すべきと主張し、登城拒否によって激しく抵抗した。それを伝え聞いた勝海舟は日記に、「嗚呼、天下之事可知、下刻上（ママ）之勢あり、俗吏雷同して、総裁・閣老之命といへ共不被行、可歎」と批判している[*55]。右のような状況は、永井という一有司が、直接家茂を動かしたことと表裏一体の関係にあった。つまり、老中が判断不能となったとき、判断を求めるベクトルは、より上位の者、最終的には将軍に向くことになったのである。

そのように見ると、元治元年七月以降に、文久改革期の政治を否定し、老中の権力再強化を目指す幕閣が登場する背景が、より理解し易くなる。すなわち、松平直克が失脚して以降、総裁職は置かれず大老が復活し、家門や有志大名の影響力が排除された。同時に、幕府有司による活発な意見上申の動きは封じられ、政策決定の場から排除される傾向が強まった。この幕閣のキーマンは、老中で高嶋藩主の諏訪忠誠《ただまさ》である。[*56] 諏訪は、過去二度の上洛に伴う政争を若年寄として経験し、元治元年六月に老中になると側用人的な役割を兼ね、家茂と大奥の天璋院の信頼が厚かったとされる。文久改革期に松平春嶽が、大久保忠寛などを介して、「表」「奥」双方を縦断した政治改革を目指したのに対し、諏訪は、側用人政治の形態を借りることで、双方を反改革路線で制圧したのである。

この諏訪たち老中が意を用いたのは、政局に関わる情報を家茂の耳に入れないことだった。この時期軍艦奉行を罷免された勝海舟の日記には、種々の不満が記されるが、そのなかに、「上聞に達せす」、「万事　上達せす」などの記述が目につく。[*57] つまり、勝は、家茂に正しい情報や意見が伝わらないことに苛立っていた。逆に言えば、家茂に伝わりさえすれば、事態は好転するという楽観があった。これは、勝自身の体験に由来する。すなわち、文久三年四月二三日に、当時軍艦奉行並であった勝が、神戸村において、家茂に操練局の開設などを願い、その場で家茂の決断により、実現につながった事実がある。[*58] また、二度目の上洛で海路翔鶴丸で家茂と同船した勝は、悪天候のため多大な苦労を味わうが、船中で家茂が勝の判断を強く支持し続けたことに、激しく感動した。[*59]

このように、家茂が下役の意見に耳を傾け、かつ果断の将軍であることは、諸藩にも知れていた。例えば久留米藩士の今井彦四郎は、文久三年の七月に国元へ宛てた報告書で、家茂について「一体余程果断之宜敷方様と相見申候」とし、横浜鎖港路線をとる目付の杉浦正一郎（梅潭）の意見に、家茂が直ちに従う様子を見せたことで、

「此義を因循党甚おそれ、此節ハ一切不時御目見通申上候義ハ不相成と、閣老方より被申付候由ニ御座候て、言語ハ塞かり申候由」と報じている。[*60] つまり、家茂はたとえ少数派の意見でも、正しいと認識したときには、それに従う傾向があった。それが春嶽や勝などの有司を感激させた点であり、逆に責任ある立場の老中を警戒させた。諏訪は、当然そのような家茂の性行をよく知っていたであろう。

では、なぜ、家茂は諏訪のような人物を信頼したのだろうか。その理由として、度重なる幕府内部の政争で人材が払底したことや、唐の宰相李林甫《りりんぽ》に例えられた、諏訪の寵愛をえるに巧みな口舌や行動が挙げられよう。そして、諏訪が力を振るう背景に、文久期以来の政争に懲り、反改革路線を漠然と支持する風潮が存在したのではないだろうか。前述のように、政局に関わる情報から切り離された若き家茂が、周囲の影響で一時期「太平無事」に流れた可能性は否定できない。

しかし、その一方で、将軍として決断を求められる状況は以後も続き、その決断が与える影響は、政局の進展とともに深刻さを増していった。前述した第一次長州出兵においても、家茂は進発を決断し、その後は進発を目指す有司層を後押ししたが、反対する諏訪などの老中と有司層の対立は激しくなったという。[*61] 結局、進発は家茂の掛け声倒れに終わり、征長軍諸藩の批判を招いた。その後、慶応元年四月の政変で、諏訪老中らが失脚し、将軍進発派の老中阿部正外と松前崇広が主導権を握ることで、将軍進発は五月に実現するが、「無名の師」との輿論の反発を招き、征長戦の行く末にも影響を及ぼすことになる。

そして、続く同年一〇月には先の将軍職辞職という、最大級の決断があった。この件を伝え聞いていた勝は、決断を讃えた先の大久保とは異なり、辞表を捧して悲憤慟哭し、家茂をそのような状況に追い詰めた原因を、家茂が正しい意見と情報から切り離され、周囲の適切な補佐を欠いたことに求めた。[*62] その観察には、勝の政治的立場から来る偏りがあるかも知れないが、実際に、家茂は幕閣の外にあった慶喜らの説得で翻意するという事態になっている。この事件は、将軍進発態勢を揺るがし、直後の慶喜らによる強引な条約勅許獲得とあわせ、幕府の弱体化を広く認識させた。つまり、元治元年の後半以降、重要な局面での家茂の決断が、かえって対立や混乱を招き、客観的に見れば、幕府衰亡へ向けて時計の針を進めたとも評価できる。

以上より見れば、文久改革以後の「将軍の決断」は、主として老中制の機能不全が生み出したものであり、幕府の政策決定のあり方に大きな転換を迫るものであった。[*63] 若き将軍の決断には、その決断を貫徹させるための、適切な補佐と態勢が必要である。大久保が家茂の決断を高く評価した裏には、自身の政論（政権奉還）に合致したことへの満足感があったが、その決断が孕む深刻さに注目したのは、勝の方だったと言えよう。

4　政治スタイルと内面

では、今まで見た家茂の政治への関わり方は、同時代でいかなる位置にあるのだろうか。近年の研究で注目できるのは、次のような見解、すなわち、近世後期以降、儒学（朱子学）の普及と影響拡大に伴い、藩政改革の推進力として藩主の親政が求められ、それが「英明」な将軍を求める将軍継嗣問題、さらに天皇親政へとつながるというものである。[*64] 筆者も将軍について、ペリー来航を境に、「御威光」から行動に価値を置く将軍への転換（「権威の将軍」から「国事の将軍」へ）が起こったと論じたことがある。[*65] つまり、現実政治の背景に「自ら先頭に立って政治を行う君主」を求める時代潮流が存在した。例えば、松平春嶽が、将軍上洛について、「文弱鄭重」の旧習を打破し、「信義真率之御挙動日本国を興さるへき憤発勇鋭、御身を以て先キた、せられ候御盛業」を求めたごとくである。[*66]

このような潮流は、政治スタイルにも連動する。老中水野忠精の家臣で儒者の塩谷宕陰《とういん》は、水野から「国初風俗之儀」について問われ、「何事も無造作ニて、簡易質素極り候」として議論を展開している。[*67]例えば、歴代藩主のうち、三代目の水野忠善（鐵性院）は、親族大名からの手紙の裏に、直々に返事を認めたとか、朝目覚めると、寒中でも氷を叩き割ったなどを挙げ、「右等ハ格別之御事ニ御座候得共、大概世間一統人君方も万事簡易至極之風俗ト相見申候」と述べる。

塩谷は、さらに「出御之事」として、理想の政治スタイルに言及する。すなわち、『礼記』玉藻《ぎょくそう》の「君は日出でて之を視、退きて路寝《ろしん》に適《ゆ》きて政を聴く」（諸侯は日が出ると群臣に謁見し、奥へ退いて正殿において政務を執る）という一節を引き、[*68]将軍家では「文恭院様（家斉）・慎徳院様（家慶）御初政之頃、日々ニハ不被為在候得共、御老中様御逢は勿論、其外共時々　御召出被為在候由」と、臣下から積極的に政務を聴く君主像を示し、そのような政治スタイルを、「御美事」と捉えた。

右は言葉でこそ出てこないが、模範とされたのは、一般に「朝政」「聴政」と言われる政治スタイルであると思われ、例えば春嶽が主張した、将軍と老中が懇親を深める「君相一致」や、御前会議がそれにつらなるのは容易に理解できる。また、家茂は文久改革以後も、老中の御用部屋に頻繁に足を運んだことが分かっている。[*69]

一方、右で塩谷が挙げた、万事簡易な風俗という点ではどうだろうか。家茂に関する、史料や事蹟類には、「直」という文字が頻出する。すなわち、「御直筆」、「御直請」、「御直に」など、自ら直接行う意である。また、逆に臣下から家茂に対して、「直に」（直接）〇〇するという行為も見られ、中間に人の壁を作らない政治的コミニケーションが展開された。実際に家茂が、臣下から直接意見を聴取するスタイルを好んだことは、「御人払御用」

が頻繁であったことからも伺える。[70]前述のように、家茂は臣下の言に耳を傾け、良いと思うことには従うという、思い切りの良さがあり、それが人々を深く感動させ、強い忠誠心を生み出した。そのような家茂の「魅力」は、幕臣や大名の区別なく、また政治的立場の相違も超えて威力を持った。[71]それは、慶喜のような、人の意見を聴くより自ら決断するワンマン型の人物とは異なるところであろう。[72]

また家茂は、若年ではあったが、気遣いの人でもあった。特に京都や大坂に長期滞在したおり、頻繁に諸役人を「御座之間」に召し、酒や料理を振る舞い、自ら酌を行った。召される対象は、時に「奥坊主」「御用部屋坊主」「土圭之間六尺」など、極めて身分の低い人々にも及んだ。[73]他方で、家茂は臣下の失態には、「御威権突ク一縮ミニ相成候」と評されるほどの怒りを示した。[74]この慈悲深さと畏怖のほどよいバランスは、人々を信服させ、忠誠心を引き出す条件でもある。また、怒ったあと、それを引きずらなかったという、さっぱりした性格も一層魅力を加えたであろう。家茂に多くの幕臣達が傾倒したのは、それなりの理由があったのである。

そのような君主としての徳は、もとより「天授」のものではない。日々の鍛錬に支えられなくてはならない。家茂は学問を好み、臣下にも奨励したが、[75]その中で、会読・輪講など、儒者や臣下と行う読書会を頻繁に行った。右は、近世後期の儒学普及に伴う学習方法だが、参加者が対等な関係を前提とし、テキストを読み合い、疑問点について質疑や討論を行うものであり、時に激論を伴ったという。[76]問題は、家茂がなぜその学習法に熱心だったのか、ということである。それについて、研究史では会読・輪講の目的として、相手の話を聞き、他者を受け入れる寛容さを養うことが挙げられ、それは、教養ある治者としての徳、良い官吏の資質として求められたとされる。[77]これに従えば、御前会議や臣下との対面において、多様な意見に耳を傾ける家茂の政治スタイルと、この学問方法は密接に関わっていると考えられるのである。

もとより、家茂の内面を直接語る史料はないが、その手掛かりを与えるものがある。元治元年四月二九日、二度目の上洛中の家茂は、大政委任の御沙汰（四月二〇日）への請書を提出したが、その直後の五月四日、近衛家の家臣中村水竹《すいちく》（篆刻家で、のちに「大日本国璽」を刻したことで知られる）に注文した三つの印章が知られる。ここでは、「表正万方」「徳林林官」の二つの印文に注目したい。[*78] いずれも出典は、『書経』の「仲虺之誥《ちゅうきのこう》」と思われ、テキストでは「表正万邦」、「徳懋懋官」の文字で表される。

『書経』の該当個所で確認すると、この二つの印文は、古代中国の理想的な王である、殷王朝の創始者である湯王《とうおう》が、夏の暴君である桀《けつ》を討った、いわゆる暴君放伐を、仲虺が正当化する部分に出てくる。まず、前者の「表正万邦」については、湯王は、徳治主義の観点から万国の模範となって政治を正したという文脈にある。そして、後者の「徳懋懋官」（「徳に懋《つと》めるは官に懋めしむ」）は、湯王の事蹟を語った次の文脈に見える。

王は音楽や女色を近づけず財貨をふやそうなどとはしませんでした。徳に励んでいるものは官につけて励むようにさせ、仕事につとめているものは賞を与えてつとめさせています。他人のすぐれた意見を取り入れることはあたかも自分の意見のようにし、自分の過ちを改めることははばかることはありません。寛大でもあり慈悲深くもあって、数限りない天下中の人々からはっきりして信頼をえておりました。[*79]

印章は自らの理想や目標を込めるものである。家茂の中で、その政治スタイルと、学問による自己修養、印章に込めた理想は統一されていたのである。

おわりに

幕府が倒壊したのち、廃藩置県という一大変革を経た明治四年一〇月、松平春嶽は「十月十五夜夢昭徳公」という漢詩を詠んでいる。*80

巍然金殿聳蒼雲　巍然《ぎぜん》たる金殿《きんでん》　蒼雲に聳《そび》え
紅樹山辺夕日曛　紅樹《こうじゅ》の山辺に　夕陽曛《く》る
欄角有人呼我立　欄角《らんかく》に人ありて　我を呼びて立つ
音容彷彿故将軍　音容　故将軍に彷彿《ほうふつ》たり

すなわち、満月の夜に春嶽は夢を見た。高大な旧江戸城（皇居）の紅葉山に夕陽が沈んでいくなか、橋のすみ（欄角）で春嶽を呼んで立っている人がいる。その声と姿は、まさに家茂のそれだった、というものである。明治期の春嶽のなかで、かつての将軍の面影は、強い印象を伴って存在していたのではないだろうか。

本稿で見たように、君主としての家茂の姿は、同時代で孤立したものではなく、天皇や藩主にも通じる、ある意味で互換可能な君主モデルに基づくものだったと思われる。家茂を知ることは、同時代の天皇や藩主を知ることでもある。例えば、『明治天皇紀』を丁寧に繙けば、家茂の政治スタイルと類似のものを多く見いだせるだろう。しかし、モデルは共通でも、生身の人間の意識や内面には当然差異がある。春嶽や山内容堂など有志大名、また大久保や勝などの幕臣が、挙って家茂を「英明」と評価したのはなぜか。それは、単に高貴な血統への尊崇の念によるだけでなく、家茂の意識や行動に、将来を期待させる君主としての資質を見たことによるのではないか。

もし、将軍としての家茂の「悲劇」なるものを論ずるならば、それは、単に大坂城で若くして死去したことにあるのではない。成長とともに身につけたであろう政治的経験、強固な主体の確立を待たず、十分な補佐の態勢を欠くなかで、度重なる困難な決断を強いられたことにこそあろう。家茂による決断の功罪をいかに評価するにせよ、それが幕末期の政治に与えた影響は、決して小さなものではなかったのである。

註

＊1　例えば松浦玲『徳川慶喜　増補版』（中公新書、一九九七年）は、「家茂は、人柄の良さのために多くの幕臣から敬愛されていたようだが、政治的資質は乏しい。この激動期を乗り切る腕前の持ち主ではない。そういう十九歳では、後見は依然必要である」と述べている（一一四頁）。

＊2　文久改革については三谷博『明治維新とナショナリズム』（山川出版社、一九九七年）第六章、高木不二「幕末文久期の中央政局と越前藩」（『近代日本研究』一四、一九九七年）などが現在の水準を示す。特に高木の研究は、松平春嶽と越前藩家臣団を、改革推進の中心と明確に規定した。

＊3　『再夢紀事・丁卯日記』（東京大学出版会、一九八八年）五四頁以下。春嶽の登城状況については、福井県立図書館松平文庫の「御用日記」（七〇五―八～九）による。同史料は、側近（側向頭取）の執務記録とされる。

＊4　『再夢紀事』、九九頁。

＊5　「大日本維新史料稿本」マイクロ版史料（丸善）、文久二年六月朔日の条。

＊6　伴五十嗣郎編『松平春嶽未公刊書簡集』（思文閣出版、一九九一年、一四～一五頁、以下『未公刊書簡集』）。

＊7　以上、「御用日記」、『再夢紀事』一二三～一三五頁

＊8　『再夢紀事』一四五頁。

＊9　「御政事総裁録」（『松平春嶽全集』四、原書房、一九七三年）一三〇～一三一頁。

＊10　『未公刊書簡集』一七頁。
＊11　この間の幕府内の動きは、『続再夢紀事』一（東京大学出版会、一九八八年）一九頁以下、また前掲高木論文、四〇～四二頁を参照。
＊12　註＊3「御用日記」（七〇五―九）の同日条。
＊13　『続再夢紀事』一、三三頁。
＊14　容堂の正式な幕政参加は一〇月二七日である（『続徳川実紀』四、四二四頁）。
＊15　一〇月二二・二三日春嶽宛容堂書状（「大日本維新史料稿本」文久二年一〇月二二日の条）。書状の日時は、「稿本」による。
＊16　慶喜の動向は、『続再夢紀事』一のほか、辻達也編『新稿一橋徳川家記』（徳川宗敬、一九八三年）による。
＊17　東京大学史料編纂所所蔵「小笠原長行手記　不敢似人文久二年」（Ⅱほ四二七―一七）。
＊18　浦賀御成は二一日に予定されたが、勝海舟の日記では雨天により中止とある（『勝海舟関係資料　海舟日記』（一）江戸東京博物館ほか、二〇〇二年、一七～一八頁）。
＊19　『小笠原壱岐守長行』（土筆社、一九八四年）一二六～一三九頁。
＊20　以下、『未公刊書簡集』二八～二九頁。
＊21　大久保は京都町奉行勤役中の責任を問われ、他の幕吏とともに処罰された。
＊22　おもに笠谷和比古「日本近世社会の新しい歴史像を求めて」（『日本史研究』三三三号、一九九九年）、藤田覚「幕府行政論」（『日本史講座6　近世社会論』東京大学出版会、二〇〇五年）など。
＊23　『再夢紀事』などの春嶽サイドの記録のほか、『昔夢会筆記』九一～九七頁による。
＊24　『再夢紀事』一〇〇頁。
＊25　註＊4に同じ。
＊26　前掲「御政事総裁録」一〇〇頁。
＊27　井上勝生『幕末維新政治史の研究』（塙書房、一九九四年）第二部、上田純子による「萩藩文久改革期の政治組織」（『史学雑誌』一〇九編一一号、二〇〇〇年）など一連の研究、磯田道史「幕末維新期の家老合議と御前会議」（岡山藩研究会編『藩

世界と近世社会』岩田書院、二〇一〇年）など。
＊28 研究史と問題点については、小宮木代良『江戸幕府の日記と儀礼史料』（吉川弘文館、二〇〇六年）一五四～一八一頁。
＊29 青山忠正『明治維新の言語と史料』（清文堂、二〇〇六年）は、閏八月七日から「御前評」が制度化され、大小目付など旗本層が直接政務の決定に関与できるようになったと評価する（四九～五〇頁）。
＊30 『再夢紀事』、一〇二、一一九、一四七頁。『続再夢紀事』一、一八～二一、三〇七、三三三頁。『未公刊書簡集』一八～二一頁。『木村摂津守喜毅日記』（塙書房、一九七七年）八九～九〇頁。ただし、前二者を出典としたものは、一次史料で確認できず、詳細は不明である。また、文久期以後も行われた可能性はあるが、ここでは扱わない。
＊31 『未公刊書簡集』一八～二一頁。
＊32 『木村摂津守喜毅日記』八九頁。
＊33 以下、註＊31による。
＊34 実際に『続再夢紀事』一は、「黒書院」の「大議」と叙述している（二〇頁）。
＊35 『再夢紀事』六八～六九頁。春嶽は、国元の藩主に対して、親政の稽古の観点から御前会議を勧めている（『未公刊書簡集』二一頁）。
＊36 『続再夢紀事』一、二七頁。
＊37 同右、三〇頁。
＊38 前掲藤田覚論文、一〇六頁。
＊39 『旧幕府』合冊五の第五巻四号（復刻）（マツノ書店、二〇〇三年）六二四頁。
＊40 門馬健「京都守護職の創設前史」（佐々木寛司編『近代日本の地域史的展開』岩田書院、二〇一四年、四六～四八頁）。
＊41 「上野史談会談片」（『旧幕府』合冊三の第三巻第三号）七七三～七七四頁。
＊42 註＊20に同じ。
＊43 註＊17に同じ。
＊44 『続再夢紀事』二（東京大学出版会、一九八八年）二六五～二七〇頁。

＊45 この経緯は、拙著『長州戦争と徳川将軍』（岩田書院、二〇〇五年）、第二章参照。
＊46 『勝海舟関係資料　海舟日記』（二）（江戸東京博物館ほか、二〇〇三年）三八頁。
＊47 奈良勝司『明治維新と世界認識体系』（有志舎、二〇一〇年）、第八章。
＊48 詳しくは同書に対する書評（『日本史研究』五八八号、二〇一一年）にゆずる。
＊49 同右書評、及び拙著『幕末の将軍』（講談社、二〇〇九年）二一一～二一三頁。
＊50 『勝海舟全集　別巻　来簡と資料』（講談社、一九九四年）二二一～二二三頁。
＊51 『続再夢紀事』一、一六四～一六五頁。
＊52 『昔夢会筆記』一四頁。
＊53 閏八月四日には、三奉行以下大小目付などが、用向がある場合、御用部屋と若年寄部屋に直ちに入ることが許されている（『続徳川実紀』四、三五九～三六〇頁）。
＊54 註＊44に同じ。
＊55 『海舟日記』（一）二四〇頁。
＊56 諏訪など、この時期の幕閣については、拙著『長州戦争と徳川将軍』第一章を参照。
＊57 『海舟日記』（二）五八～六一頁
＊58 『海舟日記』（一）八一～八二頁。
＊59 同右、二四九頁以下。
＊60 『鹿児島県史料　玉里島津家史料』二（鹿児島県、一九九三年）三八六頁。
＊61 『改訂肥後藩国事史料』五（国書刊行会、一九七三年）三五四～三五五頁。
＊62 『海舟日記』（二）一三二～一三四頁。
＊63 奈良勝司「幕末政治と〈決断〉の制度化」（『ヒストリア』二二三号、二〇一〇年）は、本稿とは異なる角度から、文久二年～慶応元年にいたり、近世の老中制が事実上破綻状態にあると指摘した（一九一頁）。ただし、全体を通じて将軍の位置づけは捨象されている。他方、後藤敦史『開国期徳川幕府の政治と外交』（有志舎、二〇一五年）は、文久期以前、ことに安政期

の幕府内部で、すでに外交問題を決断する将軍が求められたとする（終章）。

*64 朴薫「幕府政治変革と〈儒教的政治文化〉」（『明治維新史研究』第八号、二〇一二年）二五〜二六頁。また長州藩内で、「古の明天子」の政治を模範として、藩主親政が求められたことについては、井上前掲書、一五二〜一五三頁。

*65 註*49拙著。

*66 文久二年七月の幕閣への意見書（『再夢紀事』二〇五頁）。

*67 以下、首都大学東京図書館所蔵「水野家文書」A一〇―五一。

*68 『全釈漢文体系13 礼記 中』（集英社、一九七七年）二〇六頁。

*69 特に慶応元年の大坂滞在中、七月以降頻繁に見える（『続徳川実紀』四参照）。

*70 一例として、拙著『長州戦争と徳川将軍』二二六〜二二七頁を参照。

*71 例えば、春嶽と政治的立場を異にした徳川茂徳（玄同）と家茂の深い関係については、藤田英昭「幕末の徳川将軍家と尾張家十五代徳川茂徳」（『徳川林政史研究所「研究紀要」』四八、二〇一四年）を参照。

*72 この点、家茂没後に慶喜と家茂を比較した春嶽の発言が興味深い（慶応三年「登京日記」『福井市史 資料編5近世三』福井市、一九九〇年、七二七〜七二八頁）。

*73 『昭徳公事蹟』四（国立公文書館内閣文庫所蔵）、元治元年四月五、二三日の条。

*74 『昭徳公事蹟 附録』（国立公文書館内閣文庫所蔵）。

*75 家茂の学問については、「御小姓頭取野村丹後守筆記」（堀内信編『南紀徳川史』三復刻、名著出版、一九七一年）、『続徳川実紀』四による。

*76 会読・輪講については、前田勉『江戸の読書会』（平凡社、二〇一二年）による。また、家茂の場合、テキストに頼山陽の『日本外史』などをよく用いたが、上田純子は、長州藩で藩主親政のモデルを提供したものとして、中国の学問や『日本外史』を挙げる（註*27論文、八六頁）。

*77 前田前掲書、二二八〜二三四頁。

*78 前掲『昭徳公事蹟』四、五月四日の条。ただし、使用例は十分調査しえていない。

*79　以上、小野沢精一『新釈漢文体系26　書経』下（明治書院、一九八五年）三九三～三九七頁。

*80　『春嶽遺稿』巻二（侯爵松平康荘編輯兼発行、一九〇一年）。解釈については、友田昌宏氏の御教示を得た。

【附記】本稿作成にあたっては、故石井正敏先生から漢籍や印文の出典をはじめ、実に多くのご教示をいただいた。心より感謝申し上げたい。

II

大藩の選択

三　加賀藩の政治過程と前田慶寧

宮下和幸

はじめに

幕末維新期の政治史研究において近年の藩研究の進展はめざましいものがある。主要な分析対象であった薩摩・長州にとどまらず、これまでサイレントマジョリティと見做され、軽視ないし看過されてきた藩についての成果が出ているのが特徴といえる。[*1] この背景としては、まずは王政復古史観への疑義が挙げられる。王政復古を明治維新の所与の条件とし、そこに普遍的価値を見出すことは、戦前の皇国史観においては当然であったといえる。[*2] 戦後のマルクス主義歴史学では革命戦略の視点から明治維新を捉え、世界史の発展段階説に沿った分析により、「絶対主義」政権を成立させた変革と評価したが、[*3] 長州を中心とした「変革主体」の形成・転回過程が注目されたことから、戦前の皇国史観とは異なるかたちで王政復古史観は温存され、結果として多くの藩は十分な分析が為されなかったといえる。その後、維新史関連史料の覆刻や在地文書の調査進展によって、多くの史料を用いた実証分析の道が拓かれると、「幕末過渡期国家論[*4]」、「国是」および「国家意志」分析[*5]、「一会桑」の視点など[*6]、国家論的分析が一つの潮流となるなかで藩の分析も進むこととなり、さらに地域における主体的な歴史形成過程を重視する地域史研究の展開や、複数の分析対象に通底するキィワードを設定した分析などによって[*7]、現在は王政復古史観に必ずしもとらわれない藩研究の成果が出されているといえよう。

もう一つは、サイレントマジョリティと見做された藩の政治姿勢についての評価である。従来、それらは主体的に運動せず政局に影響を与える存在ではなかったとして積極的に分析する必要がないと理解されてきた。多くの藩は「日和見」とのレッテルを貼られ、「日和見」＝「（政治的）無関心」＝「（政治的）中立」とのイメージが横たわり、分析の対象外になったといえる。しかし、政治運動の有無は、その藩がどのようなビジョンを持って当時の政治状況を捉えたかにもよるため、必ずしも政治運動を展開しない＝無関心とはならないはずである。また、政治運動をしないことが政治的に中立であるかも疑問である。加賀藩の場合、徳川方からの働きかけは一貫してみられる一方、薩摩などからの接触はみられないが、その背景には加賀藩が徳川方との認識があったともおわれる。そして、加賀藩が動かなかったことが、結果的にいずれかに利するような政治的利害関係を生じさせているとすれば、これは中立とはいえないだろう。とりわけ国持規模の藩は、周辺に対して政治的・経済的・軍事的に大きな影響を及ぼす存在であり、加賀藩も当該期には西洋軍制の整備、軍艦の保有、大規模な領内開拓構想など、国力の増強を図っていたことが明らかになっており、その影響力は評価すべきと考える。これらを鑑みても、「日和見」との語で一括りにし、等閑視してきた従来のアプローチに課題があることは間違いない。

本稿で対象とする加賀藩については、前述のように「日和見」藩としての評価が根強く、大藩でありながら期

前田慶寧（金沢市立玉川図書館所蔵「前田慶寧公御写真」）

待に応えることができずに有力な政治単位として見做されなくなった藩の一つとして評価されてきた。また、明治期以降の「藩閥的勤王理解[*8]」と、その理解により構築された「旧藩史観[*9]」によって藩主顕彰や志士顕彰が盛んになり[*10]、戦前には物語性が強い歴史編纂物が全国的に編纂されたが[*11]、戦後もそれが基本的に受容されたことは、王政復古史観が地域において温存される要因にもなったとおもわれる[*12]。そして、この史観の枠内では薩長と比較することで諸藩を評価する傾向がみられ、加賀藩についても藩財政の解体過程や尊攘派藩士の構成について、薩長と比較しつつ加賀藩の特徴を解明しようとする分析もみられたが[*13]、近年の多様な藩研究の成果を鑑みると、課題があると言わざるを得ない。

しかしながら、藩として突出した規模であるとともに、近世を通じて御三家に準ずる待遇を受けていた加賀藩は、京都の情報が二日足らずで国元に届く地政学的条件も有しており、看過するような対象ではない。さらに、巨大組織である加賀藩の政治意思や政策についての分析は、当該期の組織における決断を評価する上でも有効であろう[*14]。そして、最後の加賀藩主であった前田慶寧《よしやす》については、まさしく地域において顕彰された人物であり、戦前には銅像が建設されるなど、加賀藩が「勤王」であったことを強調する上での象徴であった[*15]。そのため、慶寧が将軍徳川家斉の外孫にあたることや、子女が会津藩主松平容保と婚約していたことなど、徳川家に関わる事象なども踏まえた実証的評価については十分に為されているとは言い難い。

筆者は、これまで藩組織の視点から加賀藩を分析し、藩の最高政治意思を藩是、藩是に基づいた具体的な政策や理論を「藩論」と定義し、藩是―「藩論」の段階的な理解により、藩の国事における政治過程および意思・政策決定システムを検討してきた。[*16]この成果を踏まえつつ、前田慶寧に焦点を当てた場合、どのような政治指導の側面がみえてくるのか。[*17]慶寧については、文久・元治期には世嗣の段階で在京して政局に関与し、慶応末期には藩主、明治初年には知藩事として藩政の中心であり続けた人物である。藩（組織）の政治過程において藩主（個人）が求められるもの、果たすべき役割を検討していく上で、慶寧は好個の分析対象と考えられる。よって本稿では、藩主自身の発言である御意、藩主の名で出された書状である親翰、そして藩主以下が参画する「御前評議」に注目し、[*18]国事に関する加賀藩の政治意思および政策の決定過程を踏まえながら、当該期における前田慶寧の政治指導について明らかにしたい。[*19]

1 文久・元治期の世嗣前田慶寧

前田慶寧は、加賀藩主前田斉泰の嫡男として天保元年（一八三〇）に誕生した。母は一一代将軍徳川家斉の娘である溶（景徳院）であることから、慶寧は家斉の外孫にあたる。同一三年、正四位下左近衛権少将に叙せられて筑前守慶寧となり、その後左近衛権中将、正四位上に昇叙している。弘化二年（一八四五）に初めて金沢に入ると、嘉永期以降は藩主斉泰と交代で参勤するなど、着実に世嗣としての地位を固めていく。

加賀藩は文久二年（一八六二）六月、江戸城において「近来不容易時勢ニ付、今度政事向格外ニ令変革候之間、何茂為国家厚相心得候義ハ可申聞」[*20]との上意を示されたことで本格的に国事を意識することになる。当時の加賀藩が、幕府からの諮問以外は国事に関して意見を述べていなかったことからも、国事はあくまでも幕府の専権事項と捉えていたとおもわれるが、この上意以降は加賀藩も情報収集体制を強化するため、探索・交渉を担当する聞番を京都に派遣し、さらに「御守衛之総裁」と位置付けた家老の京都詰体制を整備していった。[*21] ただし、長年にわたる成熟したシステムによって運営される藩政とは異なり、国事における意思・政策決定のシステムは未だ構築途上であり、加賀藩では国事に対する政治参加枠を確実に拡大させていった。[*22]

(1) 文久三年の藩是確定

同三年六月、藩主前田斉泰および世嗣前田慶寧に江戸から奉書が届き、慶寧は姫路藩主酒井忠績とともに「御用召」を命じられた。この慶寧の「御用召」は想定外であったようで、藩はすぐさま情報収集に努めたが、慶寧を政事総裁職に就任させようとする動きがあることが判明し、大きな衝撃となった。この慶寧出府に関しては藩内の反対が強く、朝廷の懸念も伝えられたために、一旦は出府の意思を示したものの、後日撤回することとなった。この背景には、朝廷・幕府の離間が問題となる状況で加賀藩が幕府寄りだと認識されてしまうことへの危機感があったとおもわれる。年寄前田直信が藩主斉泰に提出した意見書には、[*23]「公辺御続柄等之重キ所与天朝御本主之重キ所与競へ見申候時ハ、何れ天朝之重キ所外れ申間敷哉、左候迚無謂公辺江御粗意被為立候訳ハ可被為在様も無御座」[*24]とあり、前田家と徳川家は重き間柄とはいえ、天皇は本主であり、朝廷と幕府が競う状況となれば朝廷を重んじるが、決して幕府を粗意にする訳ではないと述べている。また、侍読として藩主父子の側にいた儒者千秋順之助も意見書を提出している。[*25] 千秋は慶寧の出府に反対する意思を示した上で、「總宰職様之御役御蒙り被遊候義与江戸表ニ評説仕候由伝承仕候、従来於御当家左様之御役御勤被遊候筈者無御座、其上若殿様(前田慶寧)御賢明ニ者被為在候得共、御部屋中いまた御国政ニ茂御預り無御座候」と、世嗣慶寧の政事総裁職就任の風聞について、これまで前田家がこのような職に就いていないこと、慶寧は賢明であるが部屋住で政治経験がないことを指摘する。そして、「太子ハ国本与申候而、御世継之殿様者御国之根本」と述べ、藩の根本である世嗣を関東に奪われてはならないと主張する。いずれも朝廷を重んじるなかで幕府との関係を論じたものといえるが、年寄ら重臣は周旋にせよ傍観にせよ「根元之思召」を提示してほしいと斉泰に願っている。つまり、国事との接触によって藩是を希求する状況が出来上がっていったといえよう。

そして同年七月、藩主斉泰は要望を受けて自身の判断を申し渡している。[*26] まず、年寄長連恭・奥村直温の両名を呼び、「公武御一和」を目的とした政治周旋を行う旨を申し渡したが（藩主御意）、年寄・家老ら加判一同で「一旦之思召立抔ニ而ハ迚も相成不申儀、得与御決心之上ニ而無之而ハ甚御案事申上候義故、今一往得与御思慮被為在被仰出候様」に再検討を願い出たため、斉泰はひとまず了承する。そして、藩主斉泰・世嗣慶寧の御前に加判一三名、側近・侍読が揃った上で「御前評議」が開催され、加判が各々の意見を述べるも、「何レ只今之処ニ而御周旋可被遊義ニ御治定御決心之旨等、御両殿様段々末ニ有之御趣意之趣御意ニ付、此上ハ強而申上候儀も不得仕旨等何れも申上退去」と、斉泰・慶寧が周旋の意思を示し、それを加判が承認したことで「御前評議」は決着している。さらに、その後斉泰は親翰を出しているが、「各異見も可有之候得共、畢竟ハ皇国之御為を存候一事ニ決し可申、兎角上下不致一致候而者不相成[*27]」と述べて、決定した内容に従うよう家中に同調圧力をかけている。[*28]

この一連の過程により、天皇の叡慮のもと、叡慮を遵奉する徳川家への政権委任を基本とした公武一和体制を構築すること（＝政令一途体制）が加賀藩の藩是となったが、国事のシステムが未確立のなかで藩主個人の政治意思である御意のみでは集約せず、藩主・世嗣に加え、加判や侍読が参画する「御前評議」によって藩の政治意思が集約され、藩是が確定したことがわかる。また、この過程において最終的な決裁権を有していたのは藩主斉泰である。慶寧はあくまでも世嗣として関与しており、この段階で独自の政治的主張は見出せない。

(2) 禁門の変における政治判断

藩是を確定させた加賀藩は、世嗣前田慶寧の出府を正式に断るとともに、周旋の建白書を朝廷・幕府に提出した。八・一八政変発生以後は朝幕関係を重視した攘夷論が政局の主流となり、横浜鎖港が議論の俎上に載せられるとともに長州問題が顕然化するが、加賀藩においては建白書の影響もあり、朝幕双方から上洛要請が届くようになる。文久三年九月、将軍再上洛に合わせた藩主上洛を幕府老中水野忠精から要請されると、藩主前田斉泰は自身の見解を加判の者たちに伝え、意見を求めている。また、加判も斉泰の見解を踏まえた「御前評議」の開催を願っており、老中水野宛の返書（藩主親翰）は提出前の段階で披見されるなど[*29]、国事については藩主個人の判断に留まらない状況が形成されつつあった。

そして、元治元年（一八六四）二月、長州征討の情報が在京聞番から届くと、世嗣慶寧は自身の考えを加判や侍読に提示し、意見を求めている[*30]。その内容は、横浜鎖港と長州処置についてであり、過激な行為に出た長州に寛恕の卓見にて対応しつつ、横浜鎖港を実行し公武一和に努めることで長州を承服させるべきと主張するものであった。この慶寧の意見により「御前評議」が開催されると、さらに藩主斉泰の名で建白書が作成されている。これは、慶寧が自身の見解を主体的に提示し採用された事例であるが、建白書の内容は作成の経緯から加賀藩の「藩論」としても位置付けられる。また、この時期の加賀藩では中下級層の藩士も活動して意見を上申している が、その意見は藩主にまで届いていた。攘夷論を主張する者が多く、なかには強硬な意見を述べる者もいたが[*31]、藩は「言路」保障の観点から受容しつつ、彼らを情勢探索方などに任命して活動させている。「言路」の重視は藩主斉泰の方針でもあったとおもわれるが、探索方の一人が陪臣のため登城できなかった際は、年寄宅に加判一同が揃った上で探索方の情報を聞いていることからも、「言路」重視の姿勢は藩内で共有されていたといえる。

このように、当該期の加賀藩では政治参加枠が確実に拡大していたことがわかるが、藩士の活動を過度に抑制せずに藩の役職に登用するなどして取り込み、藩体制の強化を図ったとおもわれる。それは挙藩体制の創出とともに、藩家臣団の監視・統制でもあったが、藩の決定に直接関与できない者たちからすれば、自身の政治活動を遂行するためにも望むべきものであった。

建白書は、三月下旬に在京老中水野忠精に提出されたが、この建白書により世嗣慶寧は政局の中心地へと導かれることになる。建白行為に直接関わった加判は、建白のみで実際に上洛周旋していないことを憂慮し、藩主斉泰に対して二度にわたり慶寧上洛を求め、長州擁護の姿勢が強い藩士らも京都で周旋するために慶寧上洛を望んでいた。このように藩内で慶寧の上洛を要望する状況が強まり、最終的に斉泰が了承したことで、慶寧は同年四月末に金沢を出発している。しかし、入京直前の五月五日、幕府から将軍徳川家茂帰府後の京都警衛任務を告げられると、一二日には正式に命令されている。慶寧は国元に確認した上で二三日に受諾しているが、これにより政治経験がない慶寧が京都警衛任務に就くことになった。そして、京都を取り巻く状況は池田屋事件後さらに悪化し、長州勢が周辺に展開するに及んで、緊張は一挙に高まった。内乱回避運動を展開する諸藩と同様、加賀藩も禁裏守衛総督をはじめ、京都守護職や在京幕閣、摂家、さらには長州藩邸や駐屯先である伏見へ使者を派遣し、軍事衝突の回避を求めている。加賀藩としては、横浜鎖港および長州擁護の周旋を掲げた「藩論」の遂行が困難となり、「中納言様《(前田斉泰)》も従来之御様子故御決兼、如何共被述方無御座候」[*32]と、一時は国元の斉泰ですら判断しかねる状況であったが、禁門の変直前の七月上旬の段階では、概ね三つの選択肢にまとめられる。

まずは、①京都に留まって警衛任務を遵守するというものであり（滞京論）、国元の藩主斉泰は「如斯切迫之場合ニ望候而ハ、無二念禁廷守護、奉安震《（宸）》襟候義を大本ニ相心得」[33]よとの親翰を出している。これは幕命重視の路線であるため、周旋対象であった長州を打ち払う可能性が高く、言行不一致と批判されるリスクがあった。次は、②「昨日ハ長藩ノ懇願ヲ御助ケ、今日ハ又長藩ヲ御退ケ被遊候儀、御反覆御変心之様ニ相見得」[34]てはならないとして、長州擁護の主張を重視し、京都から離れるとするものであるが（退京論）、この場合は長州を打ち払うことは回避できるが、退京の時機を誤れば警衛任務を放棄したと見做される可能性があった。そしてもう一つは、③提出した建白書の内容をあくまでも貫徹し、掲げた「藩論」を遂行し続けるものであるが、「皇国之御為兼而被仰出置候御趣意、誠精御尽力御周旋可被遊、筑前守様《（前田慶寧）》御決心ニ候」[35]とあるように、在京の世嗣慶寧自身が主張していた。①②の双方を達成できる見込みはあるが、軍事衝突の可能性が高まるなかで警衛任務を遵守しながら長州擁護の周旋を行うことは、かなり困難な状況になっていた。[36]

以上から、緊迫化する情勢において、国元の藩主斉泰が自身の政治意思を示した親翰を出したにもかかわらず、加賀藩では政治意思を集約できていないことがわかる。これは、国事専門の役職を設置することなく、さまざまな階層に「言路」を保障したことによって政治参加枠が拡大していたことも要因の一つであろう。また、「御前評議」に比重を置いた決定のあり方が、藩主個人の権力低下に繋がった可能性もある。いずれにせよ、藩主親翰によって集約させることができず、在京の世嗣慶寧の決断に委ねる状況ができ上がっていった。[37]

そして、軍事衝突が不可避となった七月一八日、世嗣慶寧は在京の年寄奥村栄通に「跡届」での退京の決断を伝えると、翌一九日には警衛任務を奥村に任せて滞在先の建仁寺を出発した。奥村の手留には、「只今御引取与申儀ニ而ハ御外聞ニも拘リ御家之御汚名ニも相成可申、何れ御猶予可被遊義等之義、御前江罷出、強而相願候へ共、何分御決心ニ候間、御聞届ハ難被遊、此上申上候へハ急度思召も被為在候旨御意[*38]」とあり、退京を諫める者の意見をおさえて慶寧が退京を決行したことがわかる。前述の③を主張していた慶寧は、禁門の変発生後に②を選択し、国元の藩主斉泰が望んでいた①については、年寄奥村栄通に委任して退京したことになる。

　しかし、この行動は大きな波紋を呼ぶこととなった。禁裏守衛総督一橋慶喜は、「跡届ニ而発途与ハ申もの、、此形勢ニよつて逃て行与可申、（中略）主上ヲ捨候而逃行候而筋合相立ものニ候哉」と慶寧の行動を強く非難し、頼みとしていた縁家の二条家も「跡御届ニ而御発駕与申事不容易被為成方、併只今与相成候而ハ何共致方も無之」と嘆息している。また、「御格別之御間柄之処、以之外之被成方とて当惑至極、肥後守《松平容保》様迄も御心配之御様子」と、慶寧の義子にあたる京都守護職松平容保までも心配する状況となり[*39]、藩主斉泰は帰国した世嗣慶寧を謹慎させ、関与が疑われた藩士数十名を一斉に処分した[*40]。

　以上、文久・元治期の加賀藩における国事の決定では、藩主斉泰の御意・親翰とともに、「御前評議」も重視された。しかし、「言路」保障も相俟って政治に対する参加枠は拡大し、政治意思の集約にリスクを抱えた加賀藩は、禁門の変への対応では決断を担うべき藩主斉泰が国元にいたこともあって大きく動揺した。そして、世嗣慶寧はあくまで世嗣としての立場で国事に関与するはずが、周囲の期待を集め上洛すると、情勢の緊迫化により国事への決断を周囲から要求されていった。極めて難しい決断を政治経験がない慶寧に求める状況になったことは、加賀藩にとっては想定外であったといえよう。

2　慶応末期の政治過程と藩主前田慶寧

禁門の変後に謹慎した世嗣前田慶寧は、慶応元年（一八六五）五月に謹慎が解かれると、翌二年四月に家督を相続して藩主となった。同年一〇月、徳川家茂薨去後に諸侯会議を目的とした上洛が要請されると慶寧は上洛し、慶喜の徳川宗家相続を祝うとともに将軍職就任を強く望んでいる。[*41]そして帰国後は、積極的に藩政改革に着手している。上洛時に幕府の銃隊演習を見学した慶寧は、西洋軍制の必要性を説く徳川慶喜の発言に、「誠以御至当之御儀、方今之急務此外ニ有間敷与存候」と感銘を受け、「於当家も今般軍制令差略、銃陣編制之儀申出[*42]」と、本格的な西洋軍制の導入に着手し、同三年一一月には銃隊による大隊編制が実現している。また、藩主としては異例となる貧民収容施設を見学後、町奉行に対して養生所（病院）の建設を命じており、養生所が置かれた卯辰山では町人資本を活用した大規模開拓を実施している。[*43]そのほか、人材登用の面では禄高が一五〇石以上であることが種々の役職に就く上での基準であったが、足高の制を採用して低禄の者でも有能であれば採用していった。[*44]このように、家督を相続した慶寧は、まずは藩政に力を入れていたといえる。

しかし、一〇月一四日に大政奉還が上奏され、諸藩に上洛命令が出されると、加賀藩でも国事への対応が不可避となったが、まずは状況の把握に努めたとおもわれ、この段階で藩内が大きく動揺した形跡はみられない。そして、招集の命令に応じて上洛の意思を示した慶寧であったが、病のために一旦取り止め、年寄本多政均を名代として上洛させている。

［史料一］

今般御手前上京申付候主意ハ、公方様過日御任槐無程政権を朝廷江被帰候、其御次第等を察スルニ、思召之外江出候儀ニも無之哉、方今朝廷之御政務与相成候而往々天下可治事トハ不奉存、尤王政ト申儀、其言葉ハ正大公明ニ聞へ候得共、其実如何可有之哉、就而者予カ本心ニおゐてハ、何処迄も徳川家を助ケ、天下之為メニ尽力いたし度存寄ニ候（後略）[*45]

これは藩主慶寧が年寄の本多に出した親翰だが、慶寧は政権返上に疑問を持ち、王政についても懐疑的で、自身の本心としてはどこまでも徳川家を助けて天下の為に尽力したいと述べている。その後、京都では上洛した本多を含めて在京家臣が慶寧上洛の時機を探っているが、そこでは慶寧の考えを、「如元政権幕府江御返ニ不相成而ハ不叶義、尤他藩之論ニ不拘、御踏込御忠節可被遊思召」[*46]と捉えている。これらから、慶寧が大政奉還後であっても徳川家重視の志向を継続していたことを在京家臣も明確に把握していたことがわかるが、彼らがもたらした情報によって一一月末に慶寧は上洛を開始している。

(1) 王政復古と加賀藩

慶応三年一二月九日、藩主慶寧は京都に到着し建仁寺に入ったが、王政復古の大号令当日であり、市中は騒然としていた。慶寧以下が対応を協議した後に使者を二条城に派遣して徳川慶喜に下坂を勧めると、慶寧は一度も参内することなく一二日に退京しているが、この退京について老中板倉勝静が、「大小の諸侯ども加州の挙動を見習ふやも計り難く、中々依頼どころにあらず」[*47]と厳しく論じている。[*48]

しかし、天皇の叡慮のもと、徳川家の下に諸藩が結集する公武一和体制の構築を藩是としていた加賀藩からすれば、徳川慶喜の将軍職辞任許可、幕府および摂政・関白の廃止といった王政復古の内容は、藩是そのものを根底から覆し得るものであった。新たな藩是を模索する状況となった加賀藩であるが、この段階で三つの選択肢があったとおもわれる。まずは、①幕府が廃止となり徳川慶喜が正式に将軍職を辞職したとしても、徳川家を支持して公武一和体制の構築を目指すものである。ただし、この場合は徳川家支持が天皇へと結びつくことが前提となるが、これは懐疑的な状況であった。次は、②年寄奥村栄通が「朝廷御尊崇を第一ニ御心定、（中略）何処迄も徳川家之為御助力可被遊御趣意ニ候へ共、何卒唯今ニ而ハ公辺之義ハ次ニ被為附候御心定ニ被為成候」[*49]と述べるように、天皇への忠節を何より重視し、徳川家のことはひとまず次に考えるというものである。徳川家との関係性を必ずしも否定するものではないが、王政復古による政府が成立している以上、徳川家との関係は当然難しくなる。そしてもう一つは、③藩領境に兵を配置し、自藩の軍事力によって加賀・能登・越中の三州領有維持を最優先とするものである。これは「割拠」論といえるが、情勢が混迷し先が見通せない状況で藩領境に軍事展開して自衛することは、ある程度は当然だとしても過度な軍事展開はリスクを伴う。この「割拠」については、分家の富山・大聖寺にも情報が伝達されたが[*50]、年寄の奥村が「右様之御心定ニ御座候而ハ誠以不容易御義、左候而ハ皇国之者不残敵方与相成可申」[*51]と反対しているように、「割拠」論は天皇や徳川家よりも前田家の存続が第一であると宣言することにもなるため、リスクの高い選択肢であったことは間違いない。

そして、藩主慶寧は二五日に金沢に戻ると、翌日には家老二名を呼び、自身の意向を伝えている。

[史料二]

一、蔵人（横山政和）、図書義（本多政醇）、御用有之候間、退出見合様被仰出、追付以前田仙太郎（近習）御用之間江被為召御意被遊候者、a今度御上京之義、徳川家将軍職不被居置而者天下治世之程も無覚束被思召候付、其意御周旋御尽力可被遊思召ニ候処、御着以前加様之形勢と被成候上者所詮御力ニ不被為及、此侭大御人数ニ而御滞京被為在

候而ハ、前段之御趣意思ひ込之模様ニ寄、如何体之義出来も難計、且其内若b尾張殿、越前家の如く薩州方江御引込れ被遊候而ハ不相成義ニ付、無拠内府様江此上御暴発等之義無之様被仰上、御引取被遊候訳之所、其砌ニハ薩州等より如何体之義申出、如何之御都合ニ可被成哉も難計御案思被遊、又何れも其意之思ひ込深く候所よりしてc直ニ御割拠抔之論も起り候ても、其後御引取之義被聞食候段被仰出ニ被成、且巡邏等其余之御用も被仰付候上ハ、固ゟ求而御割拠可被遊御筋合ニ而ハ無之、d何く迄も皇国之御為御尽力天下太平ニ相成様被遊度思召ニ候、尤徳川家正義ニ候へ者御たすけ合御尽力可被遊義ハ申迄も無之、又畢竟e薩州とても是迄之暴を止め、正義ニ基き勅命を奉し太平ニ移り候処江至り候へ者、又夫ニ御随ひ可被遊義、

（中略）f播磨守（本多政均・年寄）、大隅守（長連恭・年寄）義ハ、右等之処能相心得罷在候筈ニ候間、猶又播磨守ニも得与承り、g委曲同役共江も蔵人、図書より移し置候様御意ニ付、応及御請退去之事

但、右ニ付蔵人、播磨守江於別席段々相尋候処、同様之趣ニ而、h只今之処ニ而ハ先五藩よりハ徳川家之事を正義と御立被遊候より外無之、兎も角も此末ハ又其時勢ニより皇国の御為筋之処を御尽力可被遊、其上御力ニ不及候へハ御割拠之御筋と存罷在候旨被申聞候事*52

本史料は、呼び出された家老横山政和が藩主慶寧の御意を書き記したものであるが、ここには慶寧の政治意思が凝縮されている。まず、今回の上洛の目的が、徳川家と中心とした体制の再構築にあったことがわかる（a）。また、この混乱が薩摩主導で引き起こされ、尾張・越前は巻き込まれたとの理解を示しており、薩摩に問題があると捉えている（b）。「割拠」については、巡邏等の命令もある以上、求めて「割拠」する筋合いにはないと明確に否定しており（c）、藩内で「割拠」論が表出したことは認めるも、慶寧自身は「割拠」論を否定していたことがわかる。そして、天下太平となるよう「皇国之御為」に尽力するとの考えにおいて、徳川家が「正義」で

あり、徳川家を助け尽力することは言うまでもないと慶寧は主張する（d）。この点については、慶寧に同行して事情に通じる年寄本多政均にも確認するよう命じているが（f）、その本多は、現状ではクーデターに関与した五藩よりも徳川家を「正義」と見做すほかなく、ともかくも「皇国之御為」に尽力する考えだと述べている（h）。その一方で、薩摩がこれまでの横暴を止め、「正義」に基づいて勅命を奉じ、世の中が太平に移るのであれば、それに従う余地もあるとも慶寧は言及している（e）。

これらの内容から、藩主慶寧が自身の判断基準として「正義」を重んじていたことは明らかであるが、ここでの「正義」とは、天皇を頂点とする「皇国」において、政権を担当するのに相応しいとする正しい道理のことだと考える。［史料二］では、今回のクーデターを薩摩の謀略と捉え、引き込まれないように退京したと述べる慶寧だが、［史料一］の内容も踏まえると、大政奉還以降の政治過程においても徳川家が現実的な政権担当者として相応しいと一貫して捉えていたことが読みとれる。つまり、天皇のもとで現実的に政権を担うという、政治権力として正当であるか否かを重視した慶寧は、この段階ではそれを薩摩ではなく徳川家に見出していたことになろう。ただし、それが徳川家に見出せなくなった（他の政治勢力に見出せる）場合には、必然的に徳川家とは袂を分かつ選択をすることになる。

以上により、加賀藩では大政奉還以上の衝撃をもって王政復古が受け止められていたことがわかるが、このことは自藩の領有にも影響を与えることになる。諸藩は徳川将軍から領知判物を発給されることで藩領支配が制度的にも認められていたが、王政復古により幕藩体制が否定されたことで領有の正当性が喪失してしまったといえる。加賀藩においても、加越能三州を領有する正当性が喪失したことは問題と捉えられたはずで、それをいずれに求めるかが新たな藩是の力点となった。具体的には、もはや将軍職ではない徳川家か、いまだ実態がみえない薩摩を中心とした新体制に見出すのか、もしくはどちらにも求めず、軍事力を背景とした自藩の実力に頼るのかの判断に迫られたことになるが、先に述べたように、現段階で政治権力として正当だと見做していた徳川家に対して、藩主慶寧は加越能三州を領有する正当性を負託したと考えられる[*53]。

その後、藩主慶寧は自身の意見を重臣間で共有するように、呼び出した家老二名に命じている（g）。つまり、慶寧は王政復古後の状況では「御前評議」を開催することなく、自身の御意によって藩内の政治意思を集約しようとしたことがわかる。前藩主の斉泰は、重要な局面では「御前評議」によって集約する傾向がみられたが、当該期の慶寧は自らの御意や親翰を優先し、自身の政治意思を藩内に浸透させようとしたといえよう。

(2) 鳥羽・伏見戦争と加賀藩

慶応四年正月三日に鳥羽・伏見戦争が発生したが、加賀藩では徳川方の要請もあって発生前から徳川家に協力するための出兵が既に計画されており、出兵直前の六日に戦争の第一報が入っている。この段階での情報は具体性に乏しかったが、年寄衆が「御両殿様（斉泰・慶寧）御出被遊候処へ罷伺候へハ、御治定も早ク、宜御願候[*54]」との考えから「御前評議」を求めたことにより、藩主前田慶寧がいる金沢城二ノ丸御殿に前藩主前田斉泰、加判一同が集まって「御前評議」が開催され、その後慶寧の御意を書面にして家中に提示している。

〔史料三〕

今度朝廷大変革被仰出候義ハ、其実ハ全薩州家奸臣共之所為ゟ出候義ニ而、以暴威朝命を恣シ、其証跡顕然たるを以、既ニ頃日徳川内府様御上洛討薩之思召ニ付、此方様ニおゐても、皇国之御為速ニ御人数被指出、猶此上御出陣被遊、内府様へ御協力被遊候思召ニ候、此段何も江可申聞旨御意ニ候[*55]

今回の元凶は薩摩であり、徳川慶喜の討薩の呼びかけに応じて速やかに兵を出して協力することを主張している。これは、王政復古後に藩主慶寧が主張した①プランと同内容といえるが、「御前評議」を経たものを、さらに藩主の御意書で示したものであるため、加賀藩における新たな藩是として位置付けられよう。その後も京都から情報が届いているが、なかでも九日に届いた四日附京都詰家老前田孝錫の書状では、「探索候模様ニ而ハ、兎角徳川様御勝利之聞え薄ク」と、徳川方の状況が悪いことが述べられるとともに、「仁和寺宮《（嘉彰）》物大将ニ而錦之御旗押立、薩人数一中隊斗指添、昼頃ゟ御出馬罷成候」と、仁和寺宮が総大将となり「錦之御旗」が出されたことが伝えられている。つまり、加賀藩は九日の段階で「錦之御旗」の件を知っていたことになるが、それでも藩是に変化はみられないことから、「錦之御旗」によって徳川家が即朝敵とは認識しなかったとおもわれる。[*56]また、出兵する藩士に対して、「皇国之御為内府公江力を合せ、其方共先江州地江指遣候条、必一戦ニも可及候間、何も尽粉骨忠勤を励メ」[*57]との慶寧の御意が出されているが、これまでの内容から薩摩との戦闘を想定していたことは間違いない。そして、先発する部隊が七日、その総裁として年寄村井長在が九日に金沢を出発すると、慶寧自身も随行の家臣を選定するなど、上洛の意思を固めている。つまり、この段階までは慶寧の政治意思が反映された新たな藩是のもとで藩は動いていたことがわかるが、一二日に在京藩士里見亥三郎が金沢に戻ったことで状況が一変する。実は、六日の段階で在京の家老前田孝錫と聞番里見亥三郎が御所に呼び出され、藩の姿勢が勤王か否かを詰問されており、[*58]藩をとりまく状況が容易でないことが判明したことで、里見が急ぎ戻ったのである。その後、前藩主斉泰が二ノ丸御殿に入っていることから、再び「御前評議」が開催されたとおもわれるが、その結果、六日に掲げた藩是を撤回し、出兵していた藩士の退却が決定している。翌日には、江戸にいる溶（斉泰正室・慶寧実母）の引き取りを藩内で議論していることからも、既に徳川家と袂を分かつことが決定していたことがうかがえるが、一九日に慶寧は親翰を出して「勤王之志」で尽力する旨を藩内に宣言している。

以上、鳥羽・伏見戦争前の段階で徳川家を支持し、軍事支援を計画していた加賀藩の動静は、藩主慶寧の政治意思が反映されたものであったが、戦争が発生すると加判の要請もあり、前藩主や近習も含めた「御前評議」が開催されている。この六日の「御前評議」では、徳川家に協力して薩摩を討ち、幼君を解放して国内を一和に導くとの新たな藩是と、徳川家を具体的に軍事支援するとの「藩論」が確認されている。しかし、一二日に在京藩士がもたらした情報は、決定したばかりの藩是を吹き飛ばす内容であった。一つは、前年の上洛で慶寧が一度の参内もなく帰国したことに対して朝廷の一部から嫌疑がかかっていたこと、もう一つは、討伐令によって徳川家が朝敵となってしまったことである。よって、再度の「御前評議」によって徳川家と袂を分かち、薩長中心の新政府に恭順していくことが決定したが、一九日に出された慶寧の親翰には「兼而心得可有義ハ勿論ニ候へ共、皇国之御大事此秋ニ候間、何も勤王之志を旨として国事之為可励忠誠候[*59]」と、苦しい胸の内が述べられている。慶寧が主導した徳川家軍事支援による新たな国家体制の模索は、徳川家が朝敵となり、彼らが現実的に政権を担い得る正当性を完全に喪失したことによって断たれたのである。

3　明治初年の政治過程と知藩事前田慶寧

薩長を中心とする新政府に恭順した加賀藩は、前藩主前田斉泰が慶応四年（一八六八）二月、藩主嫡男の前田利嗣が同年七月に上洛し、藩主前田慶寧も翌二年二月に上洛して五箇条誓文に誓約している。そして、慶応四年四月には越後筋の情勢が不穏のために北越戦線への派兵を命じられると、矢継ぎ早に銃隊編制の部隊を送り込んであり、戦争を通じて七〇〇〇人以上を動員し、二〇〇人以上の死傷者を出している。

藩政については、明治元年一〇月の藩治職制をうけて一二月に藩上層部を執政・参政体制に改めているが、当初は年寄が執政、家老が参政といった名称の変更程度に留まっていた。しかし、翌年の慶寧上洛を控え、徴士・貢士といった政府出仕経験者を中心に実務層からも参政に追加任命されており、政府の「門閥打破」に沿う体制へと徐々に変化していった。また、同二年三月には組織を大きく改編したが、加賀藩独自の政策として藩家臣団を新たに七段階の士身分に整備し[*60]、さらに役職重視で等級化した職等を設定している[*61]。

藩主慶寧は、同二年二月に上洛後、天皇に供奉して東京に向かうと、六月の版籍奉還により金沢藩知事となった。そして、七月には参内して勅諚を賜り、勅書を拝領している。

［史料四］

一、依御用召御参内被遊候所、被叙従三位候段被蒙仰、且於中奥御居間玉座近被為召、今度皇国之為〆厚心ヲ用御満足被思食候段被蒙勅詔、左之御別紙御渡ニ相成

為国家篤キ志之段御満足ニ被思召候、今般藩知事被仰出候ニ付、専ラ御趣意ヲ奉体、格別尽力之趣追々聞食候、尚帰藩之上速ニ実功ヲ奉シ、列藩之標的トモ相成候様精々勉励可致候事

七月[*62]

これまでの姿勢を評価され、「列藩之標的」となるように述べられていることがわかるが、これは他藩の模範となるような理想的藩モデル構築の意味で捉えられよう。知藩事の慶寧がこの勅書を重視したことで、「列藩之標的」は藩にとっての政治指標となる[*63]。つまり、政府が推進する府藩県三治制に適合し得る藩体制を追求することが当該期の藩是となったといえるが、九月に出した慶寧の親翰では、「帰藩之節拝龍顔、殊ニ重き蒙勅諚候、

因而追々改革之所置可申出候、（中略）同心協力必然之儀ニ候得とも、猶更予か不肖を補助し、共に藩治之職掌を尽し、奉報朝恩度素志候」[64]と、藩内に協力を願っている。実は、前月の八月に執政本多政均が金沢城二ノ丸御殿で殺害される事件が発生しており、その際に出された親翰においても、「本多従五位《（政均）》を及暗殺候始末、全前後之次第をも不弁、右従五位一己之了管を以好而新法を行候様存込候故之義ニ候、（中略）壱人たり共右様心得違之者有之候而者、先以対天朝不相済」[65]と、慶寧が危惧するような状況であった。実行犯二名は取調書において、殺害した本多を「天朝を軽蔑し御政権を致専横候」と批判し、当時藩政に深く関与していた者たちを「国賊共に付可被処厳科」と糾弾しているが、[66]この取調書からは、彼らが急速な改革に不満を抱いていたことは勿論ながら、全国的な攘夷気運の高揚と相俟って反政府的な思考も有していたことがうかがえる。[67]このような不穏な状況にあって、慶寧は親翰を出すことによって藩内を安定させる役割を担ったといえよう。

　藩体制については、同二年七月に出された職員令をうけ、九月には藩上層部を執政・参政体制から大参事・少参事体制へと移行したが、理財に強く藩の議事御用などを経験した実務層が配置されるとともに、重臣層が藩上層部から免除される傾向が顕著となり、さらに大規模な給禄改革が実施されるなど、大幅な改編が実施された。慶寧は知藩事としての職掌が定まっていたこともあり、御意や親翰による意思表明は減少していたが、[68]抵抗が予想された給禄改革については、「我等之心中能々推察、朝命遵奉之意を体して違背無之様可相心得、尤右様申渡候上者、何茂俄ニ難渋陥り勤仕茂可指支、痛心之至り候」[69]との親翰を出し、朝命遵奉のために異議を申し立てないように諭している。

　そして、同三年九月には藩制が布告され、藩組織を府県同様に改めること、藩財政の一割を海陸軍費に充てた上で半額を海軍費として政府に上げること、士族・卒族以外の階級を設定しないこと、藩札回収や藩債償却の目途を立てることなどが諸藩に通達された。厳しい要求を突きつけられた諸藩は対応に迫られたが、戊辰戦争で処分された長岡や盛岡などは、藩を維持する見込みがないとして、他に先駆けて廃藩を願い出ている。また、鳥取・徳島・名古屋の廃藩建議や熊本などの藩知事辞職願などもみられ、同四年春以降は米沢を中心に、これら諸藩が連携して政府方針とは異なる運動を展開している。[*70] 金沢では、同三年九月に出された「是迄正権大少参事共宣下相成居候得共、猶御趣意ヲ奉精細取調、在職解官共更ニ可伺候事」[*71]と、人事の再考を促す政府の命令を徹底し、閏一〇月に大参事・少参事を一斉に免官して新たな人員を配置したが、これまで藩政の舵取りを担っていた者たちを一掃した以上、藩にとってはリスクの高い判断であった。また、士族の階級については前年の諸務変革令をうけて統一を図り、藩札回収や藩債償却についても計画案を政府に提出するなど、当該期は政府の命令にできる限り対応していた。「列藩之標的」の達成を藩是としたことから、先に挙げた諸藩とも異なる対応を示したといえ、藩そのものは維持しつつも政府が要求する体制に変容していったことがわかる。廃藩直前の同四年七月、岩倉具視宛三条実美書簡において、「加賀」にも諮詢の席を与えるべきとする大藩会議構想が描かれたことは、藩の姿勢が評価されたことの証左ではないだろうか。[*72]

以上のように、明治初年の加賀藩は府藩県三治制において他藩の模範となる理想的藩モデル（「列藩之標的」）の構築を目指したが、その中心にいたのは知藩事慶寧であった。職掌の定まった知藩事に任命されたことで、自身が御意・親翰を出して政治意思を表明することは減少したが、急速な藩政改革などにより不安定であった藩体制を安定させる役割を果たしていた。政府方針への対応は当然ながら藩毎に異なるが、大名諮詢の席に「加賀」も加えるべきとの三条の発言は、藩の方向性が評価されたものと捉えてよいだろう。

おわりに

加賀藩最後の藩主である前田慶寧は、文久・元治期には世嗣、慶応末期には藩主、そして明治初年には知藩事として藩政に関わり続けた人物であり、本稿は加賀藩の国事における意思・政策決定過程に焦点を当てながら、慶寧の政治指導について分析したものである。

まず、藩主の御意・親翰については、藩主個人の政治意思だけでなく、他者の意思が入り込んだ場合も想定されるが、これは藩主個人の名で表現される手法である。一方、藩主・世嗣、加判らが参加する「御前評議」は、加判からの要請を契機とするなど、あくまでも不定期に開催され、この評議により特定の政治意思が藩の政治意思へと集約されることになるが、ここでの決断を担ったのが藩主である。本稿で検討した文久三年（一八六三）七月や慶応四年（一八六八）正月のように、評議開催の了承や評議の場での決断など、藩主が果たした役割は大きいといえる。そして、藩是やそれに基づいた「藩論」を確定する際には、御意や親翰のみの場合もあれば、「御前評議」が開催され、その評議を踏まえた親翰が出される場合もあることから、加賀藩では事案毎に適した手法が模索されていたと考えられる。このような意思・政策決定は、加賀藩の政治過程を考える上で一つの特徴といえるが、柔軟にも曖昧にもとれるあり方は、決断を担う藩主個人の裁量に大きく影響を受けることになる。文久末期、藩主前田斉泰は自身の御意・親翰に加え、「御前評議」も重んじる傾向がみられ、さらには「言路」も保障したことにより、藩内の政治参加枠は確実に拡大している。挙藩体制が創出される一方で、拡散する政治意思を集約できないリスクも生じており、このことは禁門の変前に藩が動揺した遠因になったとおもわれる。

また、藩の在京体制については、責任者となる詰家老はあくまでも「御守衛之総裁」であり、緊急の判断を除いて彼らに決定権はなく、国元が掌握している。京都詰に権限がない理由は判然としないが、薩摩をはじめとした他の国持規模の藩に比べ、国元と京都との距離が近く、二日半余りで国元に情報が届くことも要因の一つであろう。いわば、決定機関と実行機関が国元と京都に分化した体制であるが、元治元年（一八六四）の禁門の変前には、緊迫した情勢に直面する在京藩士らが政治的発言を強めるにしたがい、国元にいた藩主斉泰の親翰では政治意思を集約できず、国元が決定機関としての役割を果たしきれなかったことが、在京の世嗣慶寧に決断を委ねる状況へと繋がっていった。また、鳥羽・伏見戦争後には、数日遅れの情報から判断する国元と、即座に対応しなければならない京都との間に齟齬が生じており、刻々と変容する情勢に藩が対応しきれていないことがわかる。このような体制のあり方も、加賀藩の特徴として把握する必要があろう。

前田慶寧は元治元年に上洛後、藩主斉泰が藩の政治意思を集約できないなかで政治周旋の継続を主張し、政局に対して主体的に関与し続けたが、その可能性が途絶えると「跡届」での退京を決断した。前述したように、藩の意思・政策決定のあり方に問題があったことは間違いないが、政治経験がなかった慶寧の決断は、外部からは藩の決断と見做され、藩は苦境に陥ることとなった。その後、慶応二年に藩主となった慶寧は、大政奉還以降の政局に対応することになるが、政治的な決断が必要とされた際は自身の政治意思を盛り込んだ御意・親翰を出している。加判からの要請を受けた鳥羽・伏見戦争後を除けば「御前評議」は開催していないことからも、慶寧が藩の意思・政策決定において御意・親翰を重視していたことが読みとれる。内容についても、天皇のもとで現実的に政権を担うに相応しい存在を支持するとの基準をもって自身の政治意思を主張しており、藩内への一貫した政治指導がみられる。また、それは文久期に「御前評議」や「言路」を重んじながら、拡散する政治意思の集約に苦慮した前藩主斉泰とは異なった意思・政策決定のあり方といえよう。また、知藩事就任後の慶寧は、藩内を安定させる目的に限って親翰を出しており、直接藩政に関与した形跡はない。そこには、決断を担った藩主慶寧とは異なる、知藩事としての職掌を全うしようとする慶寧の姿がみられるのである。

本稿で検討したように、加賀藩は幕末維新期の政治過程において、けっして動かなかった藩ではない。慶応末期、大政奉還や王政復古、鳥羽・伏見戦争の前後には政治運動を主体的に展開しようとした事実は踏まえなければならない。ただし、この政治運動はいずれも他の政治勢力を支持するものであり、加賀藩が率先して他を主導するような運動ではなかった。そして、さらなる情勢の変化を受けて、政治運動そのものが変更を余儀なくされるなど、政局に対して受動的な対応をせざるを得なくなっていったが、これは加賀藩における政治運動の限界であるとともに、慶寧による政治指導の限界といえるだろう。その一方で、明治四年の廃藩直前に三条実美が「因・阿・加・肥之人々も、人物ニ於テハ決して三藩之下ニ不出候」と述べているが、このような加賀藩に対する当時の評価も含めて判断するならば、慶寧の政治指導については一定の評価が為されるべきと考える。

以上、国持規模の藩主に焦点を当てて分析・評価する場合、政局の動静に影響を与え得る政治勢力の長であることと、藩領を統治して数千人規模の藩士を抱える組織の長であることの両面を捉まえることで、政治君主として評価することが可能になると考える。そして、このアプローチにより従来看過されてきたような加賀藩をはじめとした国持規模の藩について、正当に評価することに繋がっていくはずである。

註

＊1　現在は多くの藩が分析対象になっているが、家近良樹編『もうひとつの明治維新―幕末史の再検討―』（有志舎、二〇〇六

年）は、薩長中心の史観により分析されなかった勢力にも焦点を当てた書であり、近年の問題意識を捉まえたものである。

＊2　鵜飼政志「明治維新の理想像―決して忘却されない国民の物語―」（鵜飼政志・川口暁弘編『きのうの日本―近代社会と忘却された未来―』有志舎、二〇一二年）。

＊3　青山忠正「明治維新の史学史―「絶対主義」と「変革主体」―」（『歴史評論』五八九号、一九九九年）。のち『明治維新と国家形成』（吉川弘文館、二〇〇〇年）所収。

＊4　宮地正人「幕末過渡期国家論」（佐藤誠朗・河内八郎編『講座日本近世史八　幕藩制国家の崩壊』有斐閣、一九八一年）。のち、同『天皇制の政治史的研究』（校倉書房、一九八一年）所収。

＊5　原口清「近代天皇制成立の政治的背景―幕末中央政局の基本的動向に関する一考察―」（遠山茂樹編『近代天皇制の成立』岩波書店、一九八七年）。のち、同『原口清著作集一　幕末中央政局の動向』（岩田書院、二〇〇七年）所収。

＊6　原口前掲「近代天皇制成立の政治的背景―幕末中央政局の基本的動向に関する一考察―」、家近良樹『幕末政治と倒幕運動』（吉川弘文館、一九九五年）など。

＊7　笹部昌利「幕末期鳥取藩池田家における「家」存続の意識―長州藩毛利家処分への対応をめぐる大名家の「私」―」（『鳥取地域史研究』四号、二〇〇二年）、天野真志「禁門の変と秋田藩―内乱回避をめぐる諸藩周旋活動の一側面」（『文化』七二巻一・二号、二〇〇八年）、同「国事周旋と言路―幕末期秋田藩の政治方針をめぐる対立から―」（『歴史』一一六号、二〇一一年）など、大名家の「私」や、「内乱回避」「言路」といったキィワードによる分析がみられる。

＊8　笹部昌利「近世の政治秩序と幕末政治―鳥取藩池田家を素材として―」（『ヒストリア』二〇八号、二〇〇八年）。国史編纂事業において藩閥系の維新史が正当づけられて、〈長州基準〉ともいえる枠組が設定されたこと、戦前には地域の「誇り」が藩閥的な「勤王」史によって説明されるものになったことを指摘した上で、戦後に近代天皇制と明治維新の関係を説明するにおいて藩閥的勤王理解が必然のものになっていったと論じる。

＊9　日比野利信「維新の記憶」（明治維新史学会編『明治維新史研究七　明治維新と歴史意識』吉川弘文館、二〇〇五年）。「旧藩史観」とは、明治維新における「旧藩」の藩主と志士の功績を顕彰して「我が藩」が明治維新においていかに功績が大きかったかを強調し、薩長の後塵を拝したという「藩閥」へのコンプレックスを「解消」させようとする「物語」であったと述べる。

この「旧藩史観」は、やや奇をてらった表現をするならば、「おらが藩史観」ともいえるのではないか。

＊10　高木博志「「郷土愛」と「愛国心」をつなぐもの―近代における「旧藩」の顕彰―」（『歴史評論』六五九号、二〇〇五年）、畑中康博「明治時代における秋田藩維新史像の形成」（『日本歴史』七七四号、二〇一二年）など。

＊11　金沢市立玉川図書館近世史料館所蔵「加越能維新勤王史略」、「横山政和覚書」などの史料は典型である。以下、特に断りのない場合は同館所蔵史料とする。

＊12　加賀藩を研究する上で現在でも活用される『石川県史』第二編や『加賀藩史料』（全一五冊）は、戦前の編纂物であり、その後刊行された『加賀藩史料』藩末編（全二冊）は昭和三〇年代の編纂物である。いずれも優れた編纂物であるが、記載内容には問題があることも指摘されている（長山直治『加賀藩を考える―藩主・海運・金沢町―』桂書房、二〇一三年）。

＊13　徳田寿秋「藩体制解体の過程―財政統一策に対する加賀藩の対処から考察して―」（『北陸史学』一六号、一九六八年）、同「維新における加賀藩の政治動向―王政復古クーデター前後を中心に―」（『北陸史学』一八号、一九七〇年）、ロバート・G・フラーシャム「幕末の加賀藩勤王家―西南雄藩との対比から―」（『地方史研究』三七巻三号、一九八七年）など。

＊14　奈良勝司「幕末政治と〈決断〉の制度化―江戸幕閣の動向からみる―」（『ヒストリア』二二三号、二〇一〇年）。為政者が完全な合意や調整を断念してでも一定の決断を断行せねばならなくなることを、「決して断ちきる」との意味合いで「システムとしての〈決断〉」と定義している。

＊15　本康宏史「「加賀百万石」の記憶―前田家の表象と地域の近代―」（『日本史研究』五二五号、二〇〇六年）。前田慶寧の全身銅像は、昭和五年（一九三〇年）一二月一四日に建造され、正式名称は「加越能維新勤王紀年標」である。

＊16　拙稿「幕末期加賀藩における藩是と「藩論」―個別藩における分析視角―」（『明治維新史研究』七号、二〇一一年）、同「文久、元治期における加賀藩の意思決定システムと政治運動」（『加賀藩研究』三号、二〇一三年）。

＊17　「英断の君主」に関して示唆に富む研究として、濱野靖一郎『頼山陽の思想―日本における政治学の誕生―』（東京大学出版会、二〇一四年）。

＊18　長州における藩主御前での「会議」については、上田純子「安政五年萩藩における「会議」と政治機構―幕末維新期政治史再考のための一試論―」（『史学雑誌』一〇七巻六号、一九九八年）などの成果があり、安政期の長州では中下級層が組織的に

台頭したことを明らかにしている。

＊19 明治二年の版籍奉還後には金沢藩が正式に設置されているが、本稿では概念的に加賀藩で表記を統一することとする。

＊20 「文慶雑録」巻五。

＊21 当時、加賀藩の情報収集に問題があったことは、天野真志が指摘している（天野前掲「国事周旋と言路―幕末期秋田藩の政治方針をめぐる対立から―」）。加賀藩の京都詰体制については、拙稿「幕末期における加賀藩京都詰の実態とその意義」（『日本歴史』六九六号、二〇〇六年）。

＊22 町医者の子で京都に勤学した小川幸三が国事に関する意見書を藩に提出した際、藩主や重臣が小川を呼び出し直接聞き取りしたとの話がある。身分不相応の言動を示したとして小川は一旦処分されるが、その後定番御歩として藩に採用されて情勢探索方を担っている。この小川に対する複雑な対応は、国事に対する加賀藩の体制が未確立だったが故に発生した事例といえるが、加賀藩における「言路」の嚆矢としても評価できる。

＊23 加賀藩家臣団の最上位に位置する八家は年寄衆を構成し、その下の人持からは家老役が数名選ばれる。加賀藩では、年寄と（さらに年寄中席御用加判を任命された）家老が加判となり、藩主御前における「御前評議」の構成員となる。本稿では、彼らをまとめて加判とも表記している。

＊24 前田土佐守家資料館所蔵「公武之間柄に付存知之趣上申控」。

＊25 前田土佐守家資料館所蔵「公武合体に付於御前言上仕候趣意写」。

＊26 「御用方手留附録」巻四。

＊27 石川県立歴史博物館所蔵「公武合体等時勢に付御親翰写」。

＊28 当該期の衆議と至当性、同調圧力については、奈良勝司「近代日本形成期における意思決定の位相と「公議」―衆論・至当性・対外膨張―」（『日本史研究』六一八号、二〇一四年）。

＊29 「御用方手留附録」巻四。

＊30 「同右」巻五。

＊31 藩の与力であった福岡文平は、国事や藩政について二〇箇条以上の過激な持論を主張している。また、藩士大野木克親の

弟で、藩に出仕前であった仲三郎も再三にわたり意見書を提出して藩政批判を繰り返しているが、この件では処分されていない。上申の手順を守った意見については藩は受け入れており、「言路」に配慮していることがわかる。

＊32　前田土佐守家資料館所蔵「御親翰等之留」。

＊33　石川県立歴史博物館所蔵「筑前守様京都御守衛被命に付御親翰写」。

＊34　当時慶寧の側にいた奥取次上坂丈夫らが主張している（「雑記」巻九）。また、重臣前田土佐守家の家老であった南保大六は、「異変を御見懸、御引取ハ御比興抔之評も可相立哉に候へ共、夫ハ小勇匹夫之事ニ可有御座、御献言等之御大勇被為立候」（前田土佐守家資料館所蔵「御親翰等之留」）と述べており、退京自体をあまり問題視していないことがうかがえる。

＊35　「御用方手留附録」巻六。さらに、在京の年寄奥村栄通が「今更御趣意之処ニ被為替候儀ハ有之間敷哉与奉恐察候」と述べていることからも、慶寧の強い意思が読みとれる。

＊36　とはいえ、攘夷に固執せず、掲げる要求のうち一つでも認められれば長州勢は退去するとの情報を加賀藩は当時入手しており、そこに長州撤退の可能性を見出していたのではないか。

＊37　禁門の変直前に親長州派廷臣がクーデターを画策したが、これは長州・鳥取が中心となり、岡山・加賀にも通じた計画であったことが指摘されている（町田明広「元治元年の中央政局と薩摩藩―禁門の変に至る道程―」『神田外語大学紀要』二七号、二〇一五年）。この内容については、加賀藩の「勤王」を強調する近代以降の編纂史料にも記載がある。

＊38　「御用方手留」巻二七。

＊39　「京都御用状等内写」巻一。

＊40　この一斉処分については、藩内攘夷派の一掃として語られることが多いが、攘夷論に括られない者の処分もあり、イデオロギー淘汰として理解できない面がある。むしろ、「言路」を保障して取り込んできた者たちを、危機的状況において一斉に処分し、挙藩体制を構築し直そうとしたと考える（拙稿前掲「文久、元治期における加賀藩の意思決定システムと政治運動」）。

＊41　多くの藩が見合わせるなかでの上洛であったことからも、当時の加賀藩が徳川家を重視していたことがうかがえる。当該期の政治状況については、白石烈「将軍空位期における「政令一途」体制構築問題と諸侯会議」（前掲家近編『もうひとつの明治維新―幕末史の再検討―』）。

＊42 「触留帳」。

＊43 「病院仕法書」。開拓については、拙稿「幕末維新期加賀藩卯辰山開拓に関する一考察」（『北陸史学』五四号、二〇〇五年）。

＊44 藩士陸原慎太郎は一四〇石であったが、銃隊馬廻使役に任じられた際、「役中御引足知拾石被下、百五拾石高ニ被仰付」（「先祖由緒幷一類附帳」「陸原慎太郎」）と、役中に限り足高が為されている。

＊45 「御親翰留」。

＊46 「京都詰中手留」巻三。

＊47 渋沢栄一『徳川慶喜公伝』巻三（平凡社、一九六八年翻刻）。

＊48 大号令後に榎本武揚が勝海舟に宛てた書簡には、「我が徳川氏方の者は、会、桑は申す迄もこれなく、井伊、紀州、藤堂、大垣、加賀等は皆国力を奮って、我を助くると云う」とあることから、加賀藩は徳川方と認識されていたことがわかる（勝部真長・松本三之介・大口勇次郎編『勝海舟全集』別巻一、勁草書房、一九八二年）。

＊49 「御用方手留附録」巻七。

＊50 大号令の後、使者となった藩士成瀬正居は「暁方、大聖寺ニ而御家老前田中務宛行御口上申述、三州御守り割拠之思召、御堺目間道等急速御固候義申述」た旨を日記に残している（金沢大学附属図書館所蔵「成瀬日記」巻二三）。

＊51 「御用方手留附録」巻七。

＊52 「御内々御尋幷申上候品等覚」。

＊53 徳川家から発給された領知判物は、近世大名家にとって制度的な領知権保証であるとともに、それに基づいて家臣団に領知宛行状を発給するなど、藩領支配・家臣団統制の根幹でもあった。その後、慶応四年（一八六八）閏四月の政体書公布前日に領知判物の提出が命じられると、加賀藩は一〇月に弁事役所へ提出しているが、これは近世的な領有の正当性が喪失したことにほかならない（青山前掲『明治維新と国家形成』）。

＊54 金沢大学附属図書館所蔵「成瀬日記」巻二四。

＊55 「御意之趣書抜」。

＊56 書状を出した京都詰家老前田孝錫も、市中巡邏を勤めていれば「勤王之道」は果たされると述べており、「錦之御旗」自体

にそれほどの意義を汲みとっている様子はみられない（金沢大学附属図書館所蔵「成瀬日記」巻二四）。

＊57　「御意之趣書抜」。

＊58　幕末段階での「勤王」認識は、徳川体制の否定を必ずしも内包しておらず、「勤王」を掲げつつ徳川家を支持することは、むしろ一般的であった。しかし、鳥羽・伏見戦争後では、朝敵の徳川家を支持する「佐幕」は「勤王」とは相容れないとの論理ができ上がっている。つまり、この段階での「勤王」とは、天皇に忠誠を誓い、朝敵の徳川家と対峙するとの認識になるため、「勤王」か否か（「勤王」か「佐幕」か）との問いは、実質的には新政府側か徳川側かとの詰問となり、新政府が諸藩に突きつけた大きな二択となる。この認識が近代以降徹底されることで、笹部が指摘する「藩閥的な「勤王」史」観が構築されていったと考える。この点は、宮間純一『戊辰内乱期の社会―佐幕と勤王のあいだ―』（思文閣出版、二〇一五年）が示唆的である。

＊59　前田土佐守家資料館所蔵「王政復古に付忠誠尽力徹底達状」。

＊60　年寄に任じられる八家が上士上列、家老に任じられる人持が一等上士、頭役が二等上士、平士が三等上士、以下、一等中士、二等中士、下士と設定された。

＊61　役職毎に等級が第一等から第九等まで定められたが、上士上列＝第三等のように、士身分の階級も職等に組み込まれた。

＊62　「維新以来御達等」。

＊63　加賀藩同様、明治初年の熊本藩が「藩政一新皇国興隆せよ」との綸言を拝領し、藩組織改編に取り組んだことを池田勇太が指摘している（同『維新変革と儒教的理想主義』山川出版社、二〇一三年）。

＊64　「触留」巻七。

＊65　「御用方手留」巻三五。

＊66　『石川県史』第二編（石川県、一九七四年復刻）。

＊67　奈良勝司は、攘夷の課題は幕末時点では総括されず、未完の国家目標として近代以降に持ち越されたと見なければならないと述べている（奈良前掲「近代日本形成期における意思決定の位相と「公議」―衆論・至当性・対外膨張―」）。

＊68　明治元年は戊辰戦争関係の親翰が多く出され、前掲「御親翰留」によれば三三通出されている。一方、知藩事となった明治

二年から明治四年の二年間では五通と大きく減少している。

＊69 「御親翰留」。

＊70 勝田政治『廃藩置県―「明治国家」が生まれた日―』（講談社メチエ、二〇〇〇年）、松尾正人『廃藩置県の研究』（吉川弘文館、二〇〇一年）ほか。

＊71 「御手留抄」巻七。

＊72 日本史籍協会編『岩倉具視関係文書』巻五（東京大学出版会、一九八三年）。

四　徳川慶勝の政治指導と尾張徳川家

藤田英昭

はじめに

本稿は、尾張徳川家の意思決定のあり方、とりわけ幕末の一四代当主であった徳川慶勝（はじめ慶恕《よしくみ》、本稿では慶勝で統一する）の政治指導の実態に迫ろうとするものである。なかでも当主になって直後の嘉永期を中心に検討していきたい。

慶勝の政治指導を見るうえで、注目したい先行研究は、岩下哲典氏による一連の慶勝研究である。特に氏による「幕末名古屋藩の海防と藩主慶勝――藩主の主導による海防整備の実態――」[*1]では、「藩主慶勝の強力な主導」が強調され、「こうして尾張藩には、慶勝を頂点とした上下の一体感をもつ強力な軍事力が形成されていった」であるとか、「慶勝の海防施策は、全藩的規模で行われた」「従来、藩政から遠ざけられていた藩主が、藩士層を

徳川慶勝（徳川林政史研究所所蔵）

超える知識・情報を有して、藩政に乗り出した時、そこに新しい展開がうまれるのである」などと、リーダーシップを発揮していく慶勝の姿が活写され、慶勝の人物像形成に一定の影響を与えていった。岩下氏は「慶勝の主導」という表現を多分に用いているのだが、当時の尾張徳川家の現状や家中構造を踏まえてみると、やや違和感を感じざるを得ない。果たして慶勝が「強力な主導」権を握っていたのかどうか、再検討する必要を感じている。仮に慶勝が政治的手腕を十分に振るえたとしても、それまでに解決しなければならない問題も少なくなかったはずである。

　この点、やや時期が下るが、慶応四年（一八六八）五月に慶勝が側近の田宮弥太郎（如雲・当時年寄）に宛てた書状の内容は注目できる。この書状で慶勝は、この時期に至っても家中（藩）で派閥同士が対立（特に「国学派」と「洋学派」の対立[*2]）している現状を憂い、「其長する処を取候をこそ大一（第一）にて、虚飾ニ関係無之筈之処、只夫か専要ニ相成、……彼是之議論之議定ハ執政ニ有之筈之処、下ニ議論起り、上ハ泥ニ酔、鮒之如、洋論起れハ外潜となり、神論ニ至れハ甲を脱して不出次第、是にてハ論二ツニ分離[*3]」云々と記している。解釈が難しい部分もあるが、派閥それぞれの長所を取り入れれば良いのに、見栄を張って自己主張ばかりであると言いつつ、家中で問題が起こった際には「執政」（年寄＝家老のこと）の「議定」が重要だと記しているのは無視できない。慶応四年段階でも、家中における年寄の影響力、存在の大きさが認識されているのは留意すべき点ではないか。[*4]こうしたことから、年寄の存在を抜きにして、慶勝の政治指導のあり方を問うことは、不十分と言わざるを得ない。

　そこで本稿では、家中（藩内）構造の実態を踏まえながら慶勝の動向をとりあげ、慶勝の政治指導のあり方を検討していきたい。おもに活用する史料は、慶勝の書状や伝記（御実紀）であり、できるだけ慶勝自身の肉声を基にしながら、この問題に迫っていきたいと思う。この作業は当主の政治手腕の実態のみならず、その存在意義をも照射することになるだろう。

同時期の慶勝の政治動向を検討した近年の成果に、岸野俊彦「尾張藩十四代藩主徳川慶勝の初期藩内権力」[*5]がある。氏は慶勝が幕閣と提携していくなどして、「藩内権力」を掌握していく過程を追究しているが、本稿では慶勝と幕閣とは、必ずしも提携関係になかったのではないかと見ている。むしろ、年寄との連携・協調関係に注目しながら検討した本稿では、慶勝の「藩内権力」という観点に照らせば、結論は自ずから異なってくるに違いない。

なお、文中で記した尾張家家臣の経歴については、一々註記を施していないが、「藩士名寄」（旧蓬左一四〇―四、徳川林政史研究所所蔵）の記載に従った。また史料の所蔵先を示していないものは、すべて徳川林政史研究所所蔵のものと理解されたい。その場合は、文書群と史料番号を表記した。文書群のうち「旧蓬左」「尾」「林」と示したものは、それぞれ「旧蓬左文庫所蔵史料」「尾張徳川家文書」「徳川林政史研究所収集史料」の略である。また、文中に引用した史料の読点、傍注、傍点等は引用者によるものである。

1　天保の家督問題と言路

ここではまず、嘉永二年（一八四九）に徳川慶勝が家督相続する以前の尾張家の状況、とりわけ天保一〇年（一八三九）の家督問題の過程を追いながら[*6]、尾張家分家の高須松平家の松平秀之助（のちの慶勝）を擁立する運動側の言動に注目し、尾張家の言路のありようを確認したい。

尾張家当主は、九代宗睦《むねちか》の死によって初代義直の血統ではなくなり、以後斉朝《なりとも》・斉温《なりはる》・斉荘《なりたか》・慶臧《よしつぐ》と一一代将軍徳川家斉の血縁者（紀州の血筋）が、四代半世紀にわたって当主の座を占めていった。将軍家にとっては、将軍に最も近い一門大名である尾張家当主を、将軍の血縁者とすることで、一族の関係を密にし、尾張家が潜在的に持っている格式を維持するという意義を有した。しかし、将軍家から迎えた当主は、概して文化人としての業績はあるものの、君主として政治手腕を発揮することはほとんどなかったといえる。

家斉一九男の一一代斉温は、一二年間の治世のうち一度も入国せずに江戸で暮らし、政治運営は両家年寄（付家老）の成瀬（正寿《まさなが》・正住《まさずみ》）・竹腰以下、年寄衆に任せる状態だったとされる。特に幕閣と結んだ成瀬親子の権威は絶大で、世間は「成瀬隼人正内尾張中納言様なり」[*7]と揶揄していた。天保一〇年に斉温が二一歳で死去すると、成瀬正住ら一部の江戸詰重役は、老中水野忠邦と結んで、斉温の兄で田安家当主だった斉荘（家斉一一男、一二男とも）を後継者とした。これに対して、国許の大番組や御馬廻組の家臣、国学者たちが異を唱え、斉荘の相続に反発する上書が、もう一人の両家年寄竹腰正富《まさとみ》に提出されていった[*8]。

大番組の家臣たちが問題にしたのは、文政一〇年以降名古屋で隠居している斉朝に相談せず、江戸詰重臣が老中に押し切られるかたちで、斉荘を当主にしたことであった。このように「公辺之御随意」のままでは、将軍の家族同然の御三卿と同じで、家康が「深キ御思慮」をもって「御分国」とし、初代義直以来の独自の家風を持つ尾張家がないがしろにされたも同然の扱いであった。よって彼らは、以下の問題を解決しなければ、汚名を返上できないとして、その実現を求めて年寄以下への周旋を展開していった。

解決すべき問題は、①成瀬正住の進退、②斉荘の御附人の処置、③斉荘の「御養君」、この三つである[*9]。①成瀬正住については、先代正寿が八朔・五節句の単独登城や将軍への御目見の許可を願い出るなど、待遇の改善運動[*10]を繰り広げていたことも影響して、多くの批判が寄せられ、正住は「病気」と称して名古屋の大曽根屋敷に引き籠もった。同じく年寄の鈴木丹後守や同山澄淡路守、同遠山伊豆守も、責任を感じて引き籠もっている。[*11]一連の動きから、江戸詰年寄衆への批判の大きさがわかる。②田安家からの御附人は、前代未聞のことで、家臣約二〇人だけではなく、女中六〇人も附属してくるという噂もあって、家中の財政逼迫に拍車が掛かると懸念されていた。[*12]しかも御附人が家政運営に容喙する懸念もあり、譜代家臣との隔意も問題視された。[*13]ただし、実情は不明ながら、家中の反対運動に「御附人」は「恐怖」し、追々田安家に戻ったという風説もあるので、[*14]その後目立った問題に発展することはなかったようである。

斉荘の相続に反発した大番組の家臣たちが最も望んだのは、③斉荘に「御養君」を迎えることであった。将軍家の「御分国」としての尾張家にこだわる彼らは、尾張家に男子がいないならば、その分家に当たる高須松平家の出身者が、斉温の遺領を継いで然るべきだという発想を持っていたが、斉荘の家督によりそれが頓挫したいま、その妥協案としたのが、高須家の次男で当時一六歳の松平秀之助（のちの慶勝）を斉荘の養子にすることであった。もとより養子を決定できるのは当主斉荘だけであり、彼らは当主に意見を言上でき、その意思決定に影響を与えられる渡辺源太左衛門・大道寺玄蕃・生駒主計ら在国年寄衆の奮発に期待を掛けていった。なかでも大道寺の評判はよく、大番組の期待は大きかった。[*15]「何卒執政之御方厚ク言上ニ被及、中納言《（斉荘）》様御意ニ而秀様被仰出候様仕度」とある通り、[*16]当主を動かすには年寄の働きかけが必要で、大番組の面々が直接当主に訴え出ることはできないのである。しかし、名古屋の「重役衆中」は、必ずしも彼らの期待通りには動かず、むしろ大番頭や御馬廻頭に命じて、配下の者たちの活動を押さえに掛かった。[*17]

大番組や御馬廻組の家臣たちが頼みとした両家年寄の竹腰正富も、彼らの運動を、徒党を組んで「天下之御制度」を犯す「強訴」だと批判した。「御養君」に関しても、秀之助は分家の高須家出身とはいえ水戸の血筋[18]で、初代義直以来の直系ではないとして一蹴した。「兎角尾州家も公儀御一家[19]」と考える竹腰であれば、将軍の息子が尾張家を相続するのに全く問題はなく、立場は成瀬正住ほか年寄衆と同様であったのである。

言路の閉塞状況のなか、運動内部も一枚岩ではなくなり、裏切り者や脱落者も出てきた。結局、国学者の植松茂岳《しげおか》の門人丹羽啓二（御記録所書役）が、「百万石之御国政、久敷悪弊一旦ニハ相直り申間敷」「大木サヘ仆候ヘハ、夫より出候枝葉悪風ハ次第ニ取レ可申」「御附人ハ成瀬仆レ候事故、次第ニ引潮ニ相成[20]」などと述べたように、成瀬正住ら重役を退身させたことを成果の一つとして、運動の幕引きを図ろうとするのである。

彼らは、江戸詰重役を退かせたことを一定の成果と捉えているが、重役たちは必ずしも隠居や御役御免となったわけではなく、一時の引き籠もりである。それでも丹羽啓二が、この運動によって「御政事ニ付而ハ言路相啓ケ候故、末長ク心之丈上表可仕覚悟ニ御座候[21]」と、家政について「言路」が開けたと位置づけているのは看過できない。裏を返せば、それ以前の両家年寄・年寄らの影響力がいかに絶大であったかをも示していよう。

この点で注目できるのは、月番や加判が免除されていた両家年寄が、「近来内存申立之趣等も有之[22]」ため、天保一〇年前後ではほかの年寄と同様、月番を務めていたことである。大番組・御馬廻組の面々の「内存申立」（上書）が頻繁であったことを裏付ける。

もっとも、一〇代斉朝が家督相続して早々の享和元年（一八〇一）には、詳細は不明であるものの、先代宗睦が寛政九年（一七九七）に施行した勤役・無役の区別なく、意見がある者は目付役所に封事を提出することを求めた政策を継承し、家中の人心収攬に努めた形跡があった[23]。このように、尾張家においても言路洞開の歴史が全くなかったわけではないのだが、意見は年寄衆の評議に付され、不採用となる場合も少なくなかったのである。それゆえ天保期においては、「徒党」を組んで年寄衆に上書を提出するという強硬手段に及んだのであろう。竹腰は「強訴」と批判したが、それにより目的の一部を達成できたことを「言路相啓ケ」と表現したものと解釈できる。

ところで、天保の家督問題によって、成瀬正住以下の重役が一時退身したとはいえ、この問題に直接関与していなかった重役が台頭し、尾張家は新たな火種を抱えることになった。「犬《（成瀬）》―ハ先日出立之よし、大慶仕候へ共、丹《（鈴木丹後守）》―又々けしからぬ事ニ而、再大乱之基と奉存候、其上中―、佐―殊之外出頭之よし粗承り申候、……佞者之得時候者今ニはしめぬ事なから、実ニあさましき事ニ御座候」[*24]という状況である。年寄鈴木丹後守（嘉十郎）の不評判はこれ以後も続き、息子の鈴木主殿（のちに御側御用人・年寄となる）ともども慶勝も対応に苦慮することになる。「中」「佐」とは、中西筑前守（長穀）と佐枝将監（種武）のことで、彼らはともに斉荘治世下の年寄として自ら贅を凝らし、斉荘に金銀を浪費させた元凶とも目された。特に、慶勝が家督を継いだ後も江戸詰であった中西は、両家年寄をも自由に駆使していたという。慶勝からは「邪曲之小人、言語同断之人物、右之者之義《（ママ）》ハ執政ニ差置候内ハ、トテモ乍不及正路之政事ハ不行届」[*25]と糾弾された人物で、当主をないがしろにして専権を振るう彼らをいかに処置していくかが、慶勝の家中改革（藩政改革）の前提となっていった。将軍家血筋の当主が半世紀続いた後、傍流の血筋に属する慶勝が、年寄衆を前にいかに手腕を発揮していくのか、次章以下で見ていこう。

2　慶勝の家督と家中運営

一三代慶臧が死去した後の嘉永二年（一八四九）六月四日、二六歳の慶勝はその遺領を相続し、尾張家一四代当主となるが、この相続は先例にないものだった。

すなわち、これまで分家の高須松平家（四谷家）の当主が尾張家の家督を継いだり（高須三代義淳→尾張八代宗勝）、尾張家の養子となった例（高須五代義柄《よしもと》→尾張九代宗睦養子治行）はあったものの、慶勝のように高須家の嫡男が尾張家を継ぐことはなかった。先例に従えば、高須一〇代義建（慶勝の父）が本家を継ぐのが順当であったといえる。

慶臧の跡目については、それぞれの立場で候補者があがっていた。幕府はこれまで通り、将軍家慶や田安・一橋両卿の子供を養子にしようとするが、男子はなく「御庶流」（高須家）より相続するしかないと将軍家慶の内慮が出されていた。[*26] これを受けた尾張年寄衆は「四ッ谷《（高須家）》より御相続ニ相成候而者、公儀江御縁遠ニも相成、何かと御威光も薄らき甚残念」としながらも、高須家から迎えた養子を「御正統」の斉荘の「御姫様」（利姫一四歳・釧姫七歳が想定された）と「御配偶」させ、筋目を正せば「御威光」も維持できるとして、当時一九歳の高須家「御三男鎮三郎」をその候補とした。鎮三郎は慶勝の弟松平義比《よしちか》、すなわちのちの尾張家一五代茂徳《もちなが》のことである。慶勝はすでに二本松城主の娘矩姫《かねひめ》と結納を交わしていたので、年寄から尾張家を相続する候補者とは見なされていなかったのである。

天保期とは異なり、隠居の斉朝にも幕府から意向が尋ねられた。斉朝は、当時尾張家相続の噂があった田安家当主の田安慶頼を「御例も不御宜」として拒否した。そのうえで一橋慶喜（一三歳）・水戸慶篤の舎弟（五郎麿以下五人が想定）・「中務大輔様」こと松平義恕《よしくみ》（慶勝・二六歳）の三人の名をあげた。とはいえ利姫・釧姫との縁組が国中の安堵につながるとして、未婚の一橋・水戸舎弟を望み、慶勝は「源戴様《（宗勝）》之御吉例」（高須家の義淳が尾張家八代宗勝となった先例）があるとされながらも、第三候補となっていた。ただ、幕府は将軍家の身辺が手薄になるため、御三卿御屋形が当主不在の明御屋形になることを望んでおらず、御三家同士の養子相続は先例がないとしていたので、慶喜や水戸家の舎弟が尾張家を相続する可能性は極めて低かったといえる。[*27]

いっぽう、天保の家督問題で慶勝（当時は松平秀之助）の養子縁組を求めていた大番組や御馬廻組の家臣たちは、「御本末御正当之御筋合」として「摂津守様」こそ適任だと、先例通り高須家当主の松平義建（五一歳）を推し、上書している。当時、紀州家は四歳の菊千代（慶福《よしとみ》）が家督を継いだばかりで、水戸家は当主慶篤が一八歳と「弱年」である。将軍家に危急ある場合を想定して、尾張家は「御長君御相続」が望ましいとしたのである。[*28]彼らは、天保期においては慶勝が尾張家に入ることを希望していたが、今回は将軍家・御三家の現状を見極めたのか、あるいは憚りがあったものか、表立って慶勝を推戴していない。

以上のように、慶勝は推挙されないか、されたとしてもやむを得ない場合と想定されていたことがわかる。しかし、この間の具体的交渉は不明であるものの、結局は両家年寄成瀬正住の幕府への周旋が功を奏して、慶勝の家督相続が実現するのである。[*29]

「徳川慶恕日記」嘉永二年閏四月二四日条には、成瀬が翌二五日にお目通りし、「吉左右」（吉報の意。ここでは慶勝の尾張家相続のこと）を伝えるという直書が義建に届けられたとある。翌日成瀬は四谷邸（高須上屋敷）に参上し、義建同座のもと御座之間で慶勝と「内密御用」を交わし、「宗家御跡式自分（慶勝）御相続」に関する将軍家慶の「御内意書付」を義建に差し出した。[*30]結果から見れば、天保の家督問題の際に大番組や御馬廻組から猛反発を受けた成瀬が、かつての大番組の者たちが推戴していた慶勝の家督実現に向けて尽力したことになる。成瀬の意図を実証するのは困難だが、成瀬が心底慶勝を推戴していたとは思われない。天保期の汚名を返上し、大番組からの支持を獲得する狙いもあったのかも知れない。大番組の面々にとっては、図らずも「多年之宿望」が叶ったことになり、彼らの中心であった伊藤三十郎（茜部相嘉《すけよし》）は、義建が新当主慶勝を「毎時御補佐」して家中運営を行えば、「利欲而已之人物」が多い江戸詰年寄を処断でき、「御政事被為尽善美、先以懲悪之御政事」となり、「御国中一同蘇生」の思いをなすと希望を抱くのであった。[*31]

こうして、不利な立場から尾張家を相続した慶勝は、それゆえに御三家筆頭の尾張家当主として、将軍家の羽翼となるべき意識を強く持って、家中運営（藩政）や幕政に臨んでいくことになった。まさに「大広間衆人之内（高須家の殿席は大広間席であった）ヨリ御撰挙ニ相成候事、諸大名モ碌々タル（平凡で役に立たない）三家之一人抔トユヒサ、レ候モ口惜ク……万々一御目鏡違ヒト天下之人口ニ相成候節ハ誠以死罪之至[*32]」という強い自意識である。この言は、家中人事の刷新を企図した慶勝が、老中阿部正弘へ示したものである。慶勝自身、現今の課題である「内憂外患」に際しては、「外患」以上に「内憂」を最優先に解決すべきだと一貫して主張していた。むしろ「内憂」がなければ、「外患」も恐るるに足らないとする発想の持ち主であった。[*33] だからこそ、最も身近な「内憂」である家中の両家年寄以下重臣たちの取扱を重要視するのである。

家中運営に当たって、慶勝が頼りにしたのは、周知のように叔父水戸斉昭（慶勝の生母規姫の弟）であった。斉昭は「御国許ゟ御身方（味方）ニ相成候有志を御引集被成候御肝要……要路の役々有志ニ相成不申内ハ迚も御仕事ハ出来申間敷」と論じ、特に両家年寄を懐柔する必要を慶勝に指導した。ただ、自分とくらべれば実家の「四ツ谷」（高須家）と「御内談」できるだけましだとも指摘している。[*34] 実際に慶勝は、実父義建に家中取扱について相談していった。しかし、こうした行為は「又四ツ谷から棒が出タ」などと評され、江戸詰年寄から批判・嫌疑も受けた。[*35]「成竹（成瀬・竹腰）初ハ、旧臣故中々小子（慶勝）申出し候而も畏り不申、色々利を非ニ曲ケ候而巧言仕候義故、私事不案内之義故乍残念切歯之次第[*36]」と慶勝が斉昭に述べるように、古参の両家年寄以下が、庶流かつ新米の当主慶勝を蔑ろにしている状況下で、親族の支援を得るのが難しいのであれば、政事向きの相談に与る側近の存在が不可欠となる。慶勝の場合、その役割を担った代表格として、田宮弥太郎（篤輝）と長谷川惣蔵（敬・拙斎）の二人があげられる。

田宮弥太郎は、町奉行を務めていた父半兵衛の遺跡を天保三年（一八三二）に継ぎ、翌年目付に登用、一二代斉温死後は大番組の面々と同様、慶勝を養子に据えようと運動した経験を持つ、嘉永二年当時は町奉行を務めていた四二歳のベテランであった。慶勝と田宮とが何時、いかなる経緯で直接接点を持つに至ったのか、残念ながら明確にできないが、嘉永四年に田宮は御書院番頭格御広敷御用人兼御小納戸頭取、同五年に御用人格、同六年に御側御用人並、安政二年に御側御用人となるなど、側近として慶勝を支えていった。後述のように家中の人事問題でも慶勝の相談相手となったり、慶勝が「過刻之両紙熟覧ニ及申候処、少々存慮之趣有之加筆致し申候、文言等之義ハ猶更相談之上ニ取極可申、先々一応内見之為ニ相廻し申候、明朝出殿対話ニ可及候[*37]」と、田宮宛の書状で述べていたように、田宮は慶勝の発する書付類の起草にも関わるなどして、両者間で「相談」「内見」「対話」などを重ね、密接な交渉を持っていくのである。また斉昭に宛てた慶勝の自筆書状の推敲も委任されるなど[*38]、慶勝の信任は篤かった。

長谷川惣蔵はもともとは高須松平家の家臣であった。天保五年に秀之助（慶勝）の侍講となり、四二歳の嘉永二年に尾張家に召し出されて、慶勝付御小納戸となった。その後、同五年に御小納戸肝煎、六年に御小納戸頭取格、七年に御小納戸頭取となるなど、奥にあって頭角を現し、慶勝を支えていくのである。「勤王家履歴[*39]」に所収される長谷川の事績によれば、長谷川は「田宮如雲ト内外相応シ与テ力アリ」と評されているように、田宮と両輪の如く活動していたことがわかる。実際に田宮に宛てた慶勝の書状でも、「其余ハ長敬（長谷川敬のこと）

江相尋可申候、……長敬とも相談有之候様致度存候」「委曲ハ拙斎より文通之筈ニ候」とあったり、水戸斉昭からの「秘密之書」をも「長敬江も明日順達可有之候[*40]」などと記載されていることが、それを裏付ける。

このように慶勝は側近を登用し、自身の周囲を固めていくのだが、それでも家中運営の要は年寄衆にあると見なしていたように思われる。そして、年寄衆の差配こそが、当主の責務であると自覚していたようである。慶勝の政治姿勢や理念に影響を与えたものとして、「存慮之趣」（旧蓬左一二六―九二）という冊子があり[*41]、そこには「人君ノ専務ハ、執政ノ職ニ人ヲ得ニ在ト存候、……若其人ニアラサレハ、其国家大害タルモ是又推テ可知」とある。ついで雅楽の演奏を譬えに、「執政」は互いの短所を補いながら協調して政治を行うべきだと論じられ、各人が突出し自分勝手に振る舞えば、仮に賢才がいたとしても十分に活用しきれないとあり、まさに当主の抜擢による有能な年寄が、調和を重視しながら家中を運営していくことが理想とされていたことがわかる。

だからこそ、慶勝にとっては年寄衆の懐柔・刷新は重要な問題であった。慶勝が特に目を付けていた人物は、先述した中西筑前守と佐枝将監の定詰（江戸詰）年寄である。家中の財政逼迫を解消するためにも、財政を掌握している中西・佐枝の定詰を解き、御役御免にすることが第一の課題であったといえる。

慶勝はそれぞれの人間関係を見極めながら、次章で見るように田宮らと緻密な戦略を練って対処していった。ただし、田宮と内々に交渉することは、年寄以下の重役から嫌疑を受けることも必至であり、慶勝自身、田宮に宛て「彼是邪推之輩も有之、長談等ハ以来相休、書面にて以来可致、其外用事等にて書面にて不行届次第ハ例之通夕方表ハ引取、夕方奥にて逢候而も宜敷[*42]」などと述べるように、互いに周りに配慮しながらの隠密行動となった。こうしたなかでも、竹腰正富は慶勝の動向に特に神経を尖らし、嘉永四年に初入国した慶勝が専断を振るい、人事の刷新を行わないようにと揺さぶりを掛けていくのである。

3 慶勝の政治手法

(1) 竹腰正富の上書

安政五年（一八五八）七月に、幕府によって隠居・謹慎に処せられた慶勝が、自らの当主時代を回顧してまとめた冊子に「世続一世紀」（旧蓬左二六―九六）というものがある。その冒頭の記事は、家督相続した嘉永二年ではなく、初入国した嘉永四年春から始まり、文中「初帰国、其時ノ政事旧弊一洗ノ主意専也」と明記していたことから、慶勝自身並々ならない決意を持って帰国したことがわかる。「旧弊一洗」とは、具体的には中西筑前守・佐枝将監の「帰国申付」「役儀差許シ」であり、彼らを処分することが家中刷新の前提となっていた。こうした決意に釘を刺したのが、両家年寄の竹腰正富（当時三四歳）であった。竹腰は慶勝の初入国に先立って慶勝に書を上呈して、慶勝の動向を牽制していったのである[*43]。ここではまず、嘉永四年二月に書かれた慶勝への上書をとり上げたい。

上書の冒頭では、高須家に生まれた慶勝が尾張家を相続し「尊キ御身」になったことを「御高運」と評し、身分が高くなれば昔のことを忘れるのが人情だとして、昔を忘れず「御慎第一」の心掛けが重要だと指摘した。そして、「御大国之御政事、何事も御自身ニ被遊候半と被思召候而者存外思召違」「是程之儀御相談ニも及間敷と被思召候事も、何卒年寄共御側懸等江者御相談被遊候様」などと、何事も独断で物事を解決せず、些細なことでも年寄・御側懸に相談するよう要求したのである。なかでも、初政に当たっては家中の進退を妄りに決することはせず、特に大身の者を軽く取り扱うことがないようにと念を押した。「御大国之御法則、容易ニ御改被遊候儀者難成」「老臣等変転多候得者御政事替り」という言い回しからも、竹腰は年寄衆による政治運営を基本方針としていたことが明瞭である。さらに、下々の意見を採用して「言路」を塞がないのは、人心掌握の基本ではあるが、下々の風説を好んで採用すれば「禍之端」ともなりうるので（天保一〇年の家督一件を想定しているのであろう）、「上下兼聴」を基本姿勢とするよう慶勝に求めていった。「兼聴」といいながらも、あくまでも下々の意見を偏重しないようにと警告したものといえる。

当主に対して、ここまで強い口調で行動を規制できる竹腰正富の立場は、一体どこに基因するのか。確かに成瀬・竹腰の両家年寄は「重立候御附属之家筋」であるため、ほかの年寄衆とは違い、特別の場合を除いて月番が免除されるなど、別格の取り扱いだった。[*44] ただし、竹腰正富の場合は、単に職務上の立場だけではなく、その血筋も当人の意識に大きな影響を与えていたに違いない。そもそも正富の曾祖父勝起《かつおき》は、尾張家八代宗勝の九男であったが、竹腰正武の養子となり臣籍に下った人物であった。すなわち正富は、宗勝の玄孫であるとともに、九代宗睦の死によって、尾張本家・分家で断絶した初代義直の血筋を幕末まで継承する生き残りであったのである。[*45] 紛れもなく尾張家の正統であった正富だからこそ、当主であっても傍流に属する慶勝に対し、強い態度で臨むことができたものと理解される。

この上書に対し、慶勝は竹腰の立場上の貴種性を意識してか、内心は別としても、後述のように表面上は尊重し、配慮を示している。この上書には後筆の外題があり、題簽には「諫争録」（旧蓬左二六―二三）と墨書されているが、これは慶勝の自筆である。上書の表紙にも自身の号である「盛齋」の印を押し、御手許文庫目録に収録されていることからみても、この書が慶勝の座右にあったことは疑いない。互いに対立・牽制しあった両者の関係を探るうえでも、興味深い事実といえる。

(2) 年寄衆の解任と登用

嘉永四年三月から翌年三月までの一年間、慶勝が在国している間に実施した人事問題に関しては、戦前の『名古屋市史』政治編第一（前掲註＊6）で説明されて以来、周知のことである。すなわち同書で、「(慶勝は）成瀬正住に諭示し、名古屋・江戸両地共同稽査整理の必要を論じ、遂に老職中西筑前守、佐枝将監を斥け、城代肥田孫左衛門を家老となし、曩に斥けられたる山澄造酒之允（造酒佑）、高木八郎左衛門の藩務に老練なるを以て、再び家老の議に参せしめたり」と、要約されている通りである。本稿では、ここに記された面々の解任・登用までの過程、とりわけ慶勝が人事問題にどのように関与したのか、やや立ち入って検討することで、慶勝の政治手法を明らかにしていきたい。

参考までに、慶勝の入国時点で年寄であった者を列記すると、以下の通りである（カッコ内は嘉永四年段階での在職年数）。生駒因幡守（一二）、中西筑前守（一二）、横井伊折介（九）、石河《いしこ》出羽守（八）、佐枝将監（七）、瀧川権十郎（三）の計六名[*46]。うち定詰（江戸詰）は中西・佐枝の二名、適宜出府するが基本的に在国していたのは、生駒・横井・石河・瀧川の四名であった。両家年寄の成瀬・竹腰はともに在府だが、成瀬は嘉永四年四月には帰国していた[*47]。

竹腰の上書を受けて入国した慶勝は、竹腰の同僚でしかも竹腰より年長の成瀬正住（当時四〇歳）の懐柔に着手した。以下の引用史料は、入国後に慶勝が田宮弥太郎に宛てた書状である[*48]。

竹(竹腰)も矢張（中西・佐枝と）同穴にて、今般帰国之節も万事隼(成瀬)江引合置候事と存候処、今般裏切之体ニ相成候間、竹并筑・将(中西・佐枝)之輩怫然と忿懐を起し候事と相見申候、更ニ恐へきニ非ス候得とも、隼参府後竹と面談之節も甚以迷惑之趣ニ相見得候こそ幸也、何れ来陽（嘉永五年）御参府ニハ隼之味方無之而者不参趣にて、出羽（石河光茂）ハ其時分ニハ江戸ニ罷在候事ニ付、今一人之処ハ千邨等ハ味方ニ相成候事ニ付、其処より申聞候ハヽ、猶更十善とも存候、……隼一人にてハ甚手薄と存候、是江千邨等を加江候ハヽ、必勝無疑、……竹兵を得候ハヽ、猶更なれども是以急ニハ参り兼候と存候

ここで慶勝は、竹腰と中西・佐枝が「同穴」だと見極めたうえで、彼らに対抗するためには成瀬正住を味方に引き入れ、「裏切之体」をもって年寄衆を切り崩す必要を論じる。さらに来春の参府時には、成瀬の味方として年寄の石河光茂とともに、千村平右衛門（仲泰、幕府と尾張家に両属して榑木成村を支配した。美濃久々利に居住し家財整理の才を示したという）を登用すれば「必勝無疑」とする。[*49] 竹腰を懐柔できたら好都合だが、急には無理なので、まずは慶勝自身の家督相続に尽力した成瀬の抱き込みにかかったのである。

そのうえで嘉永四年一一月に老中阿部正弘に書状を発し、帰国後に直面した家中の現状を訴える。[*50] 入国前、慶勝は阿部から、家中の人事に手を加えることなく「穏ニと之御内命」を受けていた。しかし、深刻な財政難の原因が中西・佐枝両人にあると見た慶勝は、自身の「独断」ではなく、成瀬以下の在国年寄と相談のうえ、人事を刷新することへの理解を阿部に求めていく。すでに成瀬に諮って、莫大の借財を解決するためには、江戸と尾張それぞれの年寄の意思疎通が不可欠だとして、勝手掛の中西筑前守と評議したいと、中西に帰国を命じたのである。解任ではなく、あくまでも帰国命令であり、穏便に対処するため、他に御側御用人の鈴木主殿も同時に帰国させ、反対に年寄の瀧川権十郎を出府させるなどして、相互交流を前面に出して対応していった。結局、中西は嘉永四年末に帰国し、[*51] その後もしばらく年寄に留任している。しかし、慶勝参府後の嘉永五年八月に罷免され、非職の年寄である年寄列となり、同時に定詰も解かれた。同六年四月頃には、幕府要路へ周旋して年寄への復職

を画策したようだが、同七年閏七月三日に病死した。このように慶勝は、幕閣の了解を取り付け、さらには年寄との同意を得た上で中西の処分に着手し、御役御免とする際も、自身が国許を発ち中西の側を離れた後に断行するなど、周囲への配慮を怠ることなく、段階を踏んだうえで解決していったことがうかがえる。

佐枝の場合はどうか。まず例によって阿部老中へ事前に根回しをしたうえで、成瀬の下書きをもとにして嘉永五年二月一二日、佐枝に達書を下した。[*52] 達書では、財政難解消のためには、定詰の減少が不可欠だと力説しつつも、「年来之仕来」を一挙に改めるのは「不穏」だとして、漸進的に成果をあげるために、佐枝に定詰諸役の模範となるよう慶勝の参府（嘉永五年三月）前に帰国するよう命じたのである。ここでも解任ではなく、あくまで帰国命令で、在国年寄衆の合意を得た上での達書であった。それでも、これを聞いた在府の年寄瀧川権十郎は、「佐印一条何分火勢強く、既ニ御発シニ相成」と、急な帰国命令に驚いている。しかし「御発シ相成候限リハ、何レニも思召被行候様ニ急度御合槌も取計候へ共、何分小槌故不行届」と、及ばずながらも慶勝の意向に随う旨、成瀬に表明した。

いっぽう、慶勝は竹腰にも直書を発し、佐枝の処置は「其方先達而深切ニ在国中之心得申聞呉書面、日々坐右ニ差置キ、右書面ヲ第一ノ相談相手と致シ決着致シ候」と、前述の竹腰の上書（「諫争録」）を参考にしながら断行したものだと配慮を示しつつも、「其方者同意之事ニ付、訳て前以てハ不申遣」と、半ば強引に同意を求めていった。

当然、竹腰は納得できず、慶勝及び在国年寄に宛てて達書を批判する内容の書状をそれぞれ発している。書状では佐枝が二八年間定詰だったことを根拠に、急に帰国しても国許屋敷の手当が間に合わない、佐枝の定詰が満期になるのが再来年の寅年（嘉永七年）である、前年に中西が帰国したばかりで年寄の頻繁な移動は世間体が悪い、などと反対理由を述べ、「余り火急」なので、せめて慶勝の参府後まで帰国を猶予してはどうかと提案した。

それに対して慶勝は、先の直書で語らなかった国許での佐枝の悪評を述べるとともに、「初て入国之折柄、可成丈ハ重役之進退不好、穏なる方ニ致シ度候付、宥恕之沙汰を以て最前之通程能申渡」たと「内存」を語り、竹腰が上書で示した「一人を罰シ千万人歓こときハ格別」という文言を根拠に、佐枝の件はまさにそれに相当するとして理解を求めていった。あわせて、佐枝に人望がなくても「実罪」さえなければ処罰しない、と配慮を示しながら、竹腰を説得していった。その結果、竹腰も折れざるを得ず、佐枝に定詰解と参府以前の帰国を命じたのである。ただし、「佐枝家記」（前掲＊52）によれば、佐枝は持病を発したために、慶勝の参府前には帰国できず、自ら御免を願い出て、嘉永五年閏二月二九日に年寄を解任、年寄列として横井伊折介の次座となった。家族を伴い江戸を出立したのが快復後の同年四月二三日で、名古屋に到着したは五月四日であった。佐枝については、竹腰の抵抗があったが、最終的に「諫争録」を逆手にとって、竹腰を妥協させることに成功している

城代肥田孫左衛門が年寄になったのは、嘉永五年五月一二日であったが、これは慶勝が「有志」と認めていた千村平右衛門の年寄への登用が実現不能と分かった段階で企図された代案人事であった。肥田は倹約家であることで評判であり、[＊53] 慶勝はそうした姿勢を評価して登用したものと考えられる。江戸にいる慶勝が国許の年寄生駒因幡守へ宛てた書状（嘉永五年五月七日付）では、[＊54]「此節瀧川計にて他行等にも差支、甚以手薄之次第ニ付、昨朝例朝之後一同呼出、今般之加判肥田ニとり極申候、右之段尾江申遣し早行可申付申出、両家初江申談、……此地《江戸》ハ最早治定之処、其地《尾張》にて差支等申出仕候様ニ抔と事を工候者も無之とも難申、是迄よくある事ニ付、右之段申参り候ハヽ、即刻肥田孫左衛門加判之義申付候事、最早相談にてハ無之、落着之次第ニ付、此段内々申入候」とあるように、すでに江戸で合意を得た旨を伝え、尾張で決定が覆されることがないよう、早急に実現を求

めたのであった。この書状を見ても、江戸・尾張で意志統一を図ることがいかに難しかったかがわかる。
このように慶勝は、自身の企図する人事異動や家中運営にあたっては必ずしも独断ではなく、年寄とりわけ両家年寄の成瀬正住と連携・協力して、実行に移していたことがわかる。だが、次に見る山澄造酒佑と高木八郎左衛門の登用に関しては、成瀬との間に行き違いが生じ、成瀬は「誠ニ大御不出来ト只々悲歎」し、最終的には慶勝が成瀬に謝罪する事態になった。

山澄や高木は、文政から天保期にかけて年寄を勤めた「万端巧者」の隠居であった。慶勝自身「何事モ自分ヨリ目上ノ者ト相談有之候ハヽ、不慮ノ良考モ出、幷国政モ面白キ正路ニモ相成候[*55]」という発想に賛同していたため、在国中の慶勝は、彼ら二名に折々登城し、年寄列に着席するよう嘉永六年七月に仰せ渡したのである。これまでと同様、事前に成瀬以下の在府年寄に下問しておけば問題なかったが、当時在国中の竹腰が参府してこの件を成瀬らに伝言するとしたため、慶勝は竹腰を立てて彼に一任し、自分からは何も伝えていなかった。それが裏目に出たのである。竹腰は、成瀬以下にこの件を知らせず、在府年寄は何も知らされないまま、山澄らの登用に関する達を突然受け取ったのであった。寝耳に水の成瀬は憤慨し、「是迄御例も不奉伺、右様之思召被為在候ハヽ、両地篤と申合候様被仰出……一応ノ御内意も不被為在右様ノ被仰出ニテハ、何分私相勤兼申候」と、強い口調で事前相談を要求したのである。これに対し慶勝は、言い訳もせず、竹腰を咎めることもなく、「察当（法に背き咎められること）ノ趣、成程尤ノ次第」として、成瀬に謝罪していった。

年寄を不快にさせれば、叔父水戸斉昭のように隠居・謹慎に処せられることは必至であると認識し、それゆえ慶勝はこうした憂き目に遭わないよう、両家年寄以下への配慮を怠ることはなかったのである。

(3) ペリー来航後の対外建白書

慶勝が年寄衆、とりわけ自身の家督相続に大きな役割を果した成瀬正住へ配慮を示していたことは、ペリー来航後に幕府の諮問に応じて、嘉永六年七月に提出した建白書からもうかがうことができる。

この対外建白書については、慶勝の海外情報の収集活動と関連づけて検討した岩下哲典氏の研究がある。[*56] 氏は、建白書において、慶勝がアメリカ合衆国の開国要求を「程能御断」するしかないとした意見を、海外情報を鋭意入手していたからこその対外認識であり、現実的かつ理論的な避戦論であったとし、幕閣の内情に通じていたがゆえに、幕府の対外方針に従ったと位置づけた。果たしてそう評価できるのかどうか。

そもそも慶勝は、水戸斉昭に対して「何れ日本之武威を一世界ニ示し候御時節と奉存候、打払之方可然」と強硬論を展開しているし、幕府が合衆国大統領の親書を受け取ったことを「日本之国法を破、破格之事を以御請と申事ハ、誠以御柔弱之御事、乍恐拙ハ感佩不仕候」と述べ、諸大名に対する「征夷府」の「御恥辱」を嘆き、「老中ハ盲目連」と批判していた対外強硬論者である。[*57] それに対して七月の建白書は、慶勝の持論と正反対の内容であったといえる。なぜか。

そこで、この建白書の作成と関連すると思われる史料を以下に紹介しよう。[*58] 宛先は不詳ながら（恐らく年寄の誰か）差出人は慶勝である。

此節ニ至リ孫左衛門《肥田》より亜墨利加書翰御渡ニ付而与、公辺江之答書之下書申下候ニ付、何故之儀候やと相尋候得者、隼人正《成瀬》江写取為相見候趣申聞候付扨々案外いたし候、全体右之儀ハ公辺江差出候本書と一時ニ下書をも相添、其表江差下シ、隼人正初ニ熟覧いたさせ差出させ候積ニ而、其段右徒使此表差立候節兵部少輔《竹腰》はしめへ申談呉筈ニ成居候処、今更右躰之儀ハ如何之訳ニやと相尋候得ハ、兵部ハ此方之申談之意味を取違承知いたし候……右者家臣共江も談合之上申達候筈之事ニ候処、第一ニ隼人正江其儀不行届段甚不本意至極、且気之毒に仕候得共、今更致方無之候、右不手順之段同席よりも文通有之候事ニハ可有之候得共、自筆を以一応申理り候、併是等之儀兵部等江隼人正より披露いたし候而者、余り廉立不可然候間、此書通之儀ハ内密ニいたし置候方可然候

ここで注目できるのは、慶勝が幕府宛答書の案文をこの段階で写して成瀬に見せることを、「扨々案外」だと述べている点である。本来ならば、幕府宛の正本と副本（下書）とを江戸に送り、成瀬以下の「熟覧」を経た後に、建白書を提出することが基本であったからである。つまり、対外建白書は、岩下氏が指摘したように、慶勝が海外情報を得ていたからこそ提起し得たものとはいえず、これまでの経緯から、田宮弥太郎ら側近との内談を経るなど、自身もある程度納得し得る内容に仕立てていたとはいえ、あくまでも成瀬・竹腰以下年寄衆の目に触れることを前提とし、合意が得やすい無難かつ一般的な内容にまとめた建白書であったと評価し得るのである。ただし、引用史料によれば、成瀬の「熟覧」が事前に得られなかったようで、こうした手続きを経ていなかったことを、慶勝は自筆をもって成瀬へ説明しようとしている。いっぽう不手順の次第を成瀬から竹腰に披露しては廉が立つので、内密にするようにとも指示している。慶勝は、両家年寄それぞれの立場に配慮しつつ、家中に混乱が生じないよう、当主として内部調整的な役割を果たしていたとも位置づけられよう。

むすびにかえて――その後の慶勝と尾張家――

以上、慶勝は、特に嘉永期の家督相続当初においては、家中運営に当たって、自身の裁量で政治指導を発揮し

ていたとはいえず、両家年寄以下重役の意向に配慮し、調和をとりながら行動していたことが判明した。尾張家の場合、天保期に家督問題と連動して、両家年寄に上書する行為が活発化したことがあった（これを言路洞開と位置づけていたのではないか）。とはいえ、依然として年寄の影響力は絶大で、慶勝も年寄を排除して専権を振るうことは不可能であった。両家年寄や年寄（彼らの先祖の多くはもともと幕臣である）は、将軍家の血筋でもなく、尾張家の本流でもない慶勝に必ずしも忠誠心を示していたとはいえず、竹腰正富のように慶勝の行動を規制する場合も見られた。それは慶勝を擁立した成瀬正住であっても変わらなかったといえる。それゆえ、年寄に対しては、慶勝が直接命を下すことはせず、幕府から命が発せられるよう慶勝は老中に依頼するなど、気を遣っていたのである。

もっとも、慶勝自身も年寄による家中運営を完全否定していたわけではない。むしろ有能な年寄の協調・連携体制は望むところであった。当主の役割は年寄の差配にあると自覚しており、だからこその年寄の懐柔や刷新であったといえる。したがって、尾張家で当主が臨席する御前会議などの「議論政治」[*59]を通じて、意思決定がなされたかどうかは疑問である。今のところ、新たな政治体制を創出したというよりも、年寄を中心とした既存の政治構造・秩序が尊重され、慶勝もこれらを活用して、自らの意思を体現しようと模索していったと指摘するにとどめたい。それだけ尾張家では、先例・伝統が重視されていたと見るべきである。

慶勝の周囲には、他家の当主と同様、側近（御小納戸頭取など）がおり、私的な世話だけではなく、政治補導的役割を果たす家臣もいた。しかし、慶勝に期待を寄せる多くの大番組・御馬廻組の家臣が、慶勝に直接政治意見を上陳する体制は、十分整備されていたとは考えにくい。例えば、大番組の伊藤三十郎（茜部相嘉）は、嘉永三年二月に、尾張国周辺の海防体制に関する「防禦一巻」（旧蓬左一二六―五二）を上呈している。慶勝は、その建議を翌年六月に筆写しているので、慶勝が目にしたことは間違いない。しかし、その上呈先は成瀬正住であった。あるいは、幕末期の尾張家では、成瀬を介して慶勝に上書する政治システムが構築されていた可能性はある。[*60] ただし、その実態については不明な部分も多く、今後の検討課題としたい。なお、慶応三年（一八六七）の大政奉還後に上京した慶勝が、御供の家中へ、時勢の見込みがある者は、「実意有之儘書取封物」にして目付か御小納戸頭取をもって提出するよう直命を発したが、その意図は「彼是議論弁難、党派を分ケ一和を損し候様相成候而ハ不可然」ためであった。[*61] 年寄制が麻痺し、派閥抗争が収束しない中で、最終的に自身のもとに議論を収斂させようとしたのかもしれないが、その実態も明かではない。いずれにしても、すでに慶応三年も押し迫った段階での行為である。

本稿で述べたように、尾張家における慶勝は、内面は別としても表向は、できるだけ自身が前面に出ることはなく、むしろ年寄衆に配慮し、調和を欠かないようにと用意周到に行動していた。しかし、慶勝は本来そうした性分ではない。むしろ直情径行で血気盛んな性格だったと見なし得る。以下においては、家中では発揮できにくかった慶勝の性格を視野に入れて、その後の慶勝および尾張家の動向について、若干展望してみたい。

慶勝の性格については、伊達宗城が蜂須賀斉裕に宛てた安政二年（一八五五）一〇月の書状が参考になる。宗城は「尾州家《慶勝》如何之御人物ニ候ヤ……近来増御有志之様存上候、御実父《松平義建》トハ霄壌（天地の差）ト奉存候、且何カ閣老へ御存意被述候由、併被述方卒爾抔ト伝承之由……御忠切之御議論御尤千万之筋ノ様伝聞仕、只少々客気ニ一時被過候故、耳立候歟ト承候」[*62] とあるように、父の義建とは違い「有志」と認められていたが、老中へ意見を述べた際は、議論の内容はともかく、話し方が軽率で耳障りであったという。実際、日米和親条約を締結した幕閣を非難した時も、慶勝の議論は余りに激烈すぎ、縁者で若年寄の遠藤胤統からたしなめられる程だった。[*63]

慶勝は庶流からの養子であっただけに、御三家筆頭の尾張家当主として、将軍家を補翼しようとする意識は強烈で、それゆえの幕閣批判であった。しかし、老中阿部正弘にいわせれば、慶勝は「御生へぬきの御方様とハ兎角相違」（尾張家の正統な血筋ではなく庶流）とサラブレッドではなかったため、幕府から軽んじられていた様子もうかがえる。したがって、慶勝が尾張家および将軍家の仕来りなどを十分に把握するまでは、「御扣へ目」であるよう要請され、自制を促されていた。家中人事の刷新でも穏便であるよう求められていたのは、本文でも見た通りである。家門筆頭でありながら、伊達・島津ら国持衆と交際していることも、自覚が足りないと見なされ、幕閣の嫌疑の対象となっていた。

その伊達らは、慶勝と同様、幕府批判を強め幕政改革を志向しており、「尾水両公渥権」の周旋を企図していたのだが、血気盛んな慶勝に却って辟易し、父義建を通じて慶勝をたしなめようと試みている。慶勝自身も「拙子不当之事とも亀縮ニ不堪……漸目醒申候、是よりは乍不及飽迄弊邑之困厄を拯ふ一事駑力を可尽と心付申候」と、幕政から一線を画し、家中運営に専念したいと伊達宗城に述べるなど、自らの行動を反省していった。島津斉彬も、「御家門格別」の慶勝が、幕府の対外方針を批判し、依然として強硬論を主張している現状を憂い、このままでは「徳川家衰微之基ひ、天下之御為可恐事ニ存候、異国之かたより内乱之方、此方之考ニては六ヶしき様ニ被存申候[*64]」と危惧している。皮肉なことに、「征夷府」としての幕府を思う慶勝の自意識は、当人の性格もあずかって、「内乱」を惹起させかねないと、外様の国持衆からも憂慮される程だったのである。

いっぽう慶勝は、松平慶永に、「自国にてさへ、旧弊なと、中義ハ存外心に任せさる事とも不少、守成之政道何分蒙昧にハ甚之重擔に御坐候」と述べていたように、家中の「旧弊」に翻弄され、「守成」には向かないと自覚していたようである。あるいは慶勝自身は、〝創業者〟たることを志向していたのかもしれないが、猪突猛進型の性格は、上記のように周囲を混乱させかねないものだった（この点は弟の茂徳も共通している）。御三家当主の行動であるだけに、周囲への影響力はとりわけ大きかった。結果的に慶勝は、条約調印や将軍継嗣問題に絡んで水戸斉昭らと不時登城し、安政五年七月に幕府から隠居・謹慎に処せられたことはよく知られている。

家中では自身の行動を規制され、さらに、御三家当主でありながら幕政に意見が反映されないだけではなく、かえって混乱を巻き起こし、幕閣から万事控え目であるよう要求され続ければ、慶勝が政治世界から乖離せざるを得なくなるのは、当然ともいえる。不時登城一件後に、写真術の実験を開始し、のめり込んでいったのも無理からぬことではなかったか。

慶勝に持論がなかったわけではない。むしろ、将軍のあり方や幕府の大名統制策の根幹を揺るがしかねない革新的な議論も展開していた。

ただし、慶勝が徳川一族である自意識を一貫して持ち続けたことも、看過すべきではない。例えば慶勝は、文久以降、外様諸侯が滞京し、国事周旋している状況を批判し、禁裏守衛は徳川家門が独占すべきだと考えていた。尾張（当時の当主は茂徳）と紀州が交代で「京地親兵惣宰職」を務め、松平容保は京都守護職を罷免のうえ、「御親兵」に任命すべしと「愚案」を示している。[*65] したがって、諸藩から募集された親兵には、断固反対の立場であった。[*66] ただし、こうした慶勝の意見は、文久政局に反映されず、幕府勢力を代表する一橋慶喜や松平慶永らと対立することもしばしばで、敬して遠ざけられる疎外感も味わっている。[*67]

元治元年（一八六四）二月から三月にかけ、朝議参予に就任するよう朝廷から何度も打診されても、慶勝は「近来気力衰耗、堪忍之性薄、平常不覚失言之儀モ出来易ク後悔ヲ招候儀モ間々有之」[*68] と述べ、固辞し続けたが、これまでの自身の経験を踏まえれば、当然の選択だったに違いない。まさに、自身が前に出れば、周囲と対立しかねず、結果最も危惧する「内憂」を招来しかねないというジレンマである。第一次長州戦争で幕府から征長総督就任を依頼された際、全権委任を要求したのも、意見対立を回避したい意図もあったのではないか。

ところで、実弟の一五代当主徳川茂徳（玄同）との関係も付言しておこう。高須松平家の当主であった茂徳が当主となったのは、安政五年に慶勝が隠居・謹慎に処せられたためであった。慶勝の振る舞いを嫌った幕閣は、茂徳に対し、御三家の「御振合御仕来」を良く理解し、「御一己之御了簡不被押立、御附家老初古老之者江篤与御相談[*69]」するよう要求していった。実際に茂徳が当主の時の尾張家中は、幕閣と連携した竹腰正富が主導している。しかし、文久改革により慶勝が復権すると、改革派の幕閣により竹腰は罷免。慶勝と茂徳とが一体となって連携・協調していく二頭体制となった。茂徳が退隠すると、慶勝の三男元千代（義宜《よしのり》、六歳）が後継ぎとなり、慶勝が息子を後見する父子一体体制となった。問題は、慶応元年の第二次長州戦争の際に、茂徳が中央政局に進出し、あたかも尾張家の意思を代表するかのように、政局に影響力を行使したことであった。しかも、茂徳は将軍家茂から厚く信頼され、さらに幕権拡張を目指す幕閣や大奥、水戸諸生派などから推戴されていただけに、慶勝にとって厄介な存在となった。茂徳が尾張家にいては、家中への影響も必至で、罷免した竹腰の復権も噂されるなど混乱に陥っている。慶勝が茂徳の御三卿相続に積極的になっていったのは、家中の混乱とともに、意思の分裂を回避しようとしていたからに他なるまい。[*70]

内憂を避け、調和や協調を重視しようとすれば、痛みを伴う当主の政治的決断や指導力は発揮しにくくなる。慶応三年五月段階で、慶勝は薩摩の西郷隆盛から「是迄之如、中間ニ御立被成、或者左、或者右と確定之御見識もなく[*71]」上京されてはかえって迷惑、上京しないほうがましだと厳しい評価を下されていた。

こうした慶勝のもとで（当主は元千代）、尾張家はこの年末に王政復古政変に参画し、翌年正月に「佐幕」派肅正事件（いわゆる青松葉事件で、茂徳を支持する家臣が斬罪・処罰された事件）を断行、さらに近隣諸国に勤王誘引を展開するという劇的な選択を下し、新政権の成立に一定の役割を果たしていったのである。

この一連の事件に慶勝はどのように関わったのか。留意すべきは、慶勝はいくら幕府と意見が相違し、嫌疑を受けたとしても、御三家の立場として、幕府と敵対関係になることを望んでいなかったことである。すなわち、一部の家臣（皮肉なことに、家督相続以来の側近であった田宮弥太郎ら）が、薩摩藩倒幕派と気脈を通じていることを、慶勝は「外藩之輩同様之気味有之、幕府江此節者尚更軽蔑之體ニも見請申候」「幕府江対し恐入之儀出来不申共難申」と批判かつ慨歎し、「三親藩之義ハ万事公辺御一體」であるべきだと、実弟で京都所司代の松平定敬に宛てて自身の立場を表明しているのである。[*72] だからこそ、大政奉還後の慶勝は、「久敷親藩之立場柄ニ乍在、輔翼之事不行届」[*73] と反省して、官位降下願いを朝廷に提出したのである。徳川慶喜とは中央政局において対立することもしばしばだったが、幕府とは一蓮托生という意識である。

こうした慶勝が、いくら王政復古政変が、武力倒幕を目指したものではなかったとはいえ、[*74] 「外藩」とともに参画できたのかどうか。さらには、翌年正月の家臣肅正事件や近隣諸国への勤王誘引は、どのようにして家中で意思決定がなされたのか。その内実は、改めて問わねばならないと考えている。

註

＊1　『青山学院大学文学部紀要』第三三号、一九九一年。のちに同『幕末日本の情報活動』（雄山閣、二〇〇〇年、改訂増補版二〇〇八年）所収。

＊2　尾張家における「国学派」は、概ね一四代慶勝を支持する尊攘派の家臣たちを指し、対する「洋学派」とは一五代茂徳を推

戴する家臣たちである。双方の派閥抗争に関しては、岸野俊彦『幕藩制社会における国学』（校倉書房、一九九八年）を参照のこと。

＊3　「文公御書状写」一（旧蓬左二六―一一〇、徳川林政史研究所所蔵）。

＊4　尾張家の年寄制については、林董一『尾張藩公法史の研究』（日本学術振興会、一九六二年）、同「尾張藩「年寄」考」（徳川林政史研究所『研究紀要』昭和五四・五五・五六年度、一九八〇～一九八二年）を参照のこと。なお、本稿で「年寄」と表記する場合は「年寄加判」のことを指す。

＊5　名古屋芸術大学『研究紀要』第三五巻、二〇一四年。

＊6　『名古屋市史』政治編第一（名古屋市役所、一九一五年）一九一～二〇一頁、『新修名古屋市史』第四巻（名古屋市、一九九九年）二八二～二九五頁を参照のこと。

＊7　奥村得義「松濤棹筆」巻二二（旧蓬左三一―八一）。

＊8　以下、本章の史料引用で註記がない場合は、「文公御実紀附録」一（旧蓬左二五―三〇）所収の史料に基づいている。文公は慶勝の諡。

＊9　天保一〇年六月二四日付 植松茂岳宛吉田平内書状（「植松文書」、名古屋市史資料、名古屋市鶴舞図書館所蔵）。

＊10　小山譽城『徳川御三家付家老の研究』（清文堂出版、二〇〇六年）を参照のこと。

＊11　天保一〇年六月二四日付 植松茂岳宛山田鉄五郎書状（前掲「植松文書」）。

＊12　天保一〇年四月一二日付 植松茂岳宛小林八右衛門書状（植松茂『植松茂岳』第二部、愛知県郷土資料刊行会、一九八五年所収、五一一～五一三頁）。

＊13　天保一〇年七月四日付 植松茂岳宛平野周仙書状（前掲「植松文書」）。

＊14　前掲「松濤棹筆」巻一二。

＊15　註＊9と同様。「天保雑記」第二七冊（『内閣文庫所蔵史料叢刊 第33巻 天保雑記（二）』汲古書院、一九八三年、二九一頁）。

＊16　天保一〇年七月三日付 植松茂岳宛山田鉄五郎書状（前掲「植松文書」）。

＊17　同前。

＊18　秀之助の父（松平義建《よしたつ》）方の祖父は、水戸家六代治保《はるもり》の次男保右《もりすけ》（松平義和《よしより》）で、母規姫《のりひめ》は治保の長男治紀《はるとし》（水戸七代）の五女であり、父母ともに水戸の血筋であった。

＊19　前掲「天保雑記」第二七冊、二九六頁。

＊20　天保一〇年七月四日付　植松茂岳宛丹羽啓二書状（前掲「植松文書」）。

＊21　前同。

＊22　「御日記頭書」天保一一年一二月二六日条（旧蓬左一三八―二）。

＊23　前掲『名古屋市史』政治編第一、一八一頁。前掲「文公御実紀附録」二。

＊24　天保一〇年七月二四日付　植松茂岳宛上田帯刀書状（前掲「植松文書」）。

＊25　「諸事内書」（「徳川慶恕手翰并来状留」一、旧蓬左一二六―九八）。

＊26　「名古屋大学文学部蔵尾張藩重臣文書」（『愛知県史』資料編・領主1、二〇一四年、一一八〜一二二頁所収）。以下、特に註記がない場合はこの史料による。

＊27　御三卿当主の尾張家相続に関しては、先述したように田安慶頼の名前があがっていたが、これは両家年寄の竹腰正富による画策であったとされる（前掲「文公御実紀附録」二、前掲『名古屋市史』政治編第一、前掲『新修名古屋市史』第四巻）。

＊28　嘉永二年閏四月「有志輩上書」（前掲「文公御実紀附録」二）。

＊29　「欽公御逝去ニ付御相続之事」（前掲「文公御実紀附録」二）。

＊30　「徳川慶恕日記」嘉永二年（旧蓬左一二六―一）。

＊31　嘉永二年六月「甲印之内小笠原三九郎方取扱之挄」（前掲「文公御実紀附録」二）。

＊32　前掲「諸事内書」。

＊33　例えば、嘉永五年八月九日付　徳川斉昭宛徳川慶勝書状（「聿脩叢書」上、旧蓬左二五―三三）、同六年一〇月二五日付　同前書状（同下）など。

＊34　嘉永二年七月七日付　徳川慶勝宛徳川斉昭書状（前掲「聿脩叢書」上）。

＊35　嘉永二年七月八日付　徳川斉昭宛徳川慶勝書状（前掲「聿脩叢書」下）。嘉永三年五月二一日付　大道寺玄蕃宛松平義建書状（名

古屋市大道寺家文書、前掲『愛知県史』資料編・領主1、八一七頁)。
＊36 前掲註＊35嘉永二年七月八日付 徳川斉昭宛徳川慶勝書状。
＊37 「文公御書状写」一(旧蓬左二六―一一〇)。
＊38 前掲「文公御書状写」三。
＊39 「勤王家履歴」(名古屋市蓬左文庫所蔵)。
＊40 以上は、前掲「文公御書状写」三に所収。
＊41 『新修名古屋市史』資料編 近世3(名古屋市、二〇一一年)の「解説」(黒田安雄氏)によれば、本書は尾張家の現状と問題点・解決策などを多岐にわたってまとめたもので、慶勝の幼少以来の侍講であった長谷川敬が進講に添えたものと推測されている。ただし、本書は慶勝の署名・捺印がある慶勝自筆本で、慶勝が進講本を筆写したものと考えられる。「壬子夏」(嘉永五年)の記載があるが、これは進講本の成立年代か、慶勝が筆写した時期か、判然としない。いずれにしろ、本書は慶勝の「御側御書物目録」(旧蓬左一二六―七四)にも記載された座右の書であった。「御側御書物目録」については、岩下哲典「改革指導者の思想的背景―徳川慶勝の書斎、直筆『目録』の分析」(『季刊日本思想史』四三号、一九九四年)を参照のこと。
＊42 前掲「文公御書状写」一。
＊43 竹腰の上書に関しては、前掲『新修名古屋市史』第四巻で初めて紹介され、前掲註＊5岸野論文でも全文を引用して検討されている。あわせて参照されたい。
＊44 前掲「御日記頭書」明和七年一一月五日条、寛政元年一一月一六日条。
＊45 林董一「義直の血統」一・二(『名古屋叢書三編だより』一四・一五、名古屋市蓬左文庫、一九八七年)。
＊46 「御年寄勤務年表」(林二三一九)。なお、この史料では鈴木主殿を加えて計七名としているが、「藩士名寄」によると、鈴木は嘉永四年当時は御側御用人で、翌五年七月に年寄となっているので、この記述に従い除外した。
＊47 前掲「徳川慶恕日記」嘉永四年。
＊48 前掲「文公御書状写」二。
＊49 千村平右衛門(仲泰)については、名古屋市役所編『名古屋市史』人物編第二(川瀬書房、一九六八年複刻)所収の「木曽

峒陽」の項を参照のこと。千村仲泰の年寄登用に関して、慶勝は先例を持ち出して老中阿部正弘を説得するものの、竹腰正富の画策もあり実現しなかった（「文公自書類纂」二、旧蓬左二五―三二）。

*50 前掲「文公自書類纂」一。以下、3⑵において特に註記がない場合は、同史料の一～三に所収された文書からの引用である。

*51 「尾州御小納戸日記」四、嘉永四年一二月（尾二―八四）。

*52 「佐枝家記」（林四四一七）。

*53 細野忠陳「葎之滴見聞雑剳」二（林一九一一）。

*54 「名古屋市生駒家資料」（前掲『愛知県史』資料編・領主1、八二四頁）。

*55 前掲註*41「存慮之趣」。

*56 岩下哲典「尾張藩主徳川慶勝自筆写本『阿蘭陀機密風説書』の研究」（『金鯱叢書』第一四輯、徳川黎明会、一九八七年）、のち前掲『幕末日本の情報活動』に所収。

*57 嘉永六年六月一一日・六月二七日付 徳川斉昭宛徳川慶勝書状（前掲「聿脩叢書」下）。慶勝の強硬意見については、麓慎一『開国と条約締結』（吉川弘文館、二〇一四年）でも言及されている。

*58 前掲「徳川慶恕手翰并来状留」三所収文書。

*59 朴薫「一九世紀前半日本における「議論政治」の形成とその意味」（明治維新史学会編『講座 明治維新1 世界史のなかの明治維新』有志舎、二〇一〇年）。

*60 時期は下るが、文久三年（一八六三）正月に上京した慶勝が、攘夷の策略を「家中有志之者」で議論し、「挙議一決之上申出」よう命じた先も成瀬正肥《まさみつ》（正住の養子）であった（「西上記」一、旧蓬左一二六―五一）。成瀬正肥は、慶勝よりも一回り年少で、両家年寄とはいっても養父の正住とは異なり、慶勝の手下のごとく振る舞い、その名代を務めて上京するなどしていた。

*61 日本史籍協会編『丁卯雑拾録』第一（東京大学出版会、一九七二年覆刻）三一三頁。

*62 河内八郎編『徳川斉昭・伊達宗城往復書翰集』（校倉書房、一九九三年）三三一頁。

*63 日本史籍協会編『昨夢紀事』一（東京大学出版会、一九六八年覆刻）二〇五～二〇八頁。以下の記述で註記がない場合は、同書二〇〇～二三一頁からの引用である。前掲註*57麓著書も参照のこと。

＊64　安政五年四月二八日付　早川兼彜宛島津斉彬書状（『鹿児島県史料　斉彬公史料』第三巻、鹿児島県、一九八二年）一〇二五～一〇二六頁。

＊65　前掲「文公御書状」一。「愚案」によれば、大坂は一橋、江戸は水戸・田安が守衛し、自身は伊勢神宮・尾張国の守衛を担当するとしている。

＊66　拙稿「文久二・三年の尾張藩と中央政局」（家近良樹編『もうひとつの明治維新』有志舎、二〇〇六年）を参照のこと。

＊67　拙稿「徳川慶勝の上京と京都体験」（徳川林政史研究所『研究紀要』第四九号、『金鯱叢書』第四二輯所収、二〇一五年）を参照のこと。

＊68　『孝明天皇紀』第五（平安神宮、一九六九年）一〇四頁。

＊69　前掲「葎之滴見聞雑剳」六。

＊70　茂徳の立場や動向に関しては、拙稿「慶応元年前後における徳川玄同の政治的位置」（『日本歴史』第六五八号、二〇〇三年）、同「幕末の徳川将軍家と尾張家十五代徳川茂徳」（徳川林政史研究所『研究紀要』第四八号、二〇一四年）を参照のこと。

＊71　「慶応丁卯筆記」慶応三年五月（「大日本維新史料稿本」慶応三年六月二七日条、東京大学史料編纂所維新史料綱要データベース）。

＊72　「朝彦親王行実編輯料」所収史料（前掲「大日本維新史料稿本」慶応三年七月七日条）。この点については、拙稿「慶応三年における尾張徳川家の政治動向」（徳川林政史研究所『研究紀要』第五〇号、『金鯱叢書』第四三輯所収、二〇一六年）も参照のこと。

＊73　『復古記』第一冊（東京帝国大学蔵版、内外書籍株式会社、一九三〇年）五四～五五頁。

＊74　この点は、原口清「王政復古小考」（『明治維新史学会会報』第三七号、二〇〇〇年、のち同『原口清著作集2　王政復古への道』岩田書院、二〇〇七年所収）、高橋秀直「王政復古への政治過程」（『史林』第八四巻第二号、二〇〇一年、のち同『幕末維新の政治と天皇』吉川弘文館、二〇〇七年所収）、家近良樹『幕末維新の個性Ｉ　徳川慶喜』（吉川弘文館、二〇〇四年）などを参照のこと。

五　仙台藩の意思決定過程と伊達慶邦

栗原伸一郎

はじめに

伊達慶邦《よしくに》は幕末期から戊辰戦争期にかけての仙台藩主である。天保一二年（一八四一）に一三代藩主となった慶邦は、京都政局で活躍することはなかったが、慶応四年（一八六八）に奥羽列藩同盟を結成する際に中心的役割を果たした。そのため、慶邦は官位を剥奪され、明治七年（一八七四）に死亡した。

近年、幕末維新政治史の研究においては、「西南雄藩」以外の勢力の研究が活発化している。だが、仙台藩については、基礎的な事実が不明である部分が多く、それは藩主の慶邦についても同様である。これまで慶邦研究を含めて仙台藩研究が進まなかった背景としては、まず一次史料が乏しいと考えられてきたことがあげられる。戊辰戦争で敗北した後、藩政の中枢にいた人物の多くが処分されたことが要因となっている。もちろん研究視角

伊達慶邦（仙台市博物館所蔵）

の影響もある。国家形成への直接的な関与の有無によって研究対象を選択するのであれば、京都政局での動きが少ない仙台藩は注目されにくい。井上勲氏は、「雄藩」や「有志大名」の概念を定義し、朝廷・幕府の期待に応えられずに、「雄藩」にはなれなかった大藩の事例として仙台藩をあげている。[*1]

しかし、仙台藩伊達家は「西南雄藩」と同じく、外様国持大名である。仙台藩は自身を「東方雄藩」であるとともに「鎮守府将軍」であると認識していた。[*2]仙台藩には、奥羽地域の安定を図り、奥羽諸藩を指揮しようとする志向性があり、近隣諸藩や藩領外の民衆からもそのような期待を受けていた。戊辰戦争時に象徴されるように、仙台藩の政治選択は、地域的だけでなく、全国的な規模においても他の政治勢力に大きな影響を与えた。その意味で、仙台藩がとった行動を分析することは、政治過程はもちろん、大藩の政治判断について考える上でも、決して無意味なことではないだろう。

こうした点を考慮すれば、仙台藩の政治選択を検討する上で、幕末期における他の大藩の意思決定に関する研究は示唆に富む。そこでは、上書を通した言路洞開や人材登用、あるいは御前会議の開催などを通して、意思決定に関わる家臣の役職や家格が下に拡大し、家老とその下の行政諸役人の合議によって意思を決定するという従来の方法[*3]が変容していく過程が論じられている。[*4]もちろん、各藩は同一の形態をとるのではなく、従来の機構を改編して御前会議による意思決定を整備した藩[*5]や、周旋方・探索方や「近習衆」が藩主のもとで国事周旋に関わった藩[*6]もあれば、下からの「言路」を保障しつつ既存組織の権限を拡充して藩上層部が藩政に加えて国事に関わった藩[*7]もある。

一方、仙台藩に関しては、「西南雄藩」に比べて人材登用などが行われず、保守的な門閥が藩政を掌握したと理解される傾向にあった。[*8] しかし、こうした評価については、近年の藩政研究の立場から疑義が呈されている。[*9] また、慶邦も決断力の無さが強調されることもあるが、[*10] 慶邦を含めた人物や藩内の諸勢力から藩の動向を論じる際には、個人の資質だけでなく、意思決定の仕組みを総合的に検討するなかで評価する必要がある。

そこで本稿では、仙台藩の意思決定の過程と、慶邦の政治姿勢について検討する。具体的には、仙台藩内の人事、慶邦への御用取次、慶邦と藩士の面談について考察した上で、国事問題に関する幾つかの議論を事例に、意思形成や決定に関与した藩士や、慶邦の政治判断について考察を加えたい。

1　仙台藩の体制と慶邦に影響を与えた藩士

(1)　慶邦と人材登用

仙台藩伊達家は陸奥国を中心として、常陸国や近江国にも所領を有する領知高六二万五六〇〇石の国持大名である。[*11] 実高は約一〇〇万石であり、家臣の数は、直臣が約一万人、陪臣が約二万四〇〇〇人で、他の大名に比べても非常に多い。その背景には、地方知行制があり、約八〇万石を知行や俸禄・役料という形で家臣に給付していた。

家臣の家格を細分化すれば、上から、一門・一家・準一家・一族・宿老・着座・太刀上・召出・平士・組士・卒に分けられる。このうち一門は、藩主家の親族や戦国大名級の家柄である。一家・準一家・一族は藩主家の分家や古くからの伊達家家臣など擬制的族制を拡大した家柄で、合わせて三席と称される。着座・太刀上・召出は正月の儀式での序列に基づく家格で、着座の一番座の家は宿老と称される。また、召出と平士は大番組の主力であり、大番組に入る藩士は大番士とも称される。一〇〇石以上が馬上役であるが、大番士のなかには一〇〇石未満の藩士や、知行地を給付されずに蔵米や切米・扶持米を支給される藩士も少なくない。なお、仙台藩では宿老から平士までが、侍衆として把握されていた。

この点に関して、慶邦は随筆のなかで、仙台藩は「格別の御規模の事」が多いとして、その例として、一門をはじめ一万石以上の者がおり、城や要害を与えられて家臣（陪臣）を多数抱えていることや、生産力が高いことなどをあげている。また、「公辺よりの御取扱諸事の義、加州薩州当家と人みな申、尤右家を世間にてハ、そと三家と申唱居りし由なり」と記している。[*12] つまり、加賀藩・薩摩藩・仙台藩は外様御三家であるとして、三藩は同格であると認識していたのである。仙台藩の大藩意識の一形態である。

職制上の最高責任者は他藩の家老にあたる奉行である。また、奉行を補佐する役職として、庶政や大番士以上の進退をつかさどる若年寄がいる。奉行は主に三席・宿老・着座の家格の藩士が務め、奉行の下で財政を担当する出入司《しゅつにゅうづかさ》や郡奉行などの行政官僚は主に大番士層が務める。ここで留意しておきたいのは、藩士の最高家格である一門は、役職に就かないということである。一門は藩官僚機構に包摂されないが、諫言などによって藩主に意見を表明することで政策決定に参与し、藩政に一定の制約や軌道修正を加える存在であった。[*13] ここでは、多くの知行地や家臣を有する一門が、藩政に大きな影響を与えていることを確認しておく。

近世期全般における仙台藩の藩政意思形成・決定システムの詳細については、十分に検討されていない。ただし、近世後期には、幼年藩主が続いたこともあって、奉行の合議によって政策が決定されたと考えられている。[*14]

例えば、寛政六年（一七九四）頃に奉行が八代藩主の伊達斉村に対して、政事向は「機密」であるので奉行だけを相談相手にするよう求め、奉行は人払いで意見を言上し、近習目付の取次ぎで封書を提出して意思疎通を図るものだと主張した。また、若年寄は政事向に関わらず、人事などの重要案件は、近習目付や小姓頭・物置〆役《ものおきしまりやく》といった側役には関与させないとしている。[*15]

その形を変えようとしたのが、慶邦の養父で一二代藩主の伊達斉邦である。天保の飢饉に際して、斉邦は上書の提出を許可して、家格が太刀上の藩士を奉行にするなどの人材抜擢を行った。斉邦と側近は、奉行の裁可なしに政策決定ができない状況を変え、親政を行うことを志向して、一門や奉行と対立した。[*16] これを見聞した慶邦は、役人に直接指示を出し、上書を提出させ、人材抜擢を行うといった斉邦の政治姿勢を高く評価していた。[*17]

こうした慶邦の志向性は、藩政運営にも反映されていたようだ。安政六年（一八五九）に作成された井伊家の探索書[*18]では、慶邦は自ら政治を行うこと、「書生の建白」を採用すること、「奸物」を用いること、藩校の養賢堂の建白を採用すること、などといった政治姿勢について言及している。安政年間は、仙台藩内で軍備強化策や財政改革が行われていた時期であり、探索書は改革をめぐる慶邦の姿勢について広まっていた評価を記したものであろう。また、元治元年（一八六四）に出羽国上山藩士は、仙台・米沢両藩士に対し「仙台ハ君公明察を頼ミ、親敷人を挙る之弊あり、故又其明察近習あたりなとて、遠くハ不見、却而暗き故、疑心多く委任ハ出来ぬゆへ、時々役人の進退あり」と発言した。[*19] つまり、慶邦は親しい藩士を登用し、奉行に人事の委任が出来ないため、たびたび役人が変わるというのである。

恣意的な人事を行い、上書を採用するといった周囲の評価からは、奉行の意見を単に追認するだけではなく、自らの意見を藩政に反映させようとする慶邦の姿が浮かび上がる。もちろん、これは慶邦の藩政運営の一面を切り取った評価であり、慶邦が常に奉行の進言を無視して政治を行ったということではない。安政期から慶応期まで慶邦を補佐した奉行の但木土佐とは、個々の局面では意見の相違もあったようだが、それが決定的な対立に発展していった形跡はうかがえない。

だが、人事という側面では、幕末期から戊辰戦争期にかけて活躍した藩士には、家格の高い重臣だけではなく、一〇〇石前後の大番士層の藩士が数多く含まれていた。しかも、それら藩士には知行地ではなく、蔵米や切米・扶持米を与えられている者も含まれていた。但木土佐の周辺で活躍し、仙台藩の主流派を形成した藩士には、次のような人物がいる。[*20]

幕末政治史あるいは思想史において名前が知られている玉蟲左太夫は、万延元年（一八六〇）に幕府がアメリカに派遣した使節の従者として世界を一周した。玉蟲は三五石（三両四人扶持）の大番士に取り立てられ、江戸・京都などで探索活動を行い、たびたび上書を提出した。また、慶応二年（一八六六）には養賢堂の指南統取となっている。玉蟲と後述する若生文十郎は、戊辰戦争時に仙台藩外交の中心となった藩士である。

大童信太夫は四〇石（四両四人扶持）の大番士の家柄で、慶邦の児小姓から奥小姓、刀番へ進み、評定所記録役となった。その後、公儀使（江戸留守居）となり、京都留守居仮役も務めて、仙台藩の外交を担った。

松倉良輔は三六石（二両二歩五人扶持）の大番士の家柄で、奉行の留付仮役・物書頭立《ものかきかしらだち》や[*21]、評定所役人・兵具奉行を務めた。その後、郡奉行・軍艦奉行・出入司などを歴任し、仙台藩の財政や軍備拡充に携わった。

慶邦の側役では、遠藤主税（敬之允、吉郎左衛門）が注目される。遠藤は禄高一六八石（八〇俵三人扶持）であり、慶邦が「幼少より召仕、相互ニ心底も存居、随分実心も有之者ニ候[*22]」と評した藩士である。物置〆役・小姓頭から小姓組番頭などを経て、戊辰戦争時には若年寄・奉行に昇進した。ちなみに、物置〆役とは藩主の身辺の世話をする役職であり、小姓頭は贈答などの儀礼に関わる役職であるが、後述するように、しばしば慶邦の相談相手となっている。知行高数千石の藩士が奉行を務めることも珍しくなかった仙台藩政において、二〇〇石以下の、しかも知行地を宛がわれていない藩士が奉行に抜擢されることは異例である。慶邦との近しい関係なくしては、この人事は考えられない。

ここにあげたのは、いずれも何らかの形で慶邦に接点を有し、影響を与え得る立場にいた藩士の一例である。彼らは大番組に組み込まれる藩士層であるから下級藩士ではないが、能力によって抜擢されたことは間違いないだろう。

ただし、藩士の抜擢は、全てが慶邦の恣意的な人事によるものではない。一八世紀末には、大番士以上であれば役職への就任が能力主義によるものとなり、知行高や家格にとらわれない人事が行われた。その際、藩士の「献策書」を、奉行が人事の選考資料としていた。[*23]また、養賢堂の成績優秀者は、藩主や奉行近くの役職に就く道が開けていたのである。[*24]

(2) 慶邦と上書・情報・面談

先に触れた上書の重視という評価に代表されるように、慶邦は奉行以外の意見を取り入れていた。以下では、御用取次を職務としていた近習目付が、慶応三年（一八六七）一月から四年六月にかけて記録した御用日誌[*25]を手掛かりに、どのような藩士が、どのような方法を通して慶邦に影響を与え、藩の意思形成や決定に関わったのか探っていきたい。

まず、様々な伺や願書を近習目付が奉行から受け取り、慶邦に取り次いでいる記述が多数ある。例えば、大政奉還直後には「此度御上京之節御供之面々供人数等之伺」を取り次いでいる（慶応三年一一月一五日条）。この形式で取り次いだ文書の多くは、慶邦は「無異議」と記し、近習目付を通して奉行に返却する。

また、「上（奉行名）」のような文書を近習目付が慶邦に取り次いでいる記述も多数ある。文書は封書や、状箱入りであると記述される場合もある。この形式で取り次いだ文書の多くは、慶邦が書入れを行い、近習目付を通して奉行に返却している。ほとんどの文書の内容は不明であるが、奉行は個人の意見や藩内での合議の結果を上申し、慶邦は意見や伺に対して指示を出して、意見調整を行っていると推測される。なお、他の史料では、奉行が慶邦に面会して「御用」を伝えている記述[*26]も確認できることから、奉行は文書や面談を通して、慶邦に意見や報告を伝えていることが分かる。

意見聴取という点で注目されるのは、奉行以外の藩士の上書[*27]を近習目付が慶邦に取り次いでいる記述である。上書は自主的に提出する場合と、諮問に答えて提出する場合があり、慶邦の代にかけて数が増加している。[*28]上書の内容は、藩政改革に関する意見もあれば、国事に関する意見もあり、提出者の家格や役職は多岐にわたる。家格下位者では、例えば、二三石の大番士（中野今朝之輔）が提出したとの記述がある（慶応四年一月一六日条）。また、提出された上書については、後述するように、慶邦が奉行などに開示する場合もあった。

基本的に、近習目付は奉行から渡された上書を取り次いでいるが、目付使番、郡奉行、養賢堂の幹部については、奉行から渡されたという記述がないか、本人や同役が近習目付に渡したと記述される（慶応三年一月二四日条など）。幕末期、目付には「言官」としての役割が期待されたことや、藩主に民政への関与が求められたことが指摘されるが、[*29]仙台藩の目付使番や郡奉行も、奉行を介さずに慶邦に意見を表明していたことが分かる。

その他、近習目付が慶邦に取り次ぐ文書としては、藩内外の情報が記載された書状や探索書がある。注目されるのは、京都情報として、京都留守居の書状とともに、しばしば周旋方の風説書を慶邦に取り次いでいることである（慶応三年六月二九日条など）。風説書の作成者である沼辺愛之輔は一二二石、後藤正左衛門は四五石の大番士の家柄で、沼辺の上書を近習目付が奉行から受け取り、慶邦に取り次いでいる記述もある（慶応三年一一月五日条）。また、近習目付は、玉蟲左太夫の「西国探索事情書」を奉行から受け取り、直後に「建白書并存慮書壱冊」を取り次いでいる（慶応三年二月晦日条、三月四日条）。ここからは、周旋方や探索方が単に情報だけでなく、積極的に慶邦や奉行に意見を示していることが確認できる。その他、福沢諭吉が差し出した「横浜新聞」を取り次いだという事例（慶応三年八月二九日条など）も興味深い。これは、公儀使の大童信太夫の依頼で福沢が翻訳していた英字新聞である。慶邦は、探索方・周旋方の情報や意見、あるいは海外情報をはじめとした藩内外の様々な情報について把握し、判断材料としていたのである。

文書の取り次ぎではないが、意見聴取という点では、慶邦と藩士との面談の記述も重要である。日誌には、一門や宿老などが、慶邦に「御相伴」している記述がある。これは、家格の高い重臣が政治問題について直接意見を述べることのできる機会でもあったと考えられる。また、日誌には、慶邦が藩士の意見や報告を聞く「御用被為聴候事」という記述がたびたび登場する。例えば、戊辰戦争開始後、徳川慶喜追討令の情報が伝わると、慶邦は一族の大條孫三郎、軍艦奉行の松倉良輔、京都から戻って来た奉行物書頭立の男沢精一郎と面談している（慶応四年一月二二日条）。

ただし、近習目付の御用日誌には記されていないが、他の御用日誌の記述によれば、この事例を含めて、慶邦が藩士の「御用」を聞く際には、奉行や近習目付、あるいは小姓組番頭・政事方御用取次の遠藤主税が傍座している場合が多い[*30]。そのため、慶邦との面談は可能でも、密談は難しい状況であったこともうかがえる。実は、近習目付は御用取次だけでなく、藩主の政治姿勢や政策に対して意見を表明することも職務としていた。[*31] 上書や面談を通した藩士と慶邦のやりとりを把握し、直接慶邦に意見することができる近習目付は、奉行とともに、慶邦に大きな影響を与え得る役職であったと考えられる。

近習目付の御用日誌には、慶邦の行動の全てが記されているわけではない。だが、その記述からは、慶邦の決裁の過程や、慶邦と奉行による意見調整の過程が確認できる一方で、大番士層以上、すなわち一門から平士までの行政機構内外の藩士が、慶邦に意見を表明できる立場にあったことも確認できる。先に、人材登用の側面から一〇〇石前後の大番士層も慶邦に影響を与えていたことについて述べたが、それは、御用取次などの側面からも指摘できる。

2 藩内の議論と慶邦

(1) 領内の海防と出府問題

ここからは、文久期以降に展開された藩内の議論を素材として、どのような藩士がいかなる手段で意思決定に関与し、慶邦がどのような判断をしたのか考察していく。[*32] ただし、史料と紙幅の関係から、京都詰[*33]および江戸詰藩士の意見をはじめ、議論の展開について網羅的に言及できないことを断っておく。

文久二年（一八六二）後半から翌三年（一八六三）一月にかけて、慶邦の上京をめぐって藩内は分裂していた。これは、朝廷の命令を受けて上京するか、それとも将軍徳川家茂に随行して上京するかという問題に端を発したものであった。藩内「尊攘派」の桜田良佐は清河八郎に宛てた書状[*34]のなかで、慶邦は「欲善生質ニ而、政事向頗勉強仕候得共、温和ニ過き候方」であると評し、周囲が阿諛追従し柔弱である者が多いとして、奉行・若年寄・出入司に加えて、藩校養賢堂の幹部や物置〆役を排斥する構想を示した。このうち、物置〆役の遠藤主税については「此官者格別なきといへとも、朝夕君側ニ有し女房之如親敷」と批判していた。また、書状では、一門の伊達六郎を「総裁職」に据える構想を示している。「総裁職」が何を指すのか不明であるが、一門を役職に就けるという意味で、幕末以前とは異なった藩政機構の形が示されている。しかし、「尊攘派」の重臣が処分され[*35]、この人事が実現することはなかった。

文久三年三月、慶邦は約二二〇〇人を従えて上京した。だが、すぐに慶邦は、領内と蝦夷地の海防を命じる内勅を得て帰国した。政争に巻き込まれることを警戒したことも理由の一つであるが、広大な海岸線を有し、大藩として地域の鎮めとなろうとする仙台藩にとって、海防は重要な問題でもあった。上京の直前に大番頭は、仙台藩には鎮守府将軍としての職務があり、非常時に奥羽諸藩を指揮する任務を有していると主張し、攘夷戦争を意識して藩内の警衛強化を求める上書を提出していた。

五月中旬、慶邦は仙台城において、海岸絵図を広げ、藩士と海防について評議した。参加したのは、奉行・若年寄・出入司・郡奉行・近習目付・小姓頭・物置〆役、そして兵学者であった[*36]。海防を理由とした帰国が、京都政局から距離を置くための単なる方便ではないことがうかがえる。

だが、仙台藩は幕府の意向に翻弄された。六月八日、幕府は慶邦に警衛のため出府するよう命じた。そのころ慶邦は「詰所以上之面々」、すなわち大番士以上で一定の役職にある者に直接諮問したところ、「百ニして九十之存意ハ不参」であった[*37]。七月四日、慶邦は意見を聞くため、二の丸の御座之間に、一門・奉行・宿老・若年寄・出入司・近習目付・目付使番の藩士を集めた。その様子について、出入司の日記には「御参府之儀品々江戸表より御催促ニ付、早速御参府被遊可然哉之儀ニ付、各勘弁被為聞届、銘々申上、右ニ付、御尋候も有之、右御評義也」とある。[*38] ここでは、慶邦の面前での「評議」、すなわち御前会議が開かれていることが確認できる。仙台藩研究では、このような会議に関する研究はほとんどなく、幕末期の新たな動きである可能性が指摘できる。

その後、幕府は江戸警衛ではなく、相談のために出府するよう慶邦に命じた。慶邦は江戸詰の奉行に対して八月八日付で書状[*39]を送り、出府延期を伝え、藩内の議論の展開について説明した。書状によれば、慶邦が一門・宿老・若年寄・出入司・目付使番に聞いたところ、延引論が「十ニ七八」であり、小姓頭・物置〆役・近習目付も延引論を唱えた。また、奉行四人は一時的に意見が出府論と延引論に分かれ、慶邦が但木土佐に意向を伝えたところ支持されなかった。その後、奉行一同が延引論を主張したため、慶邦は探りを入れるために奉行が老中に面会することを提案したところ、但木から藪蛇になると否定されたとしている。この間に慶邦に示された意見について全容を確認することは困難だが、例えば、目付使番一〇人は連名の上書を提出し、「御自国御守衛之策」が「皇国」のためであるとして、慶邦自身の上京や出府を制止し、その代わりに一門が藩兵を率いて上京すべきだと主張していた。[*40]

以上の経緯は断片的な史料によるものであり、ここに登場しない藩士が関与した可能性もある。ただし、慶邦が意見を求めたのが、奉行を頂点とした行政機構の藩士だけではないことは重要である。例えば、宿老は役職ではなく家格であるが、無役の時も「家老」と称され、侍衆の筆頭であった。参加者から見れば、慶邦は行政機構だけではなく、伊達家親族の代表（一門）と家臣団の代表（宿老）、諸役人の代表の意見を集約しようとしていたと考えられる。

この事例からは、慶邦は衆議を尊重して政治判断を行ったことや、奉行と意見交換を重ね、奉行の反発にあったことも確認できる。ただし、八月時点で出府しないと決断した理由は、単に藩内の衆議に沿っただけではなく、慶邦自身も出府に消極的だったからであった。慶邦は王臣意識を強く持ち、大政委任論を重視していた。[*41]だが、慶邦は攘夷方針について、幕府には「展望」がなく、朝廷も「至当」ではないと考えていた。そして、出府しても、自分には周旋の見込みがなく、幕府にだけ従う態度をとれば、違勅の汚名を蒙ると懸念していた。[*42]

その後、慶邦は攘夷の勅命を踏まえて、財政難では兵備が整えられず、「藩屏之任不相立ニも至り可申段、朝廷者勿論、奉対　御代々様奉恐入候」として、衣食住を一〇万石の格式にする倹約令を九月一日付で布告するよう奉行に命じた。[*43]大藩としての自尊意識からすれば、慶邦は格式を落とすことを避けたかったはずだが、「藩屏」である以上、軍費を調えなければならなかったのである。

(2)　幕府への建白

文久三年一一月、将軍上京中の江戸警衛を命じられた慶邦は、翌四年二月から元治元年五月まで出府し、六月に仙台へと戻った。この間、徳川家茂が大政委任と横浜鎖港を命じられたことで、朝幕の分裂を憂慮する慶邦の悩みは解消された。

だが、三月には水戸藩の攘夷激派が筑波山に挙兵し、七月一六日に、幕府は仙台藩に対して、追討応援のため宇都宮に出兵するよう命じた。これを受けて、慶邦が七月二八日付で作成した建白書[*44]は、応援出兵の免除を求めるものであった。その理由は、筑波勢は「掃攘之御実効」が表れないために党派を結んだものであるため、攘夷を実行すれば自然に蜂起は止み、かつ奥羽諸藩の応援を受けては、幕府の威光に関わるというものであった。したがって、論調としては、攘夷を実行しない幕府を非難し、横浜鎖港の貫徹を求めるものである。

ところが、建白書作成をめぐる藩内の意見聴取は、八月に入ってからも続いていた。出入司の日記[*45]によれば、七月晦日に奉行から建白の内容について諮問をうけ、同役の間で評議を行い、翌日に意見書を奉行に提出した。八月六日、慶邦と世子の前で出入司は、一門・一家・若年寄・目付使番と共に「一両日已前御直書を以被仰立候」建白書を見せられている。だが、慶邦に影響を与えたのは、出入司のような行政官僚ではなかった。建白書が作成された背景について、慶邦は江戸詰の奉行に八月四日付で次の書状を送っている[*46]。

（前略）野州方之義ニ付、愚意も有之、又一門中初大番士之二三男等迄建白之品数十人有之、尤筋ニ至、幕命と乍申、応援之人数指出候而ハ、京師ハ勿論、西国辺之意如何、加るニ彼等如何之義も有之といへ共、攘夷之尊王之名有之故、此度建白呈　幕府事ニ候（後略）

つまり、慶邦自身の考えに加え、一門から大番士までが提出した上書に納得し、応援出兵を断ることにしたというのである。それは、朝廷や西国諸藩の意向を考慮すべきであり、筑波勢が尊王攘夷を掲げている点に大義名分があるという理由によるものであった。一一月に江戸において、側役である物置〆役は肥後藩士に対して、「惣体仙台之国議、横浜鎖港ニ大抵相決居候由、尤鎖港を主張いたし居候者、士以上五六百人程も有之様子」と語っており[*47]、仙台藩内では横浜鎖港論が相当強かったようだ。

幕末期には、一門は一一人、知行高約一四万石であったのに対して、大番士は約三三〇〇人、知行高や俸禄が約三七万石であった[*48]。藩における意思決定の「持分」構成という指摘[*49]を念頭に置けば、一門はもちろんであるが、多くの大番士の意見が藩を左右するものであったことがうかがえる。ここでの慶邦の政治判断は、奉行合議の結果も考慮したであろうが、自身の考えと、上書によって形成された藩内の衆議を踏まえたものであった。

ただし、この建白書は公儀使の大童信太夫が提出を控えたとも言われる[*50]。こうしたなか、長州征討の勅命が出され、八月一六日には慶邦に対し、将軍進発につき警衛のため出府するよう命令が下った。大童と江戸詰の奉行は奉書を国許に送った後、幕府への出府回避工作を模索した。その論理は、慶邦が国許を離れては、「浮浪過激之徒」に扇動された「心得違之族」が奮起し、また、他の奥羽大名が国許を離れているなかでは、幕府の「東方藩屏」の地である奥羽が手薄となるため、慶邦に東方鎮撫を命じるべきだというものであった。[*51]

この頃、幕府は東国大名を糾合しようと画策し、慶邦も政治総裁職の候補にあがっていた。[*52] 幕府との摩擦を避けつつも、一定の距離を保とうと苦心していた江戸詰藩士の思惑とは裏腹に、国許では出府命令が伝わる直前に、将軍が進発する際は江戸を警衛するが、宇都宮への応援出兵は幕府の威光に関わるため免除を願うという建白書を作成した。[*53] すなわち、攘夷をめぐる幕府の態度を批判せずに、宇都宮出兵の免除を求めたものである。出入司の日記では、八月一九日に一門などと共に建白書を示されており[*54]、それ以前に諮問された形跡は確認できない。意思決定への参加者が限られたことが推測される。

だが、長州征討で幕府に協力するという方針は、議論の沸騰を招いた。名分のない攘夷に懐疑的であった玉蟲左太夫も、幕府の外交政策を批判し、長州藩を擁護していた。若年寄で大番頭であった石田正親は、「尊攘派」宿老の遠藤文七郎に宛てた書状[*55]で、出府後の対応は「廟堂之御吟味中」としながらも、この間、一門・若年寄・出入司・目付などが慶邦の諮問を受けたと伝えた。慶邦に意見を述べた若年寄も、「廟堂之御吟味」による最終的な意思決定の場に参加できなかったことがうかがえる。また、石田は、奉行の但木土佐が病のため一時的に勤務を免じられたことを伝え、これを「何れ廟堂之説、異論故与相唱申候」と推測している。のちに、慶邦が奉行衆宛の書状[*56]に「出府之所ハ、我等并ニ其方共、不折入事ニ候」と記していることからしても、出府や国事周旋をめぐって、慶邦と奉行の間に意見の相違が生まれていたようである。

なお、石田の書状には、諸藩が出兵免除を願うとの情報や筑波勢の情報、屋代郷騒動の情報などが記されている。屋代郷騒動とは、米沢藩預地の郷民が米沢藩の支配を嫌って仙台藩に訴え出たもので、郷民は仙台藩を「奥羽之鎮守府」であると認識していた[*57]。仙台藩は国事問題とともに、地域の問題にも対処する必要があった。

一〇月九日に江戸に到着した慶邦は、長州問題に関する建白書を老中に提出した。伊達家に残された建白書の控によれば、慶邦は、横浜鎖港の実効が表れないことが禁門の変の原因であり、長州藩の行為は「朝敵叛逆之所為」ではないとし、対外問題があるなかで将軍が進発して長州を征討しては、「皇国擾乱」になるとして、征討出兵は控えるべきであると主張している[*58]。ただし、他藩も、仙台藩が将軍進発や征長出兵に慎重であるという情報を得ているものの、その内容は、ここにあげた建白書控より幕府批判や長州藩擁護が後退している[*59]。修正を加えた建白を慶邦が表明した可能性もあるが、いずれにせよ、この建白は老中に波紋を投げかけ、阿部正外が仙台藩の建白は「時勢を不察之論」で採用できないと考える一方で、他の老中は進発不可論を強めていた[*60]。

だが、慶邦は自らの主張が受け入れられないとの感触を得ていた。慶邦は、国許にいる但木などの奉行に宛てた書状[*61]において、建白書についてては、江戸にいる奉行・若年寄・近習目付・小姓頭・物置〆役と評議を繰り返したこと、一〇月二五日に登城した際は建白書への回答がなく、老中の水野忠精たちは「四方山之話」のみであったこと、幕府の「釣れ候魚」には決してならず、仙台へ戻ることだけを考えていることを伝えた。また、慶邦は老中の対応に「誠ニ可歎可憂事ニ候、徳川之御家も不遠と存候」と記している。慶邦は藩内の意見の集約に努め、奉行との軋轢を生みだしつつも国事周旋に動いたが、成果は得られなかった。そのため、慶邦は幕府に対して失望したのである[*62]。

一一月、慶邦は帰国した。その後、将軍進発のため、慶邦は慶応元年（一八六五）閏五月から九月まで出府するが、それ以外は仙台を動かなかった。この点について、名代として出府した一門の伊達藤五郎は、慶応二年五月に福島藩主板倉勝顕に対して、慶邦は自らに対する幕府の待遇に不信感を抱き、待遇を改めなければ出府せず、もし「国家御恢復」のため相談したいと言われれば出府するつもりだと述べている。[*63] 慶邦は、幕府の政策そのものにも懐疑的であったが、同時に大藩としての自負を傷つけられたことに強い不満を抱いていたのである。幕末期に仙台藩が国事周旋で大きな動きを見せなかった要因は、財政難や地域を重視する自己認識[*64]など複合的なものであるが、その一つに、こうした慶邦の考えもあったと思われる。

そうしたなか、慶邦が作成したのが藩政改革に関する覚書である。[*65] これは財政・軍制・職制・人事など全一六一箇条に及ぶ改革案である。そのなかには、財政改革によって「四民」の「富」を増し、その後に教化を目指す心構えを記した条文もある。[*66]「有志大名」と称される人々は必ずしも藩主ではなかったが、慶邦は仙台藩主であった。慶邦は藩内の「四民」に向けた政策を行わなければならなかった。

だが、慶邦は政局に無関心だったわけではない。慶邦は、京都留守居の権限を強化し、近江領に三席と藩兵を常駐させて、京都政局の変動に対応できる体制を構築する条文も記していた。また、京都や隣国の情報収集の強化、言路洞開、藩内での政治情報の共有化など、藩内の議論を活発化させる条文も記している。活発な議論や情報をもとに、藩としての意思を決定するという慶邦の意向の表れであろう。

慶邦の覚書のうち、どの程度が実現したのかは定かではない。また、これは慶邦独自の構想ではなく、藩内の様々な意見を踏まえたものである可能性もある。例えば、慶応二年、松倉良輔は、西洋銃隊の創設を主眼とした軍制改革の上書を提出し、慶邦にも面会して改革の必要性を訴えていた。[*67] だが、こうした覚書を作成すること自体、慶邦が藩の抱える諸問題に向き合っていたことを示している。

(3) 政局変動と戊辰戦争

慶応三年一〇月二七日、周旋方が京都から仙台に戻り、慶邦に大政奉還の情報を伝えた。[*68] 二八日、慶邦は上京することを表明したが、藩内では、大政奉還の評価、上京の是非、周旋の内容などをめぐって議論が沸騰した。

在京周旋方の沼辺愛之輔と後藤正左衛門は風説書を送るとともに、仙台藩は「東方雄藩」であり、早期に上京し、積極的に周旋して、薩摩藩に対抗すべきだとする意見書を送った。[*69] また、一一月七日に若生文十郎が開封したまま上書を提出し、一二日には再上書を封書で提出した。若生は一六一石の大番士の家柄である。

若生の再上書の内容は、早期に上京して積極的に周旋することを求めたもので、慶邦が「盟主之大権」を握り、薩長両藩を除くことを主張したものである。また、奥羽と関東を掌握する機会であるとも述べている。再上書の冒頭には、「委細取調入　御覧候様被　仰出候旨被仰渡、至極難有仕合奉存候、謹而左ニ相認奉申上候間、先日中之拙書江御取合被成下度奉存候」とある。[*70] したがって、これは、慶邦が詳細を論じるよう命じたことで提出したものであることが分かる。一五日、慶邦は若生の再上書を奉行・小姓頭・近習目付に開示するよう指示した。また、同日、慶邦は沼辺たちの京都風説書も小姓頭や物置〆役へ開示している。こうした行動からすれば、慶邦が若生の上書に注目し、政策に反映できるか検討していることが推測できる。その際、慶邦が相談相手としたのは、奉行衆に加えて、それまでもしばしば内議に参加していた近習目付や小姓頭であった。

その後、王政復古政変の情報が仙台にもたらされた。これを受けて、一門九名が、慶応四年一月五日付で連名の上書を作成した。これは、王政復古政変に疑義を呈し、京都や江戸へ重臣を派遣する一方で、奥羽諸藩の意見をまとめ、奥羽諸藩を率いて上京することが鎮守府将軍の職務であるとするものであった。この上書は、近習目付の日誌には記されていない。ただし、六日に一門九名と奉行衆が慶邦と「御酒御相伴」しており、この時に評議された可能性が考えられる。その一方で、一月一四日に慶邦は、宿老の遠藤文七郎と後藤孫兵衛から、奉行や近習目付の傍座なしに「御用」を聞いた。[*71]その際、遠藤たちは、徳川と会津藩を攻撃するよう建言したようだ。[*72]

一月二〇日を過ぎると、仙台には徳川慶喜追討令に関する情報が届くようになる。そのなかには、仙台藩が東征軍応援や会津征討出兵を命じられたとの情報も入っていた。上書や面談によって、藩内に様々な意見があったことを、慶邦は把握していたはずである。その上で、慶邦は征討戦争の阻止を決意し、二月一一日付で建白書を作成した。これは、慶喜追討令そのものの不当を訴え、公論での解決を訴えたものである。慶邦は奉行に任命した大條孫三郎を京都朝廷へ派遣するとともに、近習目付の安田竹之輔や養賢堂指南統取の玉蟲左太夫などを奥羽諸藩へ派遣し、協力を打診した。仙台藩は奥羽諸藩を主導して国事周旋を実行しようと動き出したのである。

しかし、建白書をめぐっては、藩内から不満の声があがっていた。京都で建白書の提出を差し止め、国許に戻ってきた大番頭兼若年寄の三好監物は、建白書は新旧の養賢堂の学頭である新井義右衛門や大槻磐渓の草案であると批判するとともに、建白書の提出を試みた慶邦を痛烈に批判した。[*73]慶邦は、改めて建白書を提出するため、一門を正使に、小姓頭の遠藤主税を副使にして、東征大総督府へ派遣した。再度、建白を試み、かつ信頼する遠藤を加えたところに慶邦の意気込みがうかがえる。

三月、会津征討をめぐり、若生が上書を提出した。上書草稿[*74]によれば、若生は、仙台藩は加賀藩や薩摩藩とともに天下の「最雄藩」であるとして、武力を行使せず、説得して会津を開城させ、名声を上げて薩長両藩に対抗すべきであると考えていた。慶邦は上書を受け入れ、三月一一日に玉蟲を近習格に、若生を文書管理を行う証《しょう》文《もん》預《あずかり》主立格《おもだちかく》に命じ、会津に派遣した。この人事については、慶邦の意向を奉じた者であることを示す狙いがあったのだろう。だが、依然として仙台藩内では、征討戦争について賛否両論が渦巻いていた。慶邦も奥羽鎮撫総督府からの督促で、討会のため出陣せざるを得ない状況に追い込まれた。

明治初年に成立した史料には、四月前後に、玉蟲や若生、安田や同じく近習目付だった今泉孫四郎、そして遠藤や新井などが討会反対論を主張したとの証言が記されている。また、目付使番が会津藩を助けて薩長両藩と対決することを慶邦に建言しようとし、この行動を契機に、奉行の間で賛否をめぐって激論が展開されたと記されている。[*75]編纂史料ではあるが、慶邦がこれらの藩士を重用し、また影響を受けたことを推し量ることができる。

こうした状況のなか、若生が米沢藩や会津藩と下交渉を行い、その後、奉行の但木土佐や坂英力などが両藩の重役と会談した。もちろん、慶邦の承認なしでは実行できない行為である。但木たちは、会津藩の「謝罪」条件を協議し、新政府側の対応如何では、薩長両藩を排除することを約束した。閏四月一一日に白石で奥羽諸藩会議が開催され、翌日、慶邦は米沢藩主上杉斉憲とともに、奥羽鎮撫総督へ会津藩に対する寛大な処置を求める歎願書を提出した。

慶邦は米沢藩の奉行(家老)に対して、斉憲が白石に乗り込んだことで、「国論も初而一決」して喜ばしいと語った。[*76]これは、戊辰戦争勃発以来、仙台藩内では討会問題をめぐって合意が形成できず、深刻な分裂状態にあったことを示している。そうしたなかで、慶邦や但木は、近習目付・目付使番・小姓頭・養賢堂幹部・上書提出者などの意見を尊重した。慶邦の承諾のもと、但木や若生たちが会津藩や米沢藩との交渉をまとめたことで、藩内の討会派を封殺したのである。

奥羽鎮撫総督府の歎願書却下、世良修蔵暗殺事件を経て、奥羽列藩同盟が結成された。五月八日、慶邦は藩内に向けて、奥羽列藩と盟約を結び、朝廷から「姦徒」を排斥することを目指す自らの決意を布告した。[*77]すなわち、仙台藩が奥羽諸藩をまとめ、列藩同盟を結成していく過程とは、同時に慶邦や慶邦の意を奉じた但木が、分裂していた仙台藩内をまとめていく過程であるともいえよう。

だが、仙台藩は各地で敗戦を繰り返した。藩存亡の危機に際し、七月一日には二の丸御座之間で、慶邦が臨席して「奥表詰所以上」による軍評定が行われた。ここでは、下座にいた勘定奉行が、指揮官の人選に関する発言を行い、慶邦が採用している。その後も仙台藩は戦局を逆転できず、八月には戦争の終結を模索する動きがでる。八月二七日、慶邦は、一門・三席・宿老・着座・出入司・町奉行・郡奉行・評定所役人・目付使番・近習目付・小姓頭・物置〆役・若年寄に面会し、「和戦之両条」について意見を上げるよう命じた。九月四日・五日・六日には、慶邦は御座之間に「詰所以上」を集め、数刻に渡って意見を聞いた。「衆議区々」としたものの次第に「和睦」論が強くなった。先に紹介した事例に比べて、御前会議や諮問への参加者が拡大していることが分かる。だが、御前会議は最終決定の場にはならなかった。

九月一〇日、主戦派・降伏派の両奉行が慶邦に面会し、それぞれの主張を述べた。ここで慶邦は降伏を裁断した。これ以前、仙台藩は戦争終結に向けての交渉を新政府軍や米沢藩と行っているから、この判断は突然のことではない。だが一方では、九月二日には出入司の松倉良輔が小姓頭兼役となり、六日には若生が軍事参謀・番頭格に抜擢されるなど主戦派を重用する人事が行われている。[*78] 慶邦の胸中は最後まで揺れていたのである。

明治二年(一八六九)、但木と坂が斬首となり、玉蟲・若生・安田・遠藤らが切腹させられた。また、これらの藩士に大童・松倉・沼辺・後藤などを加えた四〇名が、家名断絶や追放の処分を受けた。ほとんどの藩士の家格は、大番組に入る平士や召出であり、そのうち一〇〇石以下は二五名に上った。[*79] 慶邦に影響を与え、仙台藩を動かしたのは、まさにこうした階層の藩士たちであった。

おわりに

本稿では、仙台藩の意思決定の過程と伊達慶邦の政治姿勢について考察を加えた。取り上げた事例から、慶邦は奉行（家老）と意見調整を重ねながら、政治判断を下していた状況をうかがうことができた。だが慶邦は、ただ奉行の進言を聞き入れるだけではなかった。慶邦は前藩主の藩政改革の姿勢に影響を受けたこともあって、意思形成や決定に関与することができる藩士の家格や役職を拡大し、その力量を結集しようとした。

慶邦は大番士層から能力主義で人材を抜擢し、藩内外の情報を集中し、側役を積極的に意思決定に参画させた。加えて、慶邦は様々な藩士と面会し、直接意見を聴取していた。例えば、慶邦は行政機構だけではなく、伊達家親族の代表と家臣団の代表、諸役人の代表の意見を集約しようと諮問や御前会議を行っていた。また、これらに参加できない藩士も上書によって意見を表明することが可能であった。そのため、一門から大番士の二三男までの幅広い藩士の上書を踏まえて、慶邦が政治判断することもあった。

人材登用や言路洞開の側面からは、奉行や近世期を通じて藩政に影響を与えていた一門だけではなく、大番組を構成する平士以上の藩士が慶邦に影響を与え、意思決定の過程に直接的・間接的に関与していたことが確認できる。しかも、そのなかには、一〇〇石前後の藩士もおり、地方知行制をとっている仙台藩にあって、蔵米や切米・扶持米を支給された数十石の藩士も含まれていた。

こうした特徴は、濃淡こそあれ、幕末期における他の大藩とも共通している。したがって、仙台藩の意思決定の過程は、奉行とその下の行政諸役人の合議や、それを踏まえた慶邦と奉行とのやりとりだけで完結する構造ではなかったといえる。また、仙台藩政の側面からは、人材登用や言路洞開など慶邦期以前に見られた傾向が更に進み、御前会議のような意思決定の方法が取り入れられていることも確認できる。

その結果、仙台藩では、一門のような大身門閥ではなく、大番士層の意見が取り入れられ、藩を左右することもあった。戊辰戦争において、奉行だけではなく、近習目付や小姓頭、藩校養賢堂の幹部、上書提出者の意見が、慶邦の選択に影響を与えたことや、戦争後にそれらの藩士が厳しい処分を受けたことは象徴的である。こうした意思決定の仕組みからすれば、平士より下の組士（徒士）の影響力については検討を要するが、少なくとも保守門閥が仙台藩を動かしたといった紋切り型の理解は再考しなければならないであろう。

ただ、様々な立場の藩士が意見を表明するということは、議論が拡散し、合意形成が困難になる場合があるということである。仙台藩では御前会議が開かれることもあったが、これが恒常的に開かれていたことは確認できない。また、閉じられた空間で、慶邦は奉行など一部の藩士と、しばしば面談している。長州藩のように、御前会議において合意形成が行われた衆議を藩主が藩の意思に採択する仕組みが整備されていた藩と比較すれば[*80]、仙台藩では議論が集約できない場合は、慶邦が決断しなければならなかったと考えられる。衆議に左右されることがある慶邦は、決断を逡巡することも少なからずあったと考えられるが、藩論がすぐに決しなかったのは、単に個人の資質にのみ帰するものではなく、仙台藩の意思決定の構造の影響もあるといえる。

「西南雄藩」の「有志大名」に比して国事周旋に積極的でなかった慶邦ではあるが、内乱の危機が迫った際には、「朝敵」救済のために動いた。長州戦争では、奉行との間に齟齬を来しながらも慶邦は行動した。慶邦は周旋に失敗し、大藩としての自負を傷つけられて国許に退いたが、戊辰戦争では、周旋に失敗しても、奥羽の主導者として繰り返し周旋を模索した。そして、会津征討の是非や対薩長開戦の是非をめぐって、藩内が深刻な分裂状態となった時、慶邦は家臣に会津藩や米沢藩との交渉をまとめさせ、藩内の討会派を封殺した。結果の重大さから考えても、奥羽列藩同盟の結成に至る過程は、慶邦が政治指導を発揮した局面であったといえる。

仙台藩士は自藩が「東方雄藩」であり、藩主が「鎮守府将軍」であると認識していた。こうした自己認識や他者からの期待は、藩内で展開される議論の前提となり、慶邦の判断や行動を規定する一因となった。そのため、慶邦は、藩政と国事問題はもちろん、時には自藩の領域を越えた地域の問題を見据えなければならなかった。慶邦の決断は、仙台藩内、奥羽地域、政局の状況を総合的に判断したものにならざるを得ない。その意味で、幕末期から戊辰戦争期にかけての仙台藩の行動は、藩内の議論や周囲からの期待を背にした慶邦が、「鎮守府将軍」としての「雄藩」像を模索した過程とも捉えられるのである。

註

＊1　井上勲『王政復古　慶応三年十二月九日の政変』（中公新書、一九九一年）五八～六六頁。

＊2　難波信雄「大藩の選択―仙台藩の明治維新―」（『東北学院大学東北文化研究所紀要』三七、二〇〇五年）、拙稿「幕末仙台藩の自己認識と政治動向―奥羽地域に対する意識を中心に―」（平川新編『江戸時代の政治と地域社会　第一巻　藩政と幕末政局』清文堂出版、二〇一五年）。本稿で取り上げる「雄藩」や「鎮守府将軍」といった自己認識に関わる藩士の意見については、特に断らない限り拙稿による。

＊3　笠谷和比古『近世武家社会の政治構造』（吉川弘文館、一九九三年）の第七章、同『士の思想―日本型組織・強さの構造―』（日本経済新聞社、一九九三年）の第三章など。

＊4　上田純子「安政五年萩藩における「会議」と政治機構―幕末維新期政治史再考のための一試論―」（『史学雑誌』一〇七―六、一九九八年）、同「幕末の言路洞開と御前会議―萩藩における新たな政治回路創出の試み―」（『論集きんせい』二一、一九九九年）、同「萩藩文久改革期の政治組織―政事堂の創設と両職制の改編―」（『史学雑誌』一〇九―

一一、二〇〇〇年）、笹部昌利「京よりの政治情報と藩是決定―幕末期鳥取藩池田家の情報収集システム―」（家近良樹編『もうひとつの明治維新　幕末史の再検討』有志舎、二〇〇六年）、同「近世の政治秩序と幕末政治―鳥取藩池田家を素材として―」（『ヒストリア』二〇八、二〇〇八年）、磯田道史「幕末維新期の家老合議と御前会議―御用部屋から政事堂へ―」（岡山藩研究会編『藩世界と近世社会』岩田書院、二〇一〇年）、朴薫「一九世紀前半日本における「議論政治」の形成とその意味―東アジア政治史の視点から―」（明治維新史学会編『講座明治維新　第1巻　世界史のなかの明治維新』有志舎、二〇一〇年）、宮下和幸「文久、元治期における加賀藩の意思決定システムと政治運動」（『加賀藩研究』三、二〇一三年）など。

＊5　前掲註＊4上田論文。

＊6　前掲註＊4笹部論文。

＊7　前掲註＊4宮下論文。

＊8　平重道『伊達政宗・戊辰戦争』（宝文堂、一九六九年）一九三～一九六頁、石井孝『戊辰戦争論』（吉川弘文館、一九八四年）一九七頁、高橋富雄『陸奥・伊達一族』（新人物往来社、一九八七年）一六九～一八〇頁など。門閥とともに「下級平士」官僚が「保守」だったとの評価もある（高橋克弥「幕末仙台藩の政変と新軍制策の変質」『法政史学』四四、一九九二年）。

＊9　佐藤大介編著『18～19世紀仙台藩の災害と社会　別所万右衛門記録』（東北大学東北アジア研究センター、二〇一〇年）三七～三八頁。

＊10　前掲註＊8平書・高橋書。小西幸雄『真田幸村子孫の仙台戊辰史　真田喜平太の生涯』（ミヤオビパブリッシング、二〇一三年）は仙台藩の藩内動向を丹念に描いた労作だが、慶邦の判断力については否定的に評価する（一五〇頁、二一一～二一三頁）。

＊11　仙台藩の体制については、宮城県史編纂委員会編『宮城県史』2近世史（一九六六年）、仙台市史編さん委員会編『仙台市史』通史編3近世1（二〇〇一年）、J・F・モリス『近世武士の「公」と「私」―仙台藩士玉蟲十蔵のキャリアと挫折―』（清文堂出版、二〇〇九年）、同「仙台藩における武士の暮らし―武士は本当に貧しかったか―」（『仙台郷土研究』二八一、二〇一〇年）、仙台郷土研究会編『仙台藩歴史事典　改訂版』（二〇一二年）などによる。役職については、齋藤鋭雄「仙台藩の職制―「司属部分録」の成立―」（渡辺信夫編『近世日本の民衆文化と政治』河出書房新社、一九九二年）も参照。

＊12　「美目集」（「楽山公御遺稿　巻三」『伊達家寄贈文化財（古記録）』二一九―一、仙台市博物館蔵）。

＊13　浅井陽子「仙台藩武家社会における一門の存在意義」（『国史談話会雑誌』五五、二〇一四年）。

＊14　前掲註＊11モリス書の一四頁、佐藤大介「天保七年の伊達騒動―飢饉下の仙台藩主・伊達斉邦と重臣・「世論」」（平川新編『江戸時代の政治と地域社会　第一巻　藩政と幕末政局』清文堂出版、二〇一五年）一三三～一三四頁。

＊15　五月平賀義雅古田良智連署意見書（東京大学史料編纂所編『大日本古文書　家わけ第三　伊達家文書之八』二九〇〇、東京大学出版会、復刻一九八二年、三三六～三四六頁）。

＊16　前掲註＊14佐藤論文。

＊17　「追遠録」（「楽山公御遺稿　巻一」『伊達家寄贈文化財（古記録）』二九―一）。史料の存在について佐藤大介氏より教示を得た。

＊18　仙台市史編さん委員会編『仙台市史』通史編5近世3（二〇〇四年）四五八・四五九頁、井伊正弘編『井伊家史料　幕末風聞探索書』安政六年編（雄山閣、一九九九年）二九四～二九六頁。

＊19　探索書（「読史堂叢書第三集五」『上杉文書』一四七四―一三―五、雄松堂マイクロフィルム）。

＊20　本稿における但木土佐・玉蟲左太夫・若生文十郎・大童信太夫・松倉良輔の記述は、特に断らない限り、拙著『幕末戊辰仙台藩の群像―但木土佐とその周辺―』（仙台・江戸学叢書、大崎八幡宮、二〇一五年）を参照。また、それ以外の藩士の家格や役職については、前掲註＊11『仙台藩歴史事典　改訂版』、「家中人数調」（宮城県公文書館所蔵資料M二―一二・一三）、「楽山公治家記録」（『伊達家寄贈文化財（古記録）』七六―九）などによる。

＊21　物書とは書記のことだが、菅野正道氏によれば、記録役ではなく、政策立案や文書作成を行っている可能性があるという。また、実務担当者として、行政運営に影響を与えているとの指摘もある（前掲註＊11モリス書、一二五～一二六頁）。したがって、他藩において、家老合議の実権を握っていたとされる奥祐筆に該当すると思われる。

＊22　伊達慶邦直書（東京大学史料編纂所編『大日本古文書　家わけ第三　伊達家文書之九』三一七二、東京大学出版会、復刻一九八二年、四九〇頁）。

＊23　前掲註＊11モリス書の第一章と終章第一節。

＊24　後年、旧仙台藩士の学者岡千仞は、試験合格者のうち、一〇〇石以下で特に優秀な者は奉行・若年寄・小姓頭・出入司の物書となり、一〇〇石以上は小姓や近習になる場合があると語っている（「在臆話記」、森銑三ほか編『随筆百花苑』二、中央公

論社、一九八〇年、二三六頁）。
＊25　「近習目付御用日誌」（『伊達家寄贈文化財（古記録）』三二八）。
＊26　「御国日記」（『伊達家寄贈文化財（古記録）』三二七）の一月一七日条～二二日条など。
＊27　幕末期の上書については、前掲註＊4朴論文参照。
＊28　森哲也「仙台藩の「上書」の研究」（『国史談話会雑誌』三六、一九九五年）。また、鬼丸諒氏は、「近習目付御用日誌」を含め、仙台藩士の上書や上書提出が分かる史料を網羅的に分析し、この傾向を明瞭に示した。また、藩主が奉行に対して上書の吟味を命じた事例も取り上げている（「近世後期の上書にみる政策提言の研究」東北大学提出修士論文、二〇一五年）。上書の機能や管理については、鬼丸論文からも教唆を受けた。
＊29　朴薫「幕末政治変革と〈儒教的政治文化〉」（『明治維新史研究』八、二〇一二年）二五～三一頁。
＊30　前掲註＊26「御国日記」の一月二一日・二二日条。
＊31　前掲註＊11齋藤論文の三二二～三二三頁。
＊32　以下、仙台藩の基礎的な動向については、前掲註＊18『仙台市史』通史編5近世3、仙台市史編さん委員会編『仙台市史』通史編6近代1（二〇〇八年）、日本史籍協会編『仙台戊辰史』一・二・三（東京大学出版会、復刻一九八〇年～一九八一年）、前掲註＊20拙著を参照。年月日については、前掲註＊20「楽山公治家記録」も参照。
＊33　仙台藩では、慶邦への情報集中が進んだが、京都藩邸機構の整備は西国諸藩に比べて遅れ、藩の選択に大きく影響した（難波信雄「仙台藩の京都留守居と遊歴生―維新期の情報収集システムと関連して―」『日本歴史』七二三、二〇〇八年）。
＊34　「桜田良輔の書翰写」（宮城県図書館所蔵和古書二三四五、KM三二二・一―サ一）。
＊35　この藩内政争の実態については不明な部分が多いが、近年では、重臣の処分には、即今攘夷を避けようとする慶邦の決断があったと評価されている（竹ヶ原康佑「奉勅攘夷体制確立期における仙台藩の動向―藩主上洛をめぐる諸相から―」『風俗史学』五九、二〇一四年、三六～三九頁）。
＊36　「文久三癸亥日記」（『仙台藩士入生田家文書』E八、仙台市史編さん室調査史料、表題は仮に付したもの）の五月一二日・一四日・一六日条。

＊37　六月一八日大内縫殿宛伊達慶邦直書控（東京大学史料編纂所編『大日本古文書　家わけ第三　伊達家文書之十』三四六九、東京大学出版会、復刻一九八三年、五一四～五一八頁）。

＊38　前掲註＊36「文久三癸亥日記」の七月四日条。一門は全員ではなく、伊達安芸と伊達六郎である。

＊39　八月八日大内縫殿宛伊達慶邦直書控（前掲註＊37『大日本古文書　家わけ第三　伊達家文書之十』三四七二、五二二～五二六頁）。

＊40　只野勘三郎他九名連署上書（『伊達家寄贈文化財（古文書）』目録四―六〇）。

＊41　前掲註＊2難波論文の二二～二七頁。

＊42　前掲註＊39の八月八日大内縫殿宛伊達慶邦直書控。慶邦は書状の内容、すなわち自らの本心を物置〆役に伝えるよう命じている。慶邦が側役に国事問題を相談していたことは、この点からもうかがえる。

＊43　九月伊達慶邦申渡書（前掲註＊22『大日本古文書　家わけ第三　伊達家文書之九』三二二六、四〇六～四〇七頁）。

＊44　七月二八日伊達慶邦存意書控（『伊達家寄贈文化財（古文書）』一九五四―一）。建白書には「吟味之筋有之日附者七月廿八日ニ認候」とある。本論で触れるように、藩内議論から日付を遡った理由については、既に仙台に伝わっていた禁門の変への言及を避けるためと一応理解しておく。

＊45　「文久四甲子記」（『仙台藩士入生田家文書』E九）の七月晦日・八月一日・八月六日条。

＊46　八月四日下郡山下野宛伊達慶邦直書（『伊達家寄贈文化財（古文書）』一九五四―二）。

＊47　「元治元年甲子尊攘録自筆状」（細川家編纂所編『改訂肥後藩国事史料』五、国書刊行会、復刻一九七三年、四二四～四二五頁）。

＊48　「仙台藩士族籍　四　附卒族」（宮城県公文書館所蔵資料M二―五）。

＊49　前掲註＊3笠谷書。

＊50　前掲註＊32『仙台戊辰史』二二五頁。前掲註＊44七月二八日伊達慶邦存慮書控の包紙にも「公辺へ御差出可相成候所、追而御吟味有り被相控」とある。

＊51　八月下郡山下野意見書草稿（『大童家文書』五三五、仙台市博物館寄託）。

＊52　奈良勝司「幕末政治と〈決断〉の制度化―江戸幕閣の動向からみる―」（『ヒストリア』二二三、二〇一〇年）一九一～二〇〇頁。
＊53　八月一八日伊達慶邦意見書控（前掲註＊22『大日本古文書　家わけ第三　伊達家文書之九』三一四六、四四一～四四二頁）。
＊54　前掲註＊45「文久四甲子記」の八月一九日条。
＊55　九月二三日遠藤文七郎宛石田正親書状（『遠藤家文書』E一―二―七七―五、白石市教育委員会）。
＊56　一〇月二七日大條孫三郎・大内縫殿・但木土佐宛伊達慶邦直書（『伊達家寄贈文化財（古文書）』一七一七）。
＊57　針生武巳『屋代郷文久騒動　歎願真秘録』（私家版、一九七七年）二四〇頁。
＊58　一〇月伊達慶邦建白書控（『伊達家寄贈文化財（古文書）』一六四三）。「元治二年老中江直々指出控」とあるが、内容的に元治元年のものである。
＊59　前掲註＊47「元治元年甲子尊攘録自筆状」、「元治元年より探索書」（前掲註＊47『改訂肥後藩国事史料』五、三九七～三九八頁）。奈良勝司『明治維新と世界認識体系　幕末の徳川政権　信義と征夷のあいだ』（有志舎、二〇一〇年）二七四頁。
＊60　前掲註＊59「元治元年より探索書」。
＊61　前掲註＊56の一〇月二七日大條孫三郎・大内縫殿・但木土佐宛伊達慶邦直書。
＊62　同右の直書の「徳川之御家」部分では、闕字や平出といった敬意表現が見られない。
＊63　「板倉勝顕時事談」（『亘理伊達家史料』伊達市開拓記念館、二〇一一年、四二五～四二八頁）。
＊64　こうした自己認識は、政局不干渉の自己正当化の理由にもなる。当時、藩内には京都政局に関わらない慶邦に対して、「奥羽之鎮守府将軍」で満足しているといった見方があった（前掲註＊2拙稿、二〇〇～二〇一頁）。
＊65　伊達慶邦藩政改革覚書（前掲註＊22『大日本古文書　家わけ第三　伊達家文書之九』三一八一、五〇四～五二七頁）。慶応二年後半から三年前半に作成したと評価される（前掲註＊33難波論文、三六頁）。
＊66　慶邦は覚書のなかで、「苟も四民を撫育に立候予にて、予之為に有之、四民に非さる義を深く心得、暫時も不可忘事」と記している。仙台藩内での「教化」については、小関悠一郎「一八世紀後半における仙台藩の学問と「教諭」政策」（平川新編『江戸時代の政治と地域社会　第一巻　藩政と幕末政局』清文堂出版、二〇一五年）、前掲註＊14佐藤論文。

＊67　覚書の軍制改革の項目は、真田喜平太が安政期に行った建言の影響を受けているとの説もある（前掲註＊10小西書、九〇〜九六頁）。なお、真田は慶応二年・三年の近習目付である。
＊68　以下、特に断らない限り、慶応四年一月まで前掲註＊25「近習目付御用日誌」による。
＊69　拙稿「王政復古政変前後における仙台藩と米沢藩―京都政局との関連で―」（『日本歴史』七六八、二〇一二年）六七〜七〇頁。
＊70　慶応三年一二月一二日若生文十郎上書写（『十文字家文書』B四四―一九二、北海道立文書館蔵）。前掲註＊2拙稿の二〇三〜二〇五頁。
＊71　前掲註＊26「御国日記」の一月一四日条。
＊72　前掲註＊32『仙台戊辰史』二八〇〜二八一頁。
＊73　「慶応四年三月十三日御前へ左ニ申上候品柄」（複写本「葦名靱負戊辰記事　巻六」、仙台市博物館蔵）。三好はある藩士に建白書の一件を問い詰められ、「何モカモ屋形様馬鹿タカラしかたない、あんな者ハ服（ママ、腹）テモ切テ死候外ナイ」と話したという。
＊74　志賀潔編『戊辰記事』（私家版、一九三五年）後編四九〜五二頁。
＊75　「戊辰始末」（『仙台叢書』一二、宝文堂、復刻一九七二年）一五四〜一五六頁、一九七〜二〇二頁。
＊76　「木滑政愿日記　乾」（『読史堂叢書第十一集二』『上杉文書』一四八二―六―二）の閏四月一八日条。
＊77　以下、「石母田頼至日記」（『維新史料引継本』Ⅱほ三二〇A、東京大学史料編纂所蔵）による。
＊78　「仙台城中日記（慶応四年戊辰九月）」（『伊達家寄贈文化財（古記録）』三二五―二）。
＊79　前掲註＊48「仙台藩士族籍　四　附卒族」。
＊80　長州藩については註＊4上田論文。また、長州藩と比較したものに、村山由佳「明治維新論の再構築にむけて―会津藩と長州藩の意思決定方法の比較から―」（『日本史の方法』二、二〇〇五年）がある。

III

薩長再考

六　長州藩の国事周旋と益田右衛門介

上田純子

はじめに

本稿は、長州藩において言路洞開と衆議尊重を掲げて官野に跨る政治論議の拡大化を牽引し、また自らも藩政から国政へと、その活動の領域を積極的に拡大していった長州藩改革派について、安政五年（一八五八）にはじまる長州藩の国事周旋事業[*1]のなかに論述しようとするものである。

戦後歴史学において、幕末期長州藩政治史研究を牽引した田中彰は、天保・安政改革における改革主体を藩政改革派と呼び、その特質を幕藩体制の再編・強化に求めた。それは、幕藩体制否定の論理を内在する尊攘派の台頭と、その討幕派への転回によって否定・克服されるべき存在であった。[*2]維新変革の主体を何処に見出すかという命題を前に、芝原拓自との論争[*3]の中で練り上げられた田中の説は、幕末期の政治過程を正義と俗論の対抗軸で捉える明治期以来の歴史叙述を、[*4]中級武士に出自する党派的政治勢力の形成と転回いう文脈の下に読み換えたものである。そして、そこに維新官僚へと連なる有司の系譜を見出した。この有司の系譜論を受け継いだ井上勝生は、藩政の絶対主義化を推進する装置としての長州藩主の御前会議を析出し、改革派有司による藩政の実権掌握を、藩主の御前会議における形式としての藩主の親政、実体としての「有司」の専制と位置付けた[*5]のである。

しかし、中級武士による藩政掌握を強調するこれらの研究において、藩政や海防に強い意欲を持つ藩主毛利敬親[*6]や、その抜擢で家老職を勤めた益田右衛門介・浦靱負[*7]等の政治主導が問題とされることはなかった。かつて筆者は、長州藩主の御前会議とは、藩主が言路洞開と衆議尊重を保障する場であり、「藩士一般との合意形成の回路[*8]」として、藩政のなかに位置付いていくとともに、文久改革における政事堂創設が、家老制とともに家臣団支配の改編をもともなうドラスティックな改革であったことを指摘した。[*9]本稿は、この従来の政治と支配の体制を大きく変革する方向へと突き進んだ政体の担い手を、長州藩改革派として描出しようとするものである。その結集の核となったのは、安政期から文久・元治期にかけて、家老集団の中心に在った永代家老益田右衛門介である。

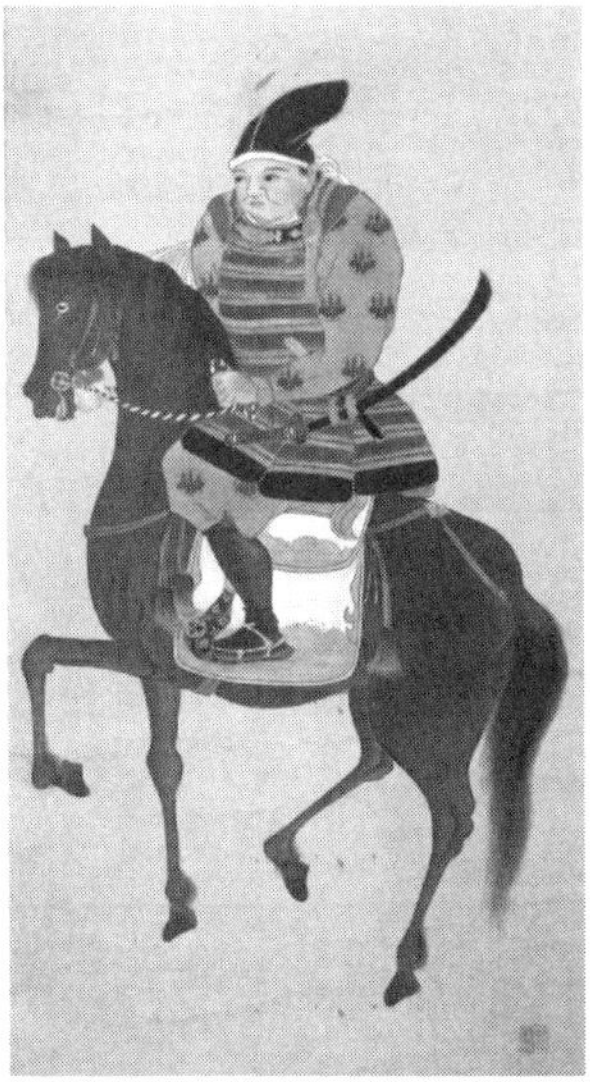

益田右衛門介親施（須佐歴史民俗資料館所蔵）

以下、日米修好通商条約勅許問題で明けた安政五年から、長州藩が航海遠略策を掲げて実際に国事周旋に乗り出した文久元年（一八六一）までの間の国事周旋事業を通じて、この長州藩改革派の位置付けを行う。これは、従来の明治維新政治史研究が前提として来た通説的理解を、大きく読み替える作業ともなるはずでである。

1　長州藩改革派の形成

(1)　永代家老益田家と毛利家の家老集団

元治元年（一八六四）九月八日、元地方右筆役添役工藤半右衛門は、禁門の変の事後処理に山口を訪れた岩国領主吉川経幹へ嘆願書を呈し、「先年益田右衛門介江戸当役ニ相成候ゟ、権威悉く江戸執政（江戸当役――上田）ニ帰し、属吏麻田公輔扶助を為し、地方属吏ゟハ前田孫右衛門応接ニ及ひ、内外群吏朋党之儀を相謀」ったと訴えた。[*10] 安政五年六月二六日益田が当職から江戸当役に転じて以降、江戸当役の政治主導が確立し、配下の麻田公輔すなわち周布政之助と、当職配下の前田孫右衛門がこれを補佐して、三人を核に利害を同じくする「朋党」が形成されたと指摘したのである。さらに同書は、禁門の変によって益田の失脚が決定的となった後も、「宍戸備前其外当役現勤之儀は、孰れも奸吏ニ化せられ居」「君侯更ニ御悔悟無之、直様佞臣を被相用」[*11] と、この「朋党」が家老集団からも同調者を得つつ、藩主をも抱き込んで、自己の利益を図っていると弾劾している。

この「朋党」を指摘された政治勢力について、まずその結集の背景を明らかにしておきたい。そのためには、益田と江戸当役という役職について、説明しておくが必要があろう。

益田右衛門介（越中・弾正）親施は、天保四年（一八三三）九月二日、毛利家永代家老益田家三二代元宣《もとのぶ》の二男として、益田家三一代房清《ふさきよ》女を母に生まれる。五歳年長の兄親興《ちかおき》[*12]があったが、嘉永二年（一八四九）三月急逝し、同年閏四月一〇日には元宣も卒して、五月二五日、一七歳の右衛門介が益田家を相続した。[*13]

表　安政２年時の一門・永代家老

階級	本拠地	当主	年齢	禄高	備考
一門	三丘	宍戸美濃	29	11,329.534	改名備前，後室東坊城聡長娘
	右田	毛利筑前	38	16,023.519	
	厚狭	毛利能登	45	6,696.696	大坂借減少石 1,675.00085
	吉敷	毛利出雲	40	10,855.590	
	阿川	毛利主計	27	7,391.289	改名伊勢
	大野	毛利隠岐	53	8,225.435	大坂借減少石 392.71
永代家老	須佐	益田弾正	23	12,063.506	文久３年改名右衛門介
	宇部	福原近江	23	11,314.341	安政５年佐世主殿（44）相続，改名越後

註）樹下明紀・田村哲夫編『萩藩給禄帳』（マツノ書店，1984年）より作成．

永代家老は、毛利氏の支族である一門六家に次ぐ家格で、同じく永代家老の福原家と併せて八家の家老、あるいは八家衆と称される。留守居家老として、軍役を含む家臣団支配を掌るとともに、それぞれ長防二州の要衝に知行地を宛行われ、領国警衛を担った。表は、安政二年（一八五五）時の八家当主とその禄高等を、分限帳の筆順に一覧にしたものである。信州高遠藩出身の砲術家坂本天山は、寛政一二年（一八〇〇）一一月から一二月にかけて萩を訪れた際、「旧来ノ名家ニて八家と号シ、万石以上八人有之、其内増《ママ》田越中と云人、須佐と云所を領し、石州境也、壱万八千石と云、内検者拾万石有之由、儼然タル邦君之勢也[*14]」と、その見聞を述べている。ここから、益田家の大名家にも匹敵する規模と権勢の程が窺えよう。

八家のうち、一門筆頭の宍戸家は、近世初期に軍役のみを勤めることで家格を形成した。軍役の減少によって、元禄七年（一六九四）以降は職役も勤めるようになるが、加判役に限って勤めており[*15]、文久三年（一八六三）三月の職制改革に至るまで、江戸当役・当職を勤めなかった。

これに対し益田家は、藩政と積極的に関わることで、藩内に重きをなした家である。安政三年（一八五六）四月、当時二四歳で当職に異例の抜擢をされた右衛門介が、かつて父元宣の下で当職手元役を勤めた赤川忠右衛門に、執務への助言を求めた際、赤川はまず、「昔御先祖様御当家御随属已来、御代々無比類御忠節、世之人口碑ニ伝候儀ニ御座候へ者、尊公様ニおいても御先祖様方ニ劣らせられす、御精忠被抽候儀肝要」[*16]と述べている。益田家の先祖元祥《もとなが》（牛庵）は、慶長五年（一六〇〇）関ヶ原の戦いの戦後処理で生じた六ヵ国返租問題に尽力し、さらに「金穀の事など司ることは、腰抜士の所作」[*17]とする風が残るなか、元和九年（一六二三）、それまで大禄の士は請けなかった当職をはじめて請け[*18]、以降毛利家の財政再建を中心となって成功させた。その跡を継いだ元堯《もとたか》も当職を勤め、また隠居後正保三年（一六四四）の藩政改革にも功績があった。[*19]また、右田毛利家から益田家に入った元宣は、天保改革期に当職・江戸当役を歴任し、学制改革や軍制改革にもそれぞれ惣奉行として携わっている。益田家の後継には、先祖に恥じない職役遂行とその成果が、内外から期待されたのである。

毛利家の家老集団は、この格制上の家老八家と、一〇〇〇石以上寄組士のなかから、昇進を経て任用される職制上の家老―老中によって構成される。そのうち江戸当役、当職、江戸・国許加判役という家老職に在るものを当役中（衆）と称し、現任でない家老は非役一門・休息老中と呼ばれた。藩政引請の家老として職掌が形成された江戸当役と当職は両職と呼ばれ、藩国統治の要が軍事から政事へと移るのに従って権勢を増していった。以下に紹介するのは、吉田松陰の安政五年九月二八日付正三位大原重徳宛書簡である。

（前略）弊藩ノ儀、当職・当役ト申両人、家老中ノ要職有之候処、当職ハ国事ヲ総摂仕候故、世ニ国相ト唱申候、当時浦靭負ト申者相勤候、当役ハ寡君輔弼ノ任ニシテ、江戸へ従行仕候故、世ニ行相ト唱申候、当時益田弾正ト申者相勤候、両人共孰モ有志ノ者ニ候処、浦ハ老輩ニテ、其家来忠義ノ者殊ニ盛ニ御座候、益田ハ行年二十六七歳、英気活潑ノ人物ニテ、当時家老中第一流ノ人材ニ御座候、私門人ニ付、幽囚中ニテモ兼テ志ヲ通ジ居候事ニ付、勤王ノ一義ニ於テハ、常ニ其志ヲ同ジ候義ニ御座候[*20]（後略）

当職は国許で民財政を掌り、江戸当役は常に藩主に随行して政事を統監する。浦も大局を俯瞰できる優れた政治家であった[*21]が、松陰は益田に対しても高い評価を与えている。益田は松陰の兵学門下[*22]であり、安政五年六月一五日の藩主帰国を機に、後述する「前代未聞」の言路洞開状況を招く。東京大学史料編纂所に所蔵・寄託される益田家文書中には、吉田松陰や久坂玄瑞をはじめとして、藩内外諸有志の意見書や風説類が多数伝存しており、「年譜」の「君子を網羅シ、野ニ遺賢無らしむるを以て意とす[*23]」という記述を裏付けている。前掲工藤建白は、その専権を批判したが、益田もまた建白や諫言を重視する政治家であった。

次節では、益田のこのような政治姿勢の淵源となったその修養にも触れながら、長州藩における改革派形成の背景について見ていこう。

(2) 改革派の形成

天保九年（一八三八）から嘉永元年（一八四八）までの間、益田右衛門介へ兄親興とともに句読を授けた益田家の儒臣松原近義は、その職を辞すに際して上書[*24]し、将来国家（藩国）の柱石となるべき兄弟に、それに相応しい学問形成・人格形成を要請した。それは、儒学の正統を講究し、克己（仁）と知人（智）によって「聖人の道」の実践に努めることであり、世上の評判や評価に惑わされて国家を損なうことを戒め、次のように述べる。

（前略）伏希、両君審講究此等之淵源、克己復礼、視聴言動一順、天理之節文、人事之義則、聚衆知為忠益、服先王之法服、言先王之法言、行先王之徳行、進思尽忠、退思補過、承（将）順其美、匡救其悪、夙夜不懈、以事其君使其君為尭舜之君、使其民為尭舜之民、如此則不独柱石於国家已矣、雖柱石於天下豈有他矣（後略）

自己の倫理的修養とともに、天理・人事に通じ、衆知を活用し、先王の道を守って国家を安寧に保つ。主君に対しては忠実に謙虚に仕え、時にその欠を補い、その君を仁義の君たらしめ、その民を仁義の民へと導く。それが国家（藩国）の重臣としての責務であり、天下の重臣と変わるところはない。近世身分制社会において、政事を世襲する益田家の子弟には、主君を輔けて国家と人民を安んじるという思想のなかに、その実践のための学問が要請されたのである。

一方で、寛政期以降の儒学、特に朱子学の普及[*25]は、平士のなかにも経世済時の使命感を持ち、「士」たらんと志す層を形成する。[*26]周布政之助が、北条瀬兵衛（伊勢華）とともに弘化年間に発足させた読書サークル嚶鳴社も、藩学エリートを中心とする朱子学派の勉強会である。[*27]後に北条は、嚶鳴社を「吾忠正公、有事於尊攘大更張国政、於是社中諸子多蒙擢抜、或列顕要、各以其所学施之実政[*28]」と述懐したが、これは、幕末の政局に臨み、修己治人の学を通じて、自らが政治的主体であることを意識化した「士」が、藩政に登用されて有司――藩官僚となったという自覚である。さらに長州藩では、嘉永元年（一八四八）七月に始まる学制改革で藩学明倫館を重建し、朱子学を正学として、「上聴之儀は、古之殿試ニ当り候ニ付、〈中略〉学問之力を御試被成候を肝要」と、講義と対書・対策を試験科目に定めた。[*29]藩主の上聴が科挙の最終試験に擬えられたように、明倫館諸生には、経書の解釈だけでなく、その実践として時事や政事を論じることで、その政治的対応能力が問われたのである。

もっとも、日本の近世身分制社会においては、科挙による人材登用を建前とした中国や朝鮮等と異なり、官学や私塾等で養成された知的エリートが、そのまま政治のエリートへと上昇できるわけではない。[*30]長州藩では、藩政運営を担う機構は、江戸当役・当職が、配下に江戸方・地方と呼ばれる「政府」を組織する両職制として展開していた。この「政府」諸役を職役として勤めるのは、家臣団のなかでも二〇〇石前後以下の大組（馬廻）士・遠近付（馬廻並）士であり、それ以外の階層は、家老職と君側で政事を監察する直目付とを除くと、藩政の意思決定に与る役職に就くことは、極めて稀であった。長州藩における藩政改革の主体として析出された、二〇〇石前後以下大組士等という階層は、長州藩の身分制的官僚制に由来する属性なのである。

しかし、藩学において個々の能力や人格を重視する人材登用の途が用意されたことは、それ自体が当時の「両御職座共ニ、御手ニ付候諸役人、大方ハ手寄相求候而罷出、役料・御心付、行末ハ御加増と申所を目当ニ而所勤仕候」[*31]という風潮に対する、批判を含んだ改革であると言えよう。益田も、その「年譜」に「奉役已来賄賂請託等之弊風を禁シ」[*32]とあるように、人事も含め、権門家が賄賂請託を受ける旧来の慣習を否定する。それとともに、明倫館での春秋両度の試験を通じた人材の発掘に努め、[*33]民間からの政策提言[*34]も含め、広く言路を開いて衆知を尊重する姿勢は、前掲松原の薫陶を受け、儒学的政治文化の影響を強く受けたものと言えよう。

このような益田の政治姿勢は、賄賂請託の弊習や、「先役の仕置善悪の論なく打消し、其身の功相立度私欲の心より、御政事の御主意筋も替り易く相見」[*35]という政治情況の改革を望む吏僚層の支持を得て、やがて江戸当役となった益田を核に、藩政刷新を担う政治勢力が形成されていく。筆者は、藩政に意欲を見せる好学の藩主毛利敬親の下、益田と共に藩政改革と国事周旋とを積極的に推進したこの政治勢力を、長州藩における改革派と捉えている。経世済時という儒学的政治観をもってする彼らが、国事に対しても強い関心を示し、やがて藩政だけでなく、国政へもその活動の領域を拡大していくことは、自然の成り行きであった。

以下、長州藩が国事周旋事業に乗り出す経緯の検討を通じて、この長州藩改革派の性格を見ていこう。

2　国事周旋の発端

(1)　条約勅許問題と長州藩

安政四年から五年にかけて、日米修好通商条約調印過程で起った条約勅許問題は、将軍継嗣問題とも絡みつつ、朝廷の政治的浮上と政治論議の拡大を招く。老中堀田正睦が条約勅許の獲得に失敗して間もない安政五年三月二二日、在京の有志活動家梅田雲浜は、江戸当役浦靫負の家老赤祢忠右衛門に宛て、以下の書簡を送っている。

(前略) 貴書ニ云、御国大守公之幕府エ之被仰上ハ、暫ク御面従ニ而、禁庭之義ハ、他之諸侯ト違ヒ格別ニ御由緒被為在候事故、天朝ニ有事候節ハ、御内実之思召云々、御尤千万ニ奉存候、内々粟田親王江言上仕置候間、左様御承知可被下候 (下略)[*36]

赤祢は、条約調印についての幕府の諮問に対し、毛利家は調和的な意見を提出したが、朝廷とは格別の由緒もあることから、有事に際しては、藩主毛利敬親に「御内実之思召」があることを梅田に伝えている。これは、その書簡に対する返書である。長州藩主の真意は以下の行論中に明らかになるが、それは江戸当役の用人から非公式に梅田へ伝えられ、さらに条約勅許に反対する粟田親王(青蓮院宮尊融法親王)へと伝達されたのである。

もっとも梅田は、赤祢の書簡を得た後直ちに長州藩邸へ赴き、京都留守居宍戸九郎兵衛等と面談する。しかし、藩邸はその後も動きを見せなかったことから、梅田は前掲書簡で、情報収集能力も含めて藩邸機能が脆弱、「此時節、才智有之能キ御役人ヲ当地ニ御置キ被成サル故ニ、如此機会ニ後レ、天下エ御面ヲ失ヒ被成候ニ至リ申候」と批判し、その強化を進言している。赤祢と梅田の接触は、表方の役職機構と連動していないことが窺えよう。

その同時期、国許では吉田松陰が、加賀・仙台・薩摩等が京都手入れを準備しているとの情報に接し、「弊藩ハ不相替因循、可耻之至」と嘆じつつ、一方で「近日ニ至り、国相府之諸員共少々振起申候模様ニ相成」と、当職益田右衛門介配下の地方政府に動きが出てきたことを報じている。[*37] 五月に至り、江戸方政府から、勅答写と幕府の再諮問に関する情報が地方政府へ伝達されると、地方政府でもその対案を協議し、当役中の意見書として、帰国途中の藩主へ呈上した。その内容は、叡慮通りアメリカを拒絶し、国内の死力を尽くして防戦するよう英断を下したならば、「人心忽一変し、太平之流弊相改り、兵馬調練・砲艦之製造等は不日に相整、皇国御興起之良策此外には有御座間敷[*38]」と、幕府に勅旨の遵奉を迫るものである。

一方江戸方政府は、人気一和を最重要として、「叡慮之旨御遵奉之御趣意を以、偏に御一和に而待夷之御良策被為在度[*39]」ことを幕府へ答申し、藩主とともに帰国の途に着いた。美濃路起宿で当役中使者地方右筆役周布政之助と行き合い、当役中意見書を披見した浦は、その日記に、「御趣意におゐては、当役中趣意も大同小異[*40]」と記している。叡慮の下での人心一和と、諸外国と対峙する軍事力の強化という方針において、浦は、藩主の御趣意と国許当役中の趣意を、大同小異と認識していたのである。

この条約勅許問題は、長州藩政府の外においても、有志・書生の政治論議を活性化させた。六月一五日帰城した藩主敬親は、翌一六日当職益田一人を召し出し、留守中の報告を受ける。その席上益田は、江戸方の言路壅蔽を恐れ、諸生の議論・京都風説等を悉く君前に持ち出した。[*41] その中に吉田松陰の手跡を見出した敬親は、「寅二郎幽囚、有所欲言、其上達之、為宣其抑欝、勿使其発為狂也[*42]」と、以後松陰の上書を許す。これによって松陰は、「囚奴ノ言も直ニ君公へ達候事体ニ相成、而モ大臣国相より上達スルトハ前代未聞之事共也」と欣喜し、遊学中の諸生へも、「直々上達之道有之候様相成候」と、建策や風説等を書き送るよう勧めたのである。[*43]

六月二五日、江戸当役が益田に、当職が浦に入れ替えられ、両職配下の諸役も漸次任免が行われた。「益開言路、張正議、是以両府一体、幽囚如余者、朝与一書于前田・周布等、食時経両相之手、日中達君公左右、誠為近古以来希有盛事[*44]」と、その言路洞開の様子を述べた松陰は、当時の長州藩政府を、地・江戸両政府が協同一致して、言路を開き、正議を拡張し、地・江戸政府員―両職―藩主と、権力中枢を縦貫した意見上達ルートが開設された状況と評価している。

(2) 戊午密勅と毛利家の対応

勅許のないまま、安政五年六月一九日日米修好通商条約が調印されると、京都では怪情報が飛び交い、幕府への反対意見封殺を危惧する廷臣間に、緊張が高まっていく。[*45] 七月中旬、松陰門下の中谷正亮が松陰に宛てた書簡[*46]には、中谷が梅田を訪ねると、梅田から、青蓮院宮が幕府への対抗措置として、孝明天皇や左大臣近衛忠熙・議奏中山忠能・同久我建通らと共に、有志大名への綸旨の発給を準備しており、内々に有志大名の意向を確認し、京・大坂間へ予め警衛のための人数派遣を周旋するよう依頼を受けた、と語ったことが見える。この要請は、「南呂初五」の日付がある以下の「密勅」となって、毛利家へ伝達された。

小子熟天文ヲ推考ルニ、今月上中旬ヨリ十一月上旬迄之内、善悪吉凶ハ不知ト雖モ、国中頗騒動之兆有之、蛮夷覬覦之時節、帝都警衛未全備、事情急迫ニシテ、心中私ニ深ク苦悩ス、有沈勇忠烈之人テ、事ヲ他事ニ属シ、密ニ衆ヲ摂州之辺ニ潜居シ、若有急変者、応機テ速ニ内裏ヲ守護シ、奉安叡慮者、誠以テ可謂天下之

忠臣、然ニ未得其人、憂国難テ忘寝食ル、何日カ奉休叡念ム、悲哉々々[*47]

予見される政情の不安定化と対外危機に臨み、京都警衛の不備を訴え、有事の際は速やかに内裏を守護するべく、摂津辺への派兵を要請したこの中山自筆の「密勅」は、右田毛利家の家臣で、当時正親町三条家に渡奉公していた甲谷岩熊（兵庫）が、議奏加勢正親町三条実愛の「真の密勅」という口達[*48]と共に、八月二〇日萩へ持参した。翌二一日、報告を受けた江戸当役益田右衛門介は、直目付梨羽直衛・清水図書、両職配下の当役手元役内藤造酒・地方手元役前田孫右衛門・江戸方右筆役兼当役手元参周布政之助・江戸方右筆役兼重慎一と共に、自邸において甲谷から事情を聴取し、二二日藩主敬親の内聞に入れる。当時萩には、既に水戸家と幕府へ下された勅諚写が、八月一一日付鷹司輔熙書簡と共に届いており[*49]、これらに対応するため、長州藩政府は、周布に兵庫御備場差遣の名目で上京を命じた。以下、この間の事情を記した周布自筆の一件記録[*50]から、長州藩の密勅問題を見ていこう。

九月一三日入京した周布は、翌一四日夜、御所において正親町三条実愛と対面し、御所内での評議の様子を尋ねるとともに、敬親の存意を伝達した。それは、和と戦と、どちらを選択したとしても、諸外国に付け入られることがないよう、諸大名は勅諚の通り「三家以下列藩一同、幕府を輔翼仕候様有之度」、朝廷においても「公武御合体之御処置肝要」というものである。また、通商条約調印課程の幕府の諮問に対する毛利家の対応については、「大膳大夫ニおゐて者、条約調印違勅之罪難遁抔与申儀、幕府江向キ候而者甚申兼、実以無拠次第も可有之与はづし置候而、只管御国内人心一和之処置有之可然与申出候」と説明した。これは、国持外様を国政から排除する近世政治社会の桎梏であり、また一方では、毛利家保全のための処世の術でもあったろう。その上で周布は、京都警衛について、次のように述べる。

（前略）兵庫表御警衛ニ付而者、夷人上陸、王城之地江乱入仕義も有之候ハヽ、勿論身命を抛防禦可仕、若万々一内乱出来仕候ハヽ、可奉遂忠勤覚悟聊相違無御座候付、此段被達叡聞被下候様奉願候（後略）

毛利家は、兵庫警衛の延長に、内乱勃発時には朝廷へ忠勤する覚悟を表明し、孝明天皇の「密勅」に応答した。京都防備として大阪湾警衛が強化されるなかで[*51]、毛利家に課せられた兵庫警衛という幕府軍役は、長州藩軍事力の畿内駐留を、幕府の嫌疑を受けることなく可能としたのである。

次いで九月一六日には内大臣鷹司輔熙へ参殿し、そこでも以下のように述べている。

（前略）治世之形容只今之通ニ御座候内者、彼是嫌疑有之、既ニ此度も書面差上兼、口上を以御答申上候程之義候得共、一旦内外之禍乱出来、万々一三百年来之形容相崩候節者、速尓駆付候而可奉遂忠勤覚悟素ゟ相極め罷在、家老共ニ至る迄聊別意無御座候間、此段御序を以御内々被達天聴被下候ハヽ、別而難有可奉存候

国許で用意した輔熙宛敬親書簡は、先に蜂須賀斉裕の輔熙宛書簡をめぐって幕府側の介入があったため、嫌疑を避けて呈上を見合わせた。しかし、敬親は、三百年来の政治体制に重大な変更が起った際には、朝廷―天皇へ忠勤する覚悟を定めており、家老も同意である。その旨を孝明天皇へ達して欲しいと、周布は輔熙に対し口上で申し述べたのである。

さらに周布は、輔熙の諮問に応える形で敬親の御前評議における議論の内容を語り、「公武御合体之御筋合ニ候ハヽ、不及なからいか様ニも周旋可仕与家老共迄も一同申談罷居候」と、敬親と家老が、通商条約締結問題で公武間の周旋に意欲のあることも述べている。

報告を受け、敬親の誠忠に満悦した孝明天皇は、正親町三条へ「使者之者者何と申候哉、今一応相対候而議論承置候様ニ与被仰出」れ、九月二〇日、周布は正親町三条と再び対面し、時事について談論した。この時正親町

三条は、「同志中江談、達御内聞可申」と、談話の内容を書き留めている。このように、八月五日の「密勅」は、朝廷と長州藩との政治的距離を一気に短縮し、長州藩の政論を朝廷の中枢へと到達させる回路の開設を結果したのである。

ここにおいて、毛利家延いては長州藩の意思決定の主体として語られているのは、藩主と家老であることに着目しておきたい。藩主の意向は、家老集団の同意を得ることで、より確実に毛利家―長州藩を代表する政治的意思として機能する。しかし、そもそも周布の京都差遣は「於国元茂内密之沙汰」とされていたように、そこに藩士からの同意の調達は全く顧慮されていない。対応を協議した御前評議には、関係した周布等「政府」諸員も参加したと推察されるが、それが機密に属する評議であれば、通常その情報は、有志といえども一般の藩士層の知るところとはなり得なかったはずである。

一例をあげると、吉田松陰は六月以降の言路洞開に翼を得た一人であり、周布とも親交がある。水戸家への密勅の第一報は、八月一八日に久坂玄瑞書簡から得ており、政府とほぼ同時期にその情報に接している。[*52] しかし、毛利家への「密勅」降下については、「厳囚紀事」に、周布の京都差遣を「君公密召周布、親告勤王之意、使其上京達之、事極密、人莫知其由」[*53]と述べてはいるものの、その詳細を掴んでいる様子はない。

吉田は同書において、上京後周布が京都の情報を秘匿し、さらに地方政府からの情報漏洩を恐れて、京都留居と地方政府の間の情報ルートを遮断し、江戸方政府が情報を独占したと論難している。ここから、江戸と京都で幕府による政治弾圧が進行するなか、長州藩上層部と朝廷との接触は厳重な情報管理下に置かれ、それは一応成功していたと見ることができよう。

3　国事周旋方針の決定

⑴　風説と吉田松陰の再投獄

幕府の政治弾圧が、水戸藩をはじめとする大名家とその家臣にも及ぶなか、長州藩では、江戸の風説に端を発したある政治的事件が起こる。その風説とは、一つには尾張・水戸・越前・薩摩に土佐・宇和島も呼応した大老井伊直弼の襲撃計画であり、長州へも四侯から相談があった、という。もう一つは、山内容堂・伊達宗城に続き、毛利敬親にも隠居が噂されている、というもので、安政五年一〇月末頃から吉田松陰関係書簡にも現れてくる。

この頃、世子番頭長井雅楽が、世子毛利元徳の内命を受け帰国した。それは、風説について釈明等の軽挙は無用との元徳の見解を進言するためであったが、城下には幕府へ釈明のため、敬親に早期の参勤を進言する帰国であるという巷説が広まった。

この江戸情報を得て、長州藩政府は、国内一致のための国事周旋を検討しはじめる。当時の松陰書簡は、その状況を「政府も殊の外奮激可喜」[*54]、あるいは「只今之所ニてハ、政府ニも大挙有之勢ニ候」[*55]と伝えている。この江戸風説をめぐる問題は、官と野を跨いた政治論議を加熱させることとなった。その様子を吉田松陰意見書[*56]から見ていこう。

次に載せるのは、松陰の情報ネットワークが捉えた、長州藩政府の国事周旋案である。（　）内は松陰への情報ルートを示している。

①敬親が正議の諸侯と共に上京して徳川扶助・公武合体の周旋を行う（周布→中村九郎→松陰）

②早日に参府して彦根へ直々に諫言する（周布→松島剛蔵・佐久間佐兵衛→松陰）
※松陰、成功は危いとして再考を促す
③一旦上京、正議の諸侯と綸旨を受け東下（一一月九日、周布→松島剛蔵→松陰）
※前田孫右衛門からの情報は、依然②策（同一〇日前田→入江九一→松陰）
①案は、周布が最も早い時期に松陰へ漏らした周旋案で、議論の叩きとして周布または「政府」が準備したものであろう。

これに対し②案は、同書中「薩越因筑各其説有之候得共、本藩ハ薩越へ御肩ヲ並ヘラレ候様ニモ御及難ク、因筑ノ後ニ御従ヒ被遊候テモ不相済、依之御独力ニテ彦根ヲ御説破被成候事可然」との理由から浮上したとある。これについて、後に益田家家臣大谷樸助が松陰を訪ね、「主公有君公詣江諫彦之言、子以為如何」[*57]と、②案に対し意見を求めていることから、益田の案であった可能性が高い。

③案は①案を修正したものであるが、これは「浦日記」官記一一月八日条に、「御密用物印封ニ〆、弾正殿江相渡候事」とある、浦靭負の意見書[*58]が係わっていよう。浦は、風説について幕府への弁明は不要と論じ、参勤も定例通りとする。その上で、参勤は敬礼上の信義に過ぎず、「御信義之大本ハ、公武御和融被為成候様御周旋被遊度」と、敬親に公武間の周旋を請う。その際、薩摩外有志大名二三家と連携し、同意が得られなければ毛利家単独の周旋も可として、次のように述べている。

（前略）公武御一和為御周施《ママ》御参府可被遊段を、先達而御双方江御通達被成置、御登掛京都御立寄、先天気御窺之上、公卿方并御滞京之閣老江御相対、幕府御不正之廉々御取糺シ被遊候而、孰之道叡慮巍然と相立候様、御誠意を以御周旋被遊、若閣老御帰府ニ候ハヽ、勅諚被仰受御参府之上、右之御処置被遊度奉存候、左

候へハ、第一ハ天朝江之御忠節、幕府江之御信義も相立、竟ニハ天下之人心帰向之期ニ至り候て、毛利家之御武名神州ニ轟可申と奉存候（後略）

朝廷・幕府双方へ、公武一和の周旋を通達した上で、在京の老中へ幕府の不正糾問と叡慮の巍然屹立を周旋し、帰府後であれば、勅諚を受け参府して、江戸で同様に周旋する。それによって公武一和を実現させることが、天朝への忠節であり、幕府への信義も立ち、結果天下の人心も帰向して、毛利家の名誉となる。同書中、開鎖の問題が争点化されていないのは、九月の周布上京時に、正親町三条実愛や鷹司輔熙との面談のなかで、朝廷にはその定論がないと判断したことに由来しよう。周布に同行した福原清介が、京都の事情として松陰門下の飯田正伯へ語った「天朝ニハ、鎖国共雄略共不定、只々満天下ノ人心居合ヨキ方ヱ快《（決カ）》局トノ〦」[59]の言が、そのことをよく示している。したがって、浦の意見書では、公武一和実現のため、天下の人心が納得する形で、叡慮を立てつつ朝廷・幕府双方の妥協点を探ることが目指されるのである。

浦意見書の出た翌九日、周布は③案を松陰へ伝える。しかし別ルートの前田情報は、一〇日にも依然②案であったことから、松陰は「最初道太《（中村）》ゟ承りたる所ハ江戸ト号し、京へ御滞ト云ヒ、中此《（ゴロ）》瑞《（松島）》・淡《（佐久間）》ゟ承り候処ハ是ニ異なり、前後反覆不常、誠ニ疑念之至也」[60]と、二転三転する周布情報に不審を募らせていく。一五日、松陰は門下の吉田稔麿を介して長井（一〇月二九日直目付任）に諸説の真相を糺すが、長井は「吾が預る所ニ無之ニ付、弾《（益田右衛門介）》相・清水ヲ可致弁語」と返答した。[61]ここから、藩主近辺の議論の中心は、江戸当役益田と直目付清水[62]図書であったことが明らかになる。

江戸風説への対応をめぐるこれらの経緯から、長州藩政府内の議論の変遷とともに、官野に跨る政治論議の空間の立体構造が見えてくる。幽囚中の松陰は、その門下生や、周布・中村等嚶鳴社を結節点とする有志のコミュニケーション・ネットワーク[63]とリンクし、また益田家の家臣とも繋がることで、長州藩政府中枢の情報と複雑にコミットしている。しかもその情報伝達は極めてスピーディで、一〇日の前田情報が示すように、時に地方政府への情報伝達を上回る速度で伝わった。しかし、ここでの情報の錯綜が周布への不審につながり、以降松陰は、執拗に周布批判を繰り返すこととなる。

この周布批判も含め、松陰は様々な政治情報を、同志間のネットワークを通じて拡散し、そこにおいて政治論議も拡大再生産されて行く。そして、この官野を跨いだ政治論議の空間で、松陰は「江家社《こそ》天下の先鞭に仕度、且君公様如右危地へ一先に御出被遊候事如何にも奉恐入」[64]として、自らその先駆けとなるべく、老中間部詮勝の要撃を計画し、それを周布や前田へ書き送って、長州藩政府の支援を求めている[65]。官と野を跨いだ政治論議の空間において、松陰は、政治的目的を実現するための手段として、暴力——テロリズム——の選択を提起したのである。

長州藩政府は、加熱する松陰の暴走を封じ込めるため、一一月二九日、松陰を杉家の一室に禁固とし、それに抗議した塾生もまた、親類預け・組預けとなる。そして、翌一二月五日には、松陰に再び野山獄入牢を命じた[66]。この、松陰の再投獄という政治的事件は、真偽不明の風説への過剰反応や、同志からの政府情報の流出も含め、官と野を跨ぐ政治論議の拡大によって形成されつつあった公論空間の、甚だ未成熟な一面を露呈させた事件と言えるのである。

(2) 安政五年藩是の決定

吉田松陰の再投獄問題が進行する一一月二七日、当役用談役井上与四郎・当職手元役前田孫右衛門・当役手

元役内藤造酒・江戸方右筆役兼手元参周布政之助は連名で、「時勢に応じ御処置之大意左に申上候」とする意見書[*67]を作成し、以下の三ヵ条を示して、藩主毛利敬親に施政方針の確定を求めた。

①叡慮遵奉・公武合体して尊王攘夷の盛業を立てる

②正議を維持しつつ、現状下では雌伏して臨機応変に尊攘の思召が達成されることを期す

③国事周旋は藩と藩主の大事に拘る問題であり、内では有志者の口を封じ、外に向かっては幕府の忌憚に触れることを一切停止して保身第一とする

③策は、①②策に対して予め俗論と位置付けられ、末尾を「今更御政体を被為変候儀は、下策に可有御座哉」と結んでいる。この意見書に名を連ねた四人は、言路を塞ぎ、幕府に阿諛する「政体」では、幕府に付け込まれ、さらに「世間識者之誹謗をば難遁」い[*68]と認識する現「政体」の担い手である。

しかし、毛利家と長州藩の命運に関わるこの重大な方針決定は、江戸当役・当職と前掲四人の御前会議で行われた[*69]。幕府の政治弾圧が進行するなか、敬親は、①策を眼目としつつ、直ちに公武周旋に乗り出すことは難しい現状から、先ずは静観して列藩の動静を見極める②策を採るよう、益田から四人へ指示させている。その際、③策に流れることを戒め、「第一策の御処置篤く取調べ置、弥可被下御手御時勢到来候はゞ、直様被下御手候儀は勿論」と、臨機応変に①策を実行に移せるよう、諸事取計を命じた。ここに、安政五年における長州藩の施政方針—藩是が決定されたのである。

『防長回天史』は、この御前会議での決定について、「藩是既に定まる、俗論派の口は之を以て漸く噤するを得たり」[*70]と記している。江戸での風説に端を発した長州藩の国事周旋問題は、一月足らずの間に藩士層から広く関心を集める問題となり、その当否をめぐって、批判的立場からの政治論議をも活性化させていたのである。敬親

の判断は、その批判的意見にも配慮しつつ、雌伏して時機到来に備えるというものであった。

比較的穏健な路線を選択する一方で、長州藩政府は、江戸藩邸の指揮命令機能強化を目的に、江戸留守居家老として、一門加判役の江戸在番を決定し、毛利出雲に出府を命じる。一二月二〇日出雲へ下された敬親の親書には、現時点では公武合体周旋の機会は無いが、今後情勢に従ってその処置も想定されることから、機会到来の際には、「祖宗以来之御遺旨を継き、天朝え之御忠節、幕府え之信義相立候得は、全以遺憾無之、我等身上眼前之禍福を謀り、軽薄之於致取計本意ならす」[*71]と、天朝への忠節・幕府への信義を敬親自身の保身に優先するよう命じている。

出雲に添えて、飯田小右衛門（寄組、二五〇石）と周布にも江戸番手が命じられたが、出府途次上京を命じられた周布は、同月二一日、益田へ「御熟慮之上御取捨被下候様」と、二項目の窺書を提出した。そこには、「上思召ニおゐて、是迄之御気附を被遊御持詰、自然江戸表御不首尾ニ立至り候ハヽ、御退隠被遊候而茂不苦旨御決定被成候」[*72]とあり、敬親が、状況次第では隠居の覚悟を示すほどに、当時長州藩政府は、強い危機感と決意を持っていたことが窺えよう。

安政六年春、敬親は常例通り参勤するが、着後の四月二七日、長州藩政府は藩主留守中の文武奨励と自身の修養とを兼ねて、世子毛利元徳の請暇帰萩を願う。『防長回天史』は、これに「此帰藩は、父子均しく江戸に在れば、一朝異変に際し藩国の不利なりとの意味も有せしものゝ如し」の注釈を加えている[*73]。その一方で長州藩政府は、大名家にも容赦ない政治弾圧が加えられる中、敬親の昇進運動を展開して、毛利家としては輝元以来例のない、左近衛権中将昇進を果たした。昇進の理由は、相模国御備場および兵庫御備場委任に対する慰労である[*74]。

この昇進運動は、幕府に阿諛する行為として、藩内外の有志・書生から非難の対象となる。しかし一方で長州藩政府は、通商条約締結に対する敬親の、青蓮院宮への真意内達や、「密勅」降下以降の朝廷への急接近を暴かれることなく、また、そこに開設された朝廷との回路の温存にも成功している。それは、長州藩が本格的に国事周旋に乗り出す、いわゆる航海遠略策の建策に際して、再び機能することとなるである。

4 文久元年藩是と国事周旋

(1) 航海遠略策の策定

文久元年(一八六一)三月、毛利敬親は、公武合体・海内一和して皇威が海外へ振るうよう御手伝い申し上げたいと、再び国事周旋の意向を示す。[*75] 藩主の意向は先ず直目付に諮問され、江戸当役との調整を経て、その後表方の詮議にまわす先例が認められることから、ここでもそれは、先ず直目付に諮問されたものと推察される。[*76] これに応えたのが長井雅楽であり、同役の梨羽直衛・内藤造酒に宛てた意見書として提出された。そこで長井は、大藩諸侯以下が皇国の危機に拱手傍観するのは、「第一天職に御背、御素餐之御名目御免れ被成難く、御愧耻無此上御事」と述べ、毛利家は歴然たる皇別の血筋であり、門地比類なき大家であれは、「御存意被為在候ハヽ、十分被仰述度」と、敬親の国事周旋に同意を示したのである。[*77] これを受けて、敬親はこの事案を表方の詮議に下げ、その詮議を経て作成された国事周旋方針案が、いわゆる航海遠略策である。[*78]

その文案は、両職以下地・江戸両政府が詮議し、当役中も含めた数度の御前会議を経て「国論」として練り上げられた。[*79] その上で、三月二八日、当役中伺書を以て藩主の裁可を得る。起案に当たったのは、長州藩の国事周旋に初発から携わり、朝廷の事情にも通じる江戸方手元役周布政之助である。その詮議方針は、以下のようなものである。

（前略）御全国之政、御両国之治、大小之差別者有之候得共、其旨趣ニおゐて者全同様之儀ニ付、是迄思召を以御両国ニ被相行候御政道之旨趣、当今第一之急務ハ、航海之術御開き、五洲各国之形勢を熟知之上、宇内を見渡候而、神州之御国体を相立候様処置被仰付之外有之間敷との御見込を以、先年以来軍艦御製造・産物御世話・御軍制沿革詮議等被仰付候儀ニ有之候間、此度右大要之御趣意、航海之術御開キ之儀を幕府江被仰立、万一叡慮江相触候儀ニも有之候ハヽ、趣次第朝廷江も従来之御趣意を被遊御建白候而可然哉と奉存候（後略）[*80]

当時長州藩政府が認識する最重要の政治課題とは、遠洋航海術を開き、世界情勢を熟知し、その上で天下の形勢を俯瞰して日本の国体を立てることである。長州藩政府は、安政三年に丙辰丸を建造し、上方や江戸周辺との交易振興を図り、特に安政六年以降は高島流西洋砲術を採用して軍制改革を推進するなど[*81]、それを政策化してきた。航海遠略策は、先に揚げた政治課題への対応として、藩内に実施している諸政策を全国へ敷衍し、内憂外患の打開を目指す、長州藩改革派の綱領でもある。故に、但書において藩政のさらなる充実のための施策が示されるとともに、万一建白が採用されなかった場合も、長州藩に航海遠略の実践がなければ誠意が貫徹しないとして、蒸気船購入と庚申丸の外国渡海を幕府へ申請することの可否が窺われている[*82]。その根底にあるのは、国政も藩政も、規模の大小はあれ、その内容は同様であるという[*83]、国家の政治的主体としての改革派の自負である。

そこには、条約締結によって大胆な改革が望まれる状況下に、「上朝廷江御憚有之、下ハ有志之徒を被成御厭候而、百事万端悉く因循苟且ニ相成、非常之御大業者難立[*84]」い幕政への厳しい批判が込められている。また、朝廷に対しても、世界情勢の変化によって、今や国是変革は必然の勢であると理解し、人心に事寄せて揺らぐ叡慮を、開港通商に確定するよう求める。その上で、朝廷主導で国是を定め、幕府列藩一同に徹底して、全国の人心を一和させる。これが長州藩改革派の示した待夷の策であった。航海遠略策は、直ちに実施可能な政策案として国政の場に提示された、長州藩改革派の政策提言と言えよう。

(2) 長州藩国事建白の意味

航海遠略策の裁可後、藩主の意を受けた家老集団の評議によって、御内用使者に長井雅楽を起用することが決定する。[*85] 藩主側近の長井を起用したことは、家老以下表方の役職機構とは異なるレベルでの、極非公式な周旋という含意もあったと推察する。長井は、安政五年「密勅」降下の経路を逆に辿り、まず議奏正親町三条実愛へ入説したが、そこで幕府側の見込みを尋ねられた際、「幕府之御様子丸ニ見込無之」[*86] と答えている。これは、後にもまた「私儀、最初より事破候ハヽ、伝馬町を死所と決着仕居候」[*87] とも述べている。藩主の強い意向で実現した国事周旋は、長州藩政府にとっては幕府側の反応が全く予測できない、危険な政治判断であったと言えよう。

では、毛利敬親と長州藩政府は、何故にこの政治判断を行ったのか、その動機を検討しておきたい。以下に引用するのは、文久元年七月二日、長井が老中久世広周に敬親建白の趣旨を言上した際の遣り取りを、国許同役へ報告した書簡である。

（前略）待夷之御良策者、公武御合体之上ならて者御施し難被遊候半歟、素ゟ主人外様之儀ニ御座候得ハ、御機密者可存筋決而無之、只世上之取沙汰を以色々心配仕候事ニ而、申上候筋定而的当者仕間布候得共、世上之取沙汰去今年ニ至り候而者、模《ママ》早危険ニ迫り候様相聞、素ゟ幕庭御歴々被為揃候御事ニ候得者、外様ゟ何廉御気遣申上候迄も無之、御疎無之儀者勘弁之前ニ御座候得共、虚吼ニ候而も、皇国之御大事与承り候而ハ、安眠不得仕、差越候儀とハ乍存、兼而之存意申上候も、偏ニ御奉公之一端与相考候訳ニ御座候（中略）君臣之分者倫理之本ニ御座候得者、第一幕府ニ尊王之思召有之筋を人々心得候様御実践被為在候ハヽ、一人之弁解ニ不能、万人感服可仕候、左候而海内一和仕候ハヽ、待夷之御良策者不求して輻湊仕候半、幕府尊王之思召御厚守被為在候ハヽ、天朝ニおゐても幕府を御優待弥増ニ可有之、自然叡慮之御結れも御氷解ニ相成、鎖国者国是ニ無之段も御納得可有之歟、是等之儀者其人ニ御委任被遊候ハヽ、御感納ニ至り候事顕然ニ御座候、只今無理ニ末を御押へ被遊候而ハ、労して無功而已ニ無之、終ニ禍乱ニ相逼り候半歟、（後略）[*88]

渉外には虚々実々の駆け引きが付きものであるが、ここで長井が、敬親による国事周旋の発意の契機を「世上之取沙汰」に求めている点は、いずれにしても重要な意味を持っていよう。毛利家の国事周旋建白は、既にこの国が内憂外患の危険水域に達したと警鐘を鳴らす世評によって決意されたと説明されたのである。

そこには、国持外様の国政への関与を禁忌とする近世政治社会の慣行を敢えて犯し、毛利家—長州藩が幕末政治社会へ参入する際の情報源、また、その行為の論拠とする世評、すなわち、形成され始めた世論の存在が見出されている。故に長州藩は、幕府に対しても尊王の実践によって、「万人感服」「海内一和」の状況を造り出すことを要請し、さらに、政治の周縁に形成され始めた世評の担い手である「末」を、強権によって弾圧することの不可を訴えるのである。

もっとも、その世評が「違勅与申虚吼ニ驚き、実事を心得不申者ハ弥増疑惑ヲ生し、尊王与申義ヲ唱へ候者江左袒仕候ニ至[*89]」って現在の混乱を招いていることも、長井は指摘している。しかし、毛利家においても、「機密」に与らない国持外様という立場である以上、本来「実事を心得不申者」と、何ら異なるところはない。それまで幕府内部の権力闘争や政治的対立とは一線を画してきた毛利家は、近世政治社会の外縁に形勢されて来た世評に政治的な価値を認めることで、その建白の正当性を主張したのである。

また、この長井書簡には、久世が敬親の国事周旋の意向を問うた際、回答を態とはぐらかしつつ、「乍恐公儀之御為而已之周旋者何共御受仕兼候半、其子細者、先祖以来勤王仕候子孫ニ而候へハ、先祖江対し候而も申訳無之、第一当今家来中決而折相申間敷[*90]」と述べたことが見える。敬親の去就を決定する要件として、毛利元就以来の勤王の実績とともに、家臣団の同意が挙げられたのである。ここで藩士層からの同意調達の可否が、毛利家ひいては長州藩の去就を決定する要件として語られていることに、長州藩改革派の基本的性格と、安政五年以来藩士層のなかにも拡大再生産され続ける政治論議の、現実政治への影響を見出すことが出来よう。

しかし、航海遠略策は、この家臣団からの同意の調達に失敗したことで、藩内だけでなく、朝廷や他藩有志をも巻き込んだ世評の不審を誘発し、挫折させられる。長井が航海遠略策を持って出府した時点で、国許には既にその用務を「御国ニ而俗論相起り、幕府江左袒被遊、攘夷之説を破り候次第にて、以之外御家之御恥辱[*91]」とする風説が起こっており、知らせを受けた江戸藩邸では、邸内に設けられた藩校有備館の諸生を中心に、騒然として長井を待ち受けるという状況であった。江戸到着後、長井はまず、諸生を一・二人宛呼び出して、「或者叱り、或ハ説得抔[*92]」することから始めなければならなかったのである。その中には、当時洋学修行のため江戸滞在中の久坂玄瑞も含まれていた。久坂は、萩の入江九一宛に、「長印の論は、天朝の叡慮・君公の御主意と申候而、僕などは叡慮・君意の在る処を知らぬ者と目せられ候」と不満を述べ、当時進行中のロシア軍艦による対馬占領事件への対応を欠いた航海遠略策を「主和者の説」と評している[*93]。しかし、この時久坂は、自身に叡慮・君意が内包する政治性の理解や、機密への配慮が決定的に不足していることを自覚していない。それは、有司と書生との埋め難い政治スキルの差とも言える問題である。この時の長井の「目途も無之慷慨説を吐散し、却而国体を損し、込り候事ニ御座候、今般御内用之御手障り共ニ相成候而者、誠ニ以残念無此上、奉恐入候[*94]」との危惧は、一年の後に現実のものとなるのである。

しかし、長井が「何分ケ様ニ疎行仕候而者、諸生者兎も角も至極被案[*95]」と、それ以上に問題視したのは、公儀人小幡彦七・矢倉方宍戸九郎兵衛・奥平数馬・有備館舎長桂小五郎等江戸藩邸諸員が、長州藩政府としての活動の枠外で、水戸藩側用人美濃部又五郎等と秘密裏に接触を持ったことである。この水戸藩との関係には、背後に万延元年（一八六〇）七月、丙辰丸艦上で取り交わされた水長盟約があった。それは、長州藩内では後に長井と周布政之助との対立の形をとって問題化し、外では水戸浪士等の老中安藤信正襲撃へと連なって、結果的に長井の周旋を停滞・頓挫させる。

水長盟約は、成破盟約とも呼ばれるが、大老井伊直弼の遭難と、その後の幕府政治の停滞は、現状打開のための「破」、すなわち暴力が、政治的手段として選択される局面を招来した。儒学的政治文化に彩られた言論による改革圧力以上に、暴力――テロリズム――が効力を発揮する状況を生じた時、毛利敬親と長州藩改革派の建白――航海遠略策――は、挫折を余儀なくされる。その流れを決定付けたのは、島津久光の率兵上京、すなわち大名家軍事力の現実政治への介入であった。

おわりに

文久元年一二年晦日、久世広周より公武周旋を毛利敬親へ依頼するという将軍徳川家茂の意向が伝達された際、長井雅楽は、「此度之御建議ハ、申迄も無之、皇国最大之御事柄に候得ハ、雅楽式軽輩之者[*96]を以て御先手ニ被召遣筋ニ無之様奉存候」[*97]と、岩国領主吉川経幹か、家老の孰かに渉外を命じるよう訴えている。そこで長州藩政府は、以降江戸詰居の家老として益田右衛門介がそれを引き継ぐ旨を久世へ届けるが、久世が長井続投を申し入れ、改めて長井に公辺御内用取計を命じて、表向き中老の肩書で渉外に当らせることとなった。

文久二年四月、久坂等有志六名は、航海遠略策を「長井雅楽一己の取計」と見做し、「君上を奉欺、老臣を侮慢」したと弾劾して[*98]、敬親を「大ニ大逆怒」[*99]させる事件を起こす。これは、「雅楽式軽輩之者」すなわち平士が周旋に当ることで、藩主・家老の政治主導が、有志や大多数の藩士の目から遮蔽され、その結果として、藩主・家老層とそれ以下の層との間に政治批判の空間を生成したものと指摘できよう。

近世身分制社会において、藩主・家老は政事をその職分とし、「国家（藩国）」を代表する。一方で平士は、家格・禄高に応じた職役として政事に参与する場合も、それは政事を職分とする身分となることを意味しない。長井の失脚は、近世身分制社会の政治構造に帰結する問題とも言えよう。[*100]

航海遠略策は、当初長井が抱いた危惧通り、久坂玄瑞等有志の工作によって、朝廷に対する不敬の文言を咎められ、挫折する。長井の同僚宛書簡中、「此度御建白一条ニ付候てハ、叡慮之被為向候所ニ付、初発之御詮議とハ相替り候由」[*101]の言が端的に示すように、久坂等は、長州藩政府が政策立案の基に置いた叡慮の所在、すなわち、朝廷には開鎖の定論がないという安政五年以来の長州藩政府の分析を、鎖国攘夷を叡慮と確定することで無効とし、長州藩改革派の航海遠略策を葬り去った。

この後長州藩政府は、藩是を叡慮に基づいて修正し、その線に沿って国事周旋を再開する。文久二年（一八六二）七月六日、京都藩邸において開催された、藩是転換を決定する御前会議には、長州藩世子・徳山藩主・一門加判役毛利筑前・同伊勢・同嫡子将監、江戸当役益田、老中浦靱負が列座し、直目付二人が控え、江戸当役に随行する「政府」諸役に加え、当職手元役・御備場用談役・学習院用掛・銃陣教授方と、当時在京の主だった役職者が列座した。そこで毛利敬親から、「御信義を以、叡慮之向処被抽御丹誠可被成御周旋、眼目之御旨意其余略此段御決心之段」[*102]が宣言される。その「御決心」に到る激しい議論の過程では、「藩士多数の向背」が問題となったことも指摘されている。[*103]広く藩士層を巻き込んで拡大した政治論議は、近世政治社会をその政治構造から揺るがすうねりとなって、彼らを藩政意思決定の場に押し上げようとしていたのである。

そのなかで、長井をスケープゴートとせざるを得なかった苦い経験から、長州藩政府は文久三年六月以降の国事建白に際し、益田に毛利敬親・元徳連署黒印状[*104]を発給して、全権を委任し上京させた。その黒印状は、攘夷親征、皇太子擁立、違勅の幕吏・諸侯の強制排除を命じており、益田には、敬親父子名代として在京中の吉川経幹と相談の上、三ヵ条以外の臨機の処置と、毛利家軍事力の発動、切腹も含む毛利家家臣の処罰が認められている。かつて、儒学的政治文化の影響を色濃く受け、言路洞開・衆議尊重を掲げて、政治論議の活性化と拡大を牽引した長州藩改革派は、言論とともに暴力までが政治手段化していく政治社会状況のなかで、軍事的圧力をその政治手段として選択するに至った。このように長州藩政府が、軍事政権としての性格を露わにしていく経緯については、稿を改めて論じることとしたい。

註

＊1　長州藩の国事周旋は、文久元年五月に開始される長井雅楽の航海遠略策によって具体化するが、芝原拓自はこれを安政五年の藩政改革綱領の理論的延長と位置付け、その策略が、安政五年八月密勅降下を伝えた鷹司輔熙宛返書中に既に胚胎していることを指摘している（『明治維新の権力基盤』御茶の水書房、一九六五年、二四一頁）。

＊2　『幕末の藩政改革』（塙書房、一九六五年）二四〇～二四二頁、『長州藩と明治維新』（吉川弘文館、一九九八年）等。

＊3　前掲芝原書。この研究史は、青山忠正「明治維新の史学史」（『明治維新と国家形成』吉川弘文館、二〇〇〇年）参照。

＊4　代表例として、中原邦平『忠正公勤王事績』（防長史料出版会、一九七四年）、末松謙澄『修訂防長回天史』（マツノ書店復刻版、一九九一年、以下『回天史』）。

＊5　「幕末における御前会議と「有司」」『幕末維新政治史の研究』（塙書房、一九九四年）所収。

＊6　拙稿「安政四年六月　浦靭負の廉書―『山口県史史料編　幕末維新3』の刊行によせて―」（『山口県地方史研究』九七、二〇〇七年）参照。

＊7　拙稿「東京大学史料編纂所所蔵益田家文書「申上書草案」」（『山口県史研究』九、二〇〇一年）、前掲拙稿二〇〇七年、拙稿「幕末期萩藩における給領取立農兵―寄組浦家を事例として―」（『史窓』五八、二〇〇一年）参照。

＊8　井上前掲書一六二頁。氏の主張は、御前会議の下に実現する「有司」の専制が、「藩士一般との合意形成の回路を欠落させ」たものであったことにある。

＊9　拙稿「安政五年萩藩における「会議」と政治機構」（『史学雑誌』一〇七―六、一九九八年）、同「幕末の言路洞開と御前会議―萩藩における新たな政治回路創出の試み―」（『論集きんせい』二一、一九九九年）、同「萩藩文久改革期の政治組織―政事堂の創設と両職制の改編―」（『史学雑誌』一〇九―一一、二〇〇〇年）。長州藩の藩政諸機構については、拙稿、二〇〇〇年参照。

＊10　工藤半右衛門嘆願書、元治元年九月八日、『吉川経幹周旋記』一（東京大学出版会、一九八五年復刻版）四七三頁。

＊11　同前書四七三～四七四頁。

＊12　室は毛利斉元長女三寿姫（敬親妹）、親興死後帰家。

＊13　以下、益田の年譜及び履歴史料は、特に断らない限り、『温故』二五（須佐郷土史研究会、二〇一二年）を参照。

＊14　享和元年（一八〇一）三月二四日付坂本孫四郎宛坂本天山書翰、『天山全集』下（信濃教育会、一九三七年）四八三頁。

＊15　宍戸美濃演説書、寛政九年（一七九七）八月、大田報助編『毛利十一代史』八（マツノ書店、一九八八年）六九四～六九五頁。

＊16　益田家文書B四―六六「赤川実昌上書」安政四年三月（東京大学史料編纂所蔵）。

＊17　兼重慎一「長藩財政史談」、『防長史談会雑誌』二五、一九一一年（『防長史談会雑誌』三、国書刊行会、一九七六年所収）。

＊18　毛利家文庫一〇諸役一五「要路一覧」、山口県文書館蔵（以下毛利家文庫は請求番号のみを記す）。一門が当職役を請けるのは、寛文三年（一六六三）の毛利就信が最初となる。
＊19　田中誠二『萩藩財政史の研究』（塙書房、二〇一三年）。
＊20　『吉田松陰全集』四（岩波書店、一九八六年、以下『松陰全集』）五二～五三頁。
＊21　前掲拙稿二〇〇七年。
＊22　家督後の嘉永二年（一八四九）六月二八日入門。
＊23　前掲『温故』二五所収。
＊24　益田家文書B六―三七「松原近義上書」。
＊25　宮城公子『幕末期の思想と習俗』（ぺりかん社、二〇〇四年）。
＊26　朴薫「幕末政治変革と〈儒教的政治文化〉」（『明治維新史研究』八、二〇一二年）、「東アジア政治史における幕末維新政治史と〝士大夫的政治文化〟の挑戦―サムライの〝士化〟」（清水光明編『「近世化」論と日本』勉誠出版、二〇一五年）等。
＊27　嚶鳴社については、海原徹『明治維新と教育』（ミネルヴァ書房、一九七二年）、小川亜弥子『幕末期長州藩洋学史の研究』（思文閣出版、一九九八年）、前田勉「長州藩明倫館の藩校教育の展開」（笠谷和比古編『徳川社会と日本の近代化』思文閣出版、二〇一五年）等に言及がある。拙稿「儒学と真宗説法―僧月性と幕末の公論空間―」（『公論と交際の東アジア近代』東京大学出版会、二〇一六年刊行予定）でも見解を述べた。
＊28　「杷山遺稿序」、口羽徳祐『杷山遺稿』（文求堂、一八八三年）二丁表。
＊29　「明倫館御書付並根沙汰控」、『山口県史史料編　幕末維新』七（二〇一四年）五七九～五八一頁。朱子学正学化と学問吟味による人材登用との関連は、眞壁仁『徳川後期の学問と政治』（名古屋大学出版会、二〇〇七年）参照。
＊30　渡辺浩『近世日本社会と宋学』（東京大学出版会、一九八五年）一〇三頁。
＊31　前掲赤川上書、前註＊16。
＊32　前註＊23。右衛門介当職就任直後の安政三年五月八日付月性宛赤祢忠右衛門書簡（僧月性顕彰会蔵）は、益田が大家を介しての陳情を受け付けないことに対する批判が同列中に起こっていること、また登用は公挙に拠るとして私謁を断ったことをあ

げ、益田丹下（益田家家老）へ「乍陰奉感心抃と物語」ったことを知らせている。

＊33 七五維新記事雑録二二五「対策　長藩士遺稿」は、益田が安政五年春試で下した時務策への対策二八点を一冊にまとめたもので、益田自筆の附紙がある。

＊34 土屋梃「浮屠清狂伝」（『清狂遺稿』上、田中治兵衛、一八九二年）は、益田が、浦靭負・福原越後とともに、海防僧と称された周防国遠崎妙円寺の月性を厚遇したことを載せる。月性の政策提言については、前掲拙稿二〇一六年（予定）。

＊35 前掲赤川上書、前註＊16。

＊36 七〇年度別書翰集一「年度別書翰集」六。

＊37 安政五年三月二四日付横井小楠・宮部鼎蔵外三人宛松陰書簡、『松陰全集』六、二三頁。

＊38 『周布政之助伝』上（東京大学出版会、一九七七年）二九二頁。

＊39 同前書、二九〇頁。

＊40 七一藩臣日記二「浦日記」安政五年官記五月二五日条（以下「浦日記」とのみ記す）。

＊41 安政五年六月一九日付某宛吉田松陰書簡、『松陰全集』六、四二頁。

＊42 吉田松陰「厳囚紀事」安政五年一二月三日、『松陰全集』四、一五二頁。

＊43 前註＊41。

＊44 前註＊42、一五三頁。

＊45 吉田常吉『安政の大獄』（吉川弘文館、一九九一年）。

＊46 『松陰全集』六、五六頁。

＊47 毛利家文書一七敬親六三五「安政戊午南呂初五密勅」（毛利博物館蔵、山口文書館蔵写真帳、以下同）。

＊48 前掲『忠正公勤王事績』一三八頁。

＊49 「浦日記」安政五年官記八月一九日条に、当役中の書簡写拝見の記事が見える。

＊50 毛利家文書一七敬親六三九「戊午密勅他写」。以下、特に断らない限り同史料から引用。

＊51 針谷武志「安政―文久期の京都・大阪湾警衛問題について」（明治維新史学会編『明治維新と西洋国際社会』吉川弘文館、

一九九九年)。
*52 小国剛蔵宛安政五年八月一八日松陰書簡、『松陰全集』六、七七頁。
*53 前註*42、一五三頁。
*54 安政五年一〇月末小国剛蔵宛松陰書簡、『松陰全集』六、一一五頁。
*55 安政五年一一月一五日付生田良佐宛松陰書簡、同前書一二八頁。
*56 益田家文書三〇―一―二九八「某建白書」、「戊午幽室文稿」(『松陰全集』四、一二六〜一三〇頁)所収。
*57 「周布公輔事二条」、『松陰全集』四、一三〇頁。
*58 益田家文書M一―二〇七「某内密建議書」。
*59 安政五年一〇月八日付松陰宛飯田正伯書簡、『松陰全集』六、一〇〇頁。
*60 安政五年一一月一〇日付某宛松陰書簡、『松陰全集』六、一二三頁。( )内の人名は上田。
*61 安政五年一一月一五日付来原良蔵宛松陰書簡、同前書一二六頁。
*62 直目付は、侍御史の唐名で呼ばれる君側の臣で、外向きには側用人と称される。
*63 前掲拙稿二〇一六年(予定)。
*64 安政五年一一月上旬某宛松陰書簡、『松陰全集』六、一二三頁。江家は毛利家の本姓大江家。
*65 安政五年一一月六日付周布政之助宛松陰書簡(同前書一一八頁)、同前田孫右衛門宛松陰書簡(同一一九頁)、一一月上旬某宛松陰書簡(同一二三〜一二五頁)等。この後、前掲註*56意見書では、益田の率兵上京論も展開している。
*66 『松陰全集』九、四一四頁。
*67 『回天史』二、二四一〜二四三頁。
*68 同前書二四二頁。
*69 「浦日記」安政五年官記一一月二七日条。
*70 『回天史』二、二四四頁。
*71 『周布伝』上 三八一頁。

*72　益田家文書M一―一二七「某願書」。周布自筆と推定する。
*73　『回天史』二、二八〇頁。
*74　同前書二八八〜二八九頁。
*75　中原邦平編『長井雅樂詳伝』（マツノ書店、一九七九年、以下『長井伝』）五二頁。
*76　拙稿二〇〇七年。
*77　『長井伝』五七頁。
*78　長井の意見書と藩論としての航海遠略策の比較は、原口清の指摘が正鵠を射たものと思う（「幕末政局の一考察―文久・元治期について―」原口清著作集1『幕末中央政局の動向』岩田書院、二〇〇七年所収）。また、周旋の過程については、高橋秀直『幕末維新の政治と天皇』（吉川弘文館、二〇〇七年）が詳しい。
*79　同役宛長井書簡、『長井伝』六四頁。
*80　一雲上五五「御建白一件」。
*81　小川前掲書、井上勝生『日本の歴史18　開国と幕末変革』（講談社、二〇〇二年）。
*82　前註*80。井上は、これを「長州藩の産物交易の展開を背景にした政論」と評価している（同前書二六九頁）。
*83　三谷博は、航海遠略策が、幕府有司の企図する富国強兵策・海軍建設に適合的な主張であったことを指摘している（『明治維新とナショナリズム』山川出版社、一九九七年、二〇二頁）。また、引用冒頭の文言は、前掲「松原近義上書」（前註*24）を想起させる。
*84　前註*80。
*85　同役宛長井書簡、『長井伝』六五頁。
*86　文久元年五月二八日付国許同役宛長井書簡、前註*80。
*87　文久三年二月同役宛カ長井書簡、『長井伝』二三〇頁。
*88　前註*80。
*89　同前註。

＊90 同前註。

＊91 文久元年六月二二日付国許同役宛長井書簡、同前註。

＊92 同前註。

＊93 文久元年六月二二日付、『久坂玄瑞全集』（マツノ書店、一九七八年）四九八頁。

＊94 前註＊91。

＊95 同前註。

＊96 長井は一五〇石大組士、文久三年二月加増され三〇〇石となる。

＊97 同役宛長井書簡、『長井伝』一一七～一一九頁。

＊98 文久三年四月一九日付長井雅楽弾劾書、『久坂玄瑞全集』五〇七頁。

＊99 長井雅楽待罪中陳説書、『長井伝』二五一頁。

＊100 三谷博は「近代日本では、「官」が「国家」と「政府」に分かれていて、その間隙が公論空間の生成にとって決定的に重要な役割を果たした」（三谷編『東アジアの公論形成』東京大学出版会、二〇〇四年、一二頁）と指摘したが、その淵源はここにあるように思われる。

＊101 高杉小忠太宛カ、（『長井伝』二二八頁）。

＊102 「浦日記」文久二年公私記七月六日条、井上前掲書一九九四年、一五九頁。

＊103 同前井上書一六〇頁。

＊104 「諸沙汰物写」、前掲『温故』一二五。

七　島津久光の政治構想について
――武力倒幕を決断したか否か――

家近良樹

はじめに

長年にわたる幕末維新史研究において、膨大な蓄積のある長州藩の研究に比し、薩摩藩のそれが質量ともに著しく劣ったことは、周知の事実である。しかし、近年では薩摩藩の研究は、政治史分野を中心に、本格的なものに限れば、徐々にではあるが進展を見せつつある。

だが、幕末維新期の薩摩藩の歴史で、最も重要な役割を演じたはずの島津久光に関しての研究は、いまでもそれほど豊かではない。イエス・キリスト伝に次いで多くの伝記を持つといわれる西郷隆盛との比較は意味がないとしても、薩摩藩関係者の中での島津久光研究の占める割合は、決して大きいとは言えないであろう。これには、幾つかの原因が考えられる。

その一は、久光の動向がこれまで大久保利通や西郷のそれでもって説明されてきたことが多かったためによると考えられる。その二は、関連史料の整備と開示が遅れたことである。幕末維新期の薩摩藩のみならず、久光研究にとっても必須史料である『鹿児島県史料　忠義公史料』と『鹿児島県史料　玉里島津家史料』が、それぞれ刊行され始めたのは、一九七四年と一九九二年のことであった。そして、この膨大な史料群の刊行を受けて、ようやく二〇〇〇年代に入って本格的な島津久光研究が始まる。その最初の成果として結実したのが、二〇〇二年に発表された芳即正氏の島津久光に関する著作であった。[*1]以後この著作（本稿では芳本とする）に影響を受けて、幕末期の久光に関する著作が幾つか刊行され、また幕末維新期の久光に関する論稿がやはり幾つか発表され、今日に至っている。[*2]

ところで、二〇〇〇年代に入って始まった本格的な島津久光研究において目につくのは、久光に対して高い評価が下されるようになったことである。例えば、以前は世界史の流れも理解できない保守的な「暗愚なバカ殿としての久光像」[*3]すら見受けられた。しかし、芳本が登場してからは、こうした評価は否定され、久光の実像にもとづく高い評価が急速に市民権を研究者の間では獲得しつつある。①久光が幼少時から人情に厚い慈しみ深い人柄の持ち主であったこと、②勉強家で識見も高く、そのため後年、異母兄の島津斉彬から一目置かれ、相談相手ともなったこと、③幕末の中央政局において薩摩藩が常に中軸的な役割を演じることが出来たのは、久光のリーダーシップによる所大であったこと、等々の評価である。

島津久光（国立国会図書館所蔵）

そうした中、本稿においては、久光の政治構想の問題を検討することにしたい。この問題を取り上げる前提にあるのは、久光の幕末維新政治史上に占める存在の大きさに対する私の認識である。久光は、幕末期にあっては、藩主島津茂久（のちの忠義。本稿では忠義とする）の実父として、事実上藩政の最高権力者の座に就いて以降、薩摩藩の動向に大きく関わった。また明治期に入ると、西郷や大久保（なかでも西郷）への批判を強め、そのことで西郷を激しく追いつめ、ついで死への誘惑へと駆り立てた。そして、このことが、明治六年（一八七三）の、いわゆる征韓論の主張へとつながったと考えられる。[*4]さらに、この間、維新（明治）政府に対する猛烈な批判を行ない、そのことで反政府運動のシンボル的存在ともなる。すなわち、島津久光は、世間一般の歴史愛好家の多くが漠然とイメージするよりも、はるかに日本近代史に巨大な影響を及ぼす存在であったことは間違いない。したがって、久光の政治構想を検討することには歴史的意義があると考える。

もっとも、私に与えられた紙幅には限りがある。そこで、本稿では、非常手段として次のような手立てを講じることにしたい。そのまず第一は、先学の研究において、なんら問題がない（疑問点はない）と判断できたものは、ごく簡単に要点のみを記すことである。ついで第二は、すでに拙著において検討を加え、現在でも自説に変更点がないものは、極力、関連史料の再度の引用は控え、かつ史料の出典名は既刊の拙著に譲る（すなわち拙著に所収として処理する）ことで、スペースを確保することである。以上が執筆上の留意点であるが、本稿では左の二点の解明をめざすことにしたい。

㈠久光を取り巻く政治状況の変化によって、彼の政治構想も当然変化したとの前提の下、各段階（節目）で、どのような政治構想が樹てられたのか。㈡幕末最終段階の久光が藩軍事力をもってしてまでも徳川を排除する形での公議政体の樹立（つまり武力倒幕と近代天皇制〔天皇制中央集権国家〕の成立）を望んだのか否か。なかでも、本稿の核をなすのは㈡の問題の解明である。そして、この問題に関しては、慶応三年五月下旬から六月初旬頃の時点で久光が武力倒幕の決意を固め、以後、藩内に強かった反対論を押し切ったことで、薩摩藩の武力倒幕が成功したとの評価が通説的位置を占めている。その代表的な論者が芳即正氏である。すなわち氏は、前掲書においての次のような見通しを描いた。ごく簡単に箇条書き風にして纏め、つなぎ合わせると、以下のようなことになる。①安政六年十一月の藩主直筆の「諭書」が出されて以後、薩摩藩は、多少の紆余曲折はありながらも、常に一貫して藩としての行動をとって動いた。そして、この点が水戸藩や長州藩との大きな違いとなった。②久光は、慶応三年下半期に武力倒幕を「清水の舞台から飛び下りる思い」（二四一頁）で決断した。③それからまもなく武力倒幕が達成され、ここに近代天皇制成立への途が切り開かれた。

このような見通しは、芳氏の影響を強く受けた研究者によって、ほぼそっくり受け継がれていると評してよかろう。これに対し、私は数年前に上梓した研究書[*5]において疑問を呈した。右のような支配的見解では、幕末期最終段階の薩摩藩があたかも一枚岩となって武力倒幕に突き進んでいったとしか受けとれないこと（つまり藩内の多数派であった武力倒幕反対派の存在が、不当に軽視もしくは無視されかねない）を憂慮したからである。それと、島津久光が慶応三年の時点で、本当に武力倒幕を決断し、藩を引っ張っていったのかについて、確信をもてなかったことによる。そのため、この点に関しては、拙著では曖昧な形での疑問の提示に止まった。そこで、本稿では史料等の制約もあって、明確な結論は依然として下せないものの、以前よりもう少し掘り下げて、この問題を検討することにしたい。

1　中央政界登場時の島津久光の政治構想

(1)　島津久光の実権掌握

島津久光が中央政界に突如登場してくるのは、文久二年(一八六二)のことであった。いうまでもなく、率兵上洛時である。もっとも、その前に、武家社会で最も重視された官位を持たなかったため、中央政局で発言をする資格の無かった久光が、なぜ薩摩藩内のみならず中央政局にまで巨大な影響を及ぼす存在となりえたのか、その理由(背景)をごく簡潔に説明しておく必要があろう。藩主に就いたことが一度も無く、江戸で政治活動をした経験も、有力諸侯との交流をもった体験も無かった久光が、まず薩摩藩内で力を持ちえたのは、実父の藩主島津斉興の庇護があったからである。すなわち、側室由羅の産んだ久光を溺愛した斉興は、嘉永元年(一八四八)四月に久光に対し家老座に出席して藩政を処理(藩政に参与)することを命じた。また父に次いで藩主となった異母兄の島津斉彬から高い評価を受けたことも要因としては大きかった。斉彬は、藩主に就任する以前から久光の学識や能力を高く評価し、時に相談相手とした。[*6] そして、こうしたことが、安政五年の七月、自身の死期を悟った斉彬から、久光の長子忠義への事実上の後任指令となる。ついで、翌安政六年の九月に斉興が死去すると、一二月に忠義から藩政の補佐を依頼される。ここに、久光は忠義を後見して藩政を指導する立場となった。さらに彼は、文久元年の四月に国父として遇されることで、[*7] 若年の忠義に代わって藩内では実質的に最高権力者の座に昇りつめることになる。

(2) 率兵上洛

この久光が決行し、一躍、彼の名を全国に知らしめることになったのが、率兵上洛と江戸出府であった。すなわち、文久二年の三月に久光は多数の兵士を引き連れて鹿児島の地を出立し、当時良好ではなかった公武（朝廷と幕府）間の融和実現に向けての活動に従事することになる。ついで勅使の大原重徳を担いで江戸に乗りこみ、幕政改革を求め、松平慶永の政事総裁職、一橋慶喜の将軍後見職就任をそれぞれ幕府首脳に承諾させるという、前代未聞の成果を獲得する。だが、江戸からの帰途、生麦事件を起こし、京都にいったん戻ったものの、イギリスの報復に備えて、国元の武備充実が急がれたため、あたふたと鹿児島に帰国することになる。

この間の久光の活動を支えた彼の政治構想（理念）として諸書が指摘するのは次の諸点である。①久光の行動は斉彬の「遺策」に規定されてなされた（すなわち、斉彬が死去する前に、久光らに朝廷に緊急事態が発生すれば、藩主クラスが率兵して上洛し、朝廷の守護に当たれと依頼〔遺言〕したことが、まもなく藩の基本方針となり、久光の率兵上洛もその延長線上になされた）。②挙国一致しての海防体制を築くために全封建領主階級の結集と結束を優先課題とした。そして、そのため、有力藩（有力諸侯）の国政への参加を当然だとした。③西洋諸国に比べ、日本が軍事科学技術面で著しく遅れていることを認め、攘夷の即行には強く反対した（しかし、開国論者であったまではいえず、将来、西洋諸国と十分に戦えるだけの軍事力が整えば攘夷もありうると考えた。いずれにせよ、叡慮が攘夷であったことを受けて、自分の考えが攘夷だとも開国だとも明言することは無かった。あくまで「外夷の軽侮」を招かないための武備充実の必要を強く主張し、攘夷の実行を将来の課題とするに留まった）。④日本国を西洋諸国と対峙しうる強国に変えるために、国政を担当する幕府に改革を求めた。その前提にあったのは、国政の主導権を幕府が掌握するのは当然だとする考えであった。したがって、幕府を倒す考えは微塵も無かった。いやむしろ扶幕論者であった。⑤人心を統合するためには幕府サイドが天皇（朝廷）が君であり、将軍（幕府）が臣であるとの、君臣の名分を表明するのが大切だとした。

ただ、久光に固有とまではいえないが、政治状況の変化に伴って、いかにも久光らしい特質もこの段階で表われてくる。その第一は、傍観者に対する極度の軽蔑と排除の論理である。これは、久光が率兵上洛を決行するにあたって、常識論を粉砕し、非常な決意でもって立ち上がったことと大いに関係した。久光の率兵上洛にあたっては、西郷が常識的な判断の下、反対したことは広く知られている。確かに、「無位無官」の身で、政治活動を共にしうる仲間の全くいなかった久光が、公武間の周旋に乗り出すという行為自体は、誰の眼から見ても非常識そのものであった。しかし久光はあえて決行し、大きな成果を獲得した。これが久光をして、傍観者に対する極度の軽蔑の念を生むとともに、ごく一部の有力藩（有力諸侯）とのみ提携していこうとする路線の採択ともつながった。幕末期の薩摩藩になによりも目立つ特色は、傍観者の立場に留まった諸藩を排除し、不利な状況に陥る危険性をも顧みず、国政へ積極的に介入しようとした一部の有力藩（有力諸侯）とのみ手を携えていこうとする方途であった。すなわち、こうした、ごく一部の封建支配者を取りこむ形での中央政府の樹立をめざした。このような方針が半ば確立するのが、久光の中央政界への登場時であった。もっとも、こうした路線が、その後、久光のみならず薩摩藩への各方面からの反発を猛烈に招くことになる。

第二は、封建体制の存続を当然だとする姿勢である。このことは過激な攘夷即行論者と鋭く対決する中で鮮明となる。周知のように、率兵上洛を強行し、その後、帰国するまでの久光は、自分の指令に服さず、攘夷の即行と敵対者の抹殺にこだわった藩士を寺田屋で処刑した。ついで長州藩を後楯とする急進攘夷派と抜き差しならぬ対立状態となる。これは久光がなによりも内乱の発生を恐れたためであった。また、この間に明らかとなるのは、封建体制の下ではなんら指導的地位に立ちえない下層者の発する過激な政治的主張を、「匹夫の勇」として嫌悪した久光の在り方であった。これは、むろん、久光が国力（軍事力・経済力）の裏付けのない攘夷行動を無謀で軽率だと批判しえた現実（理性）的な判断力と意見の持ち主であったことによる。しかし同時に、彼が封建的身分制の根っからの維持論者であったことに、そもそもは起因していた。そして、これは久光の生涯を通じての根本的な特質であり、やがて西郷の配下らと明治期に激しく対立する要因ともなった。また、後述するように、久光は公議政体を拒否する考えの持ち主であったが、これはこうした所に遠因が隠されていたと言える。

2　参預会議解体後の島津久光の政治構想

(1)　参預会議の成立と解体

以上、前節では、中央政局に登場した時点の久光の政治構想（理念）の特色についてごく簡単にふれた。本節では、それが、いかなる契機によって、どのように変化したのかという問題を検討することにしたい。文久二年の閏八月に帰国した久光は、武備充実に努めた後、翌文久三年（一八六三）には二度にわたって京都にやってくる。とくに重要な位置を占めたのは、文久政変によって急進攘夷派が京都から追放され、かつ彼の上洛を求める宸翰が秘かに出されたのを受けて決行された同年一〇月の再上洛時であった。以後、久光は、かねてからの持論（構想）の実現を目指すことになる。すなわち、大政委任（国政の主導権は幕府が掌握）の原則の下、自らを中心とする、ごく一部の有力藩の実力者が朝廷と幕府の双方を支える（助ける）体制づくりであった。そして、そのために久光は将軍の徳川家茂及び彼が仲間だと認めていた実力者の上洛を求めた。

さらに武家の代表が朝議に参画できる体制の創出を図り、その結果、相次いで上洛して来た有力者が朝廷から朝議参預を命ぜられ、ここに参預会議が成立する。すなわち、一橋慶喜・松平容保・松平慶永・伊達宗城・山内容堂が文久三年一二月晦日に、提唱者の久光が遅れて文久四年（一八六四）一月一三日に、それぞれ参預に任命されることになった。彼ら武家からなる参預は、新しく関白に就任した二条斉敬（左大臣兼任）・右大臣の徳大寺公純・内大臣の近衛忠房や中川宮らと、小御所などでの朝議に参加することになったのである。ついで、彼らは幕府の最高意思決定の場（幕議）にも時に参列するようになる。つまり国家の基本方針を決定する過程において、従来排除されてきた諸藩の考えが、ごく少数者（雄藩）のそれという限定はつくものの、反映される可能性が出てきたという点で、画期的な意義を有した。

なお、この間、上洛して来た久光に対し、孝明天皇から「極密」の宸翰をもってする質問や今後の協力依頼がなされ、久光も「奉答（御請）書」[*8]を提出するなどした。そして、こうしたやりとりがなされる中、明らかとなるのは、久光には当初から天皇が間違いを犯さない完全無欠な存在だとの認識がなかったことである。すなわち、神聖不可侵な「生き神」だといった類の信仰めいたものは無かった。そのため、久光は、臣下の身でありながら、天皇に注意（反省）を促しもした。そうしたことはおき、参預会議は、横浜の鎖港をめぐる久光らと慶喜らとの意見の対立や久光（薩摩藩）に対する慶喜及び幕府側の嫌疑によって解体においこまれる。[*9]そこで、絶望のあまり久光は国元へ帰国することになった（四月一八日に京都を出発）。

(2) 帰国後の島津久光

本項では、鹿児島に帰着後の久光の政治構想を扱うことにする。この点に関しては、次のことが言えるかと思う。その一は、扶幕的な姿勢が後退し、幕府（一橋慶喜）とは距離を置くようになったことである。その二は、この点と関連するが、政治活動への熱意が失せ、当初からの方針であった禁裏の守衛にのみ自藩の目標を限定するようになったことである。その結果、自分に代わって京都に置いた西郷らに対して、この目標以外で安易に動くことを禁じ、西郷らにそれを誓わせる。反面、こうした姿勢に転じることで、久光が富国強兵を目的とする藩政改革に熱心に取り組むようになる。すなわち、京都政局での主導権争いよりも、一藩規模での富国強兵（殖産興業よりもいち早く成果が見込めた）を以前より本腰を入れて目指すようになった。

そして、このことが、イギリスへの留学生と監督者の派遣となり、ついで彼らのその後の働きもあって、諸藩中断トツの第一位となる大量の艦船が購入されることに繋がる。また久光は、慶応二年段階で政費全般の削減を藩内に命じる一方、自分の自由になる「御用途金之内、一万両」を陸海軍の整備のために「下ケ渡」した。[*10]そして、こうした多方面に及ぶ努力によって得られた成果が、その後の対幕戦において役立つことになる。他方、この間、京都では、いわゆる一会桑勢力が京都に出揃い、同勢力が京都における幕府の代弁者的な役割を務めるとともに、孝明天皇や二条関白等朝廷上層部と結託し、朝廷を牛耳る新たな事態が出現する。[*11]それは久光（薩摩藩）と天皇及び朝廷上層部との関係でいえば、それまで久光（薩摩藩）に寄せられていた信頼と依存度がともに低下したことを意味した。

3　慶応期の島津久光の政治構想

(1)　上洛問題の浮上

このような中、久光の上洛を促がそうとする動きが出てくる。口火を切ったのは、京都にいた薩摩藩の指導者であった。本稿では紙幅の関係で割愛するが、元治元年（一八六四）の七月に禁門の変が発生し、藩兵が御所に発砲した件を咎められて長州藩が朝敵となる。ついで、同藩への攻撃が画策され（第一次長州戦争）、これは長州藩の三人の家老が責任をとる形で、半ば強引に征長総督によって収束される。ところが、これに対し各方面から手ぬるい措置だとの批判が寄せられ、このあと長州再征の動きが出てくる。

この段階で、在京薩摩藩指導部は、長州再征の動きを阻止するための新たな状況打開策を立案する。それが、政局に大きな影響力を有する島津久光や伊達宗城、それに松平慶永といった有力諸侯を再度上洛させて、対長州戦を阻止するというプランであった。そして、このプランを実現させるべく、さっそく彼らは手分けして、上洛を促がすことになる（西郷が国元に帰国し、大久保と吉井幸助の両名はそれぞれ福井と宇和島に赴く）。もっとも、この段階では即久光の上洛とはならなかった。慶応元年一〇月六日、藩主父子の名でもって、情勢の推移によっては、藩主父子が上洛することが藩内に告げられるに止まった。*12

ところで、この時点の久光に関して押さえておかねばならないのは、彼が幕府側との武力衝突の可能性を未然に摘み取ったことである。すなわち、久光にとって数少ない政友であった伊達宗城から、西郷が過激な行動に出る可能性が大である（すなわち挙兵する）と書簡でもって知らされると、すぐに西郷とごく親しかった家老の桂久武を慶応元年一二月に京都に派遣し、西郷ら在京薩摩藩士が過激な行動に出ないことを約束させた。[*13] こうした久光の行動、及び久光の同志であった宗城が久光を反挙兵論者と見なしていたことから、鹿児島に帰国後の久光がいまだ武力倒幕論の立場にはなっていないことが判る。そして、このことは、やはり同志的な立場にあった越前藩関係者が等しく証言していることでも裏付けられる。すなわち、越前藩の中根雪江や毛受洪らは、久光に反幕的な行動に出る意思がないことを慶応元年一二月の時点で幕府関係者に断言した。[*14] 中根らは、京都にあつて日常的に在京薩摩藩指導者と接触する間柄にあった。また松平慶永を通して久光や小松帯刀の考え方に通暁していた。そうした人物の観察であるだけに、これは信用しうる証言であったと見てよい。

(2) 島津久光の再上洛と対幕関係の緊迫化

久光と武力倒幕論との関係が問題になるのは、彼の再上洛後のことである。慶応元年の時点では自らの上洛を見送った久光であったが、翌慶応二年の半ばに突入すると、事態は俄に動き出す。六月七日に第二次長州戦争の幕が切って落とされたあと、将軍の病死、一橋慶喜の徳川家相続と将軍職辞退、慶喜の名代出陣の公布と中止、孝明天皇の急死といった予期しえぬ事態のあいつぐ発生によって、中央政局に大混乱が生じる。こうしたことを受けて、又とないチャンスが到来したと見なした在京薩摩藩指導者から再び久光の上洛が求められ、今度は久光の上洛が決定をみる。新たな状況下、「傍観」は許されないとの判断もあってなされた決断であった。もっとも、今回の上洛は、久光にとっても重大な覚悟を要するものであった。しかし、前途に困難は充分に予想されるものの、成算もそれなりにあって、久光の上洛は決定される。そして、強い反対論が藩内にある中、自身の上洛に承諾を与えた久光は、ともに手を組み仲間となる有力諸侯の上洛を促がすために西郷を高知と宇和島に派遣する。

その結果、容堂と宗城から上洛の同意が取り付けられる。[*15]したがって、このような経緯からいって、久光の果たした役割は、他の有力諸侯に比べ、それだけ大きかったと評しうる。

さて、ここに久光は、慶応三年の三月二五日に将兵七〇〇人余を従えて鹿児島を出発し、四月一二日に参預会議の解体時以来、丸三年ぶりの上洛をはたす（なお、この間、三月五日に、久光らの上洛を待ち切れなかった慶喜が、幕府単独で兵庫開港の許可を朝廷に願い出た。そのため、意見を聴取したいとの名目で久光に上洛命令がだされる。それ故、久光の上洛は朝命によるものとなった）。ついで、四月一五日には伊達宗城が、翌一六日には松平慶永が、そして五月一日には山内容堂が京都に到着する。ここに、俗に「四（賢）侯」といわれた有力者が京都に再び集合することになった。四侯上洛後の京都では、慶喜を交えてこれからの国の在り方をめぐる話し合いの場がもたれた。主要な議題となったのは、①兵庫開港と長州藩処分のどちらを優先して解決するかをめぐる問題と②イギリス公使パークス一行の敦賀への旅行問題をきっかけに発生した議奏・武家伝奏の解職と後任の補充問題であった。

①の問題においては、久光（薩摩側）は、兵庫開港問題よりも長州問題の解決を急ぐべきだと主張した。そして、これには、幕府主導ではなく、朝廷主導での兵庫開港によって、長年にわたる幕府の外交権独占に楔を打ち込む（外交権を将軍から奪い、天皇に移管する）という狙いが隠されていた。②の問題に関して注目すべきは、五月一〇日に摂政邸で久光が中御門経之と大原重徳両者の起用を改めて強く求め、それが二条摂政によって跳ね返された際の彼の発言である。[*16]この時、二条摂政は、亡き孝明天皇が「（両名は）挙用すへき人物にあらすとの御事にて固く御否ミになれり」との理由の下、久光の要求を却下した。ところが、この返答に対して久光は激怒することになる。彼は「勃然色を起し、席を進んで、然らは何事によらす先朝の叡慮に違ふ事は御実行在らせら

れさるや」と激しく抗議した。ここには、先述したように、孝明天皇が存命していた時点で既に明らかとなった天皇や朝廷に無条件で畏れ伏すわけではない姿勢が強烈に見られる。このことは、のちに明らかとなる久光の政治構想を考察するうえで重要だと考えるので、再度ここで押さえおきたい。

いずれにせよ、四侯上洛後の京都では慶喜サイドと、久光サイドとの間で意見の相違が目立つことになった。そして、この対立は、周知のように、最終的には、五月二三日、老中の板倉勝静や京都所司代の松平定敬、それに松平慶永を従えて参内した慶喜の脅迫のもと、翌日の夜にまで及んだ評議の席で、兵庫開港が勅許をみたことで終止符を打つ。そして、これは、孝明天皇没後の朝廷の主導権掌握に、慶喜が成功したことを意味した。さらに、このこと（慶喜の圧力に屈して朝廷が兵庫開港を勅許した）によって、明確なかたちで敗北を喫した薩摩藩関係者は、朝廷への絶望感を深め、軍事力を背景にした朝政（廷）改革を真剣に志向するようになる。むろん、その一方で、慶喜（幕府側）との関係は、かつてなかったほど悪化することになる。

(3) 島津久光は武力倒幕を決断したか

つづいて、これから検討しなければならないのは、この時点の久光が武力倒幕の決断をしたのかどうかという問題である。この点に関しては、これまでの研究者の中で最も正確な久光への理解をトータルでは示したと高く評価できる芳本は、この時点で久光は討幕を決意したと見ている。すなわち久光は、兵庫開港が勅許を得た時点で武力倒幕を決意したと見る。根拠とされたのが、六月七日付で息子の忠義に宛てて送られた久光の書簡であった。氏は、この中に「幕府のところ、とても十分反正（省）に相成りかね」、そのうえ「朝廷に相迫り、開港など無理に、勅許に相成り候次第、切歯嘆息の至り」とあること、また「摂政殿下・尹宮（＝中川宮）・鷹司前関白など、幕（府）の賄賂に眼くらみ、御失態の義恐れ入」るとあることをもって、ここに久光の「無念の思い」「偽りのない久光の本心」が「示」されているとする。[*17] 確かに、ここには朝幕の双方に対する久光の苛立ちがハッキリと窺える。だが、こうした書簡をもって、久光が武力倒幕を決断したとまで見るのは、いささか飛躍が過ぎるように私には思われる。

なお、氏は、これまで多くの研究者によって、久光が西郷や大久保らの推し進めようとした武力倒幕路線に御墨付きを与えた根拠とされる有名な会見についても、大胆な推測を下した。すなわち、六月一六日に行なわれた島津久光と山県有朋・品川弥二郎の両名（彼らは、当時薩摩藩邸内に潜んでいた）との会見の席で、久光が山県に六連発のピストルを恵与したことを重視し、これをもって、「六月中旬には久光の（武力倒幕の）決意も固まっていたと思われる」（一八二頁）とする（さらにこの日、近い内に西郷を山口に派遣することも告げられる）。[*18] あるいはまた、西郷がイギリス公使館の通訳であったアーネスト・サトウとの会見（慶応三年七月二七日）で、「日本の内戦に英仏が簡単に干渉できない環境をつくった」として、久光はこれで「幕府との武力対決に踏みきっても、清国の二の舞を踏むことにはならない、という結論」に達し、「それが武力対決路線に転換した大きな根拠」になったとする（一八七頁）。いずれにせよ、芳氏は、これらのことを根拠に、「これまでずっと公武合体路線を歩んできた久光が、ここでがらりと変心して幕府との武力対決を決意した」と見るわけである（一八三頁）。したがって、山県らの件も、「久光が山県有朋らに武力倒幕の決意を告げて帰国させ」たとされる（一九五頁）。そして、芳氏と同様、この五月下旬から六月上旬にかけて、久光が挙兵（武力倒幕）路線に舵を切ったと見なす研究は、拙著ミネルヴァ本でも取り上げたように多い。

こうした見方に対し、私は、久光が至急対策を講じねばならないほど追いつめられたものの、即武力倒幕を決断したとまでは見ていない。成程、国元の反対論を押し切って上洛した以上、なんらかの成果を鹿児島にもたらさないでは帰国できないとの切羽詰まった状況は存在したであろう。このことは、七月二〇日に越前藩邸を訪れ、慶永に向かって、久光（薩摩藩在京指導者）の内情を伊達宗城が次のように語っていることでも明らかである。「畢竟大隅守にも帰心は矢の如くなれとも、最前上京の際、別に藩論ありしを、（小松）帯刀等の勧めにより、強て発途ありし事故、今日何等の功もなく引取る事には至りかたく、甚た心配致し居るよし」[*19]。

だが、慶喜の前に敗北を喫した久光が五月下旬から六月上旬の時点で即武力倒幕を決断したかといえば大いに疑問が残る。以下、史実を、ごく簡単ながらも繋ぎ合わせ、説明を加えることで、この点を解明することにしたい。まず取り上げねばならないのは、五月二九日に京都藩邸内で開催された会議である。この日、在京薩摩藩内指導者の間で、今後の対策が話し合われた。出席者は、小松・西郷・大久保の三者を含む計九名であった。そして、この日の評議で、長州藩とともに「挙事」することが「粗定る」。また、このことを伊地知正治を通じて久光の耳に入れて、彼の同意を得たうえで「御決着」の方針が固まる。ところで、この日の評議は島津久光の面前で行なわれたとみる研究者もいるが、この方針は久光が不在の席で打ち出されたことは明らかであった[*20]。

さて、従来の幕末政治史研究では、徳川慶喜が薩摩側の意向を無視して強引に兵庫開港の勅許を獲得したこと、及び以上のような決定を薩摩側がなしたことをもって、「薩摩の主導権を握っていた倒幕派、小松帯刀・西郷隆盛・大久保利通らは長州と提携しての武力挙兵を決意」[*21]し、久光がそれに同意したといった式の評価が支配的である。だが、この段階で決定をみたと確実に言えるのは、薩摩一藩（もしくは越前藩や宇和島藩も含む数藩）の力では、慶喜（幕府）とは対抗できないので、新たに強大な軍事力を有する長州藩と手を組み、両藩の軍事力を背景に、朝政（廷）改革を迫るということであった。さらに補筆すれば薩摩側が朝政の改革を問題にしたのは、兵庫開港勅許を朝廷上層部が慶喜の圧力に屈した結果だと受けとめたためであった。それ故、朝政に自分たちの意思を反映させるためには、大きな軍事力を有する存在と手を組むことが必要とされ、その相手が長州藩だったということになる。ついで、先程取り上げた、久光と長州藩士両名との会見についても筆を及ぼすと、長州藩側に残っている史料[22]から言えるのは、この時、久光の口から発せられたのは、上洛して「土・越・宇」三侯とともに、「皇国の為め、微力を盡」したが、「幕府我建言を容れず、然れども更に層《ママ》一層力を国事に盡さんと欲す」との決意表明に止まるものであって、武力発動（ましてや武力倒幕）の類を明言したものではなかった。したがって、この日の久光発言は、さらなる尽力をなす決意を表明したものと冷静に受け止めるべきであろう。

つづいて問題となるのは、やはりなんといっても八月段階でなされた西郷の有名な発言である。すなわち、八月一四日の夜に、久光が六月時点で西郷を山口に派遣すると告げながら、それが果たされなかった理由を聞き出すために京都に派遣された長州藩の使者（後述）に対して、小松帯刀の寓居で、西郷から、のちに「三都一時（に）事を挙げ候策略」と称されることになるプランが提示される。これは、京都・大坂・江戸（関東）での対徳川全面戦争の計画を洩らしたことで知られるものだが、久光との関係で留意しなければならないのは、西郷が、この計画の内容を知っているのは、「君侯以下両三輩之外、預り聞候者は無之」と語っていることである。[23]そして、この発言箇所を重視して、この政変計画は久光の承認を得た薩摩藩の方針表明だと理解する考え方がある。[24]

だが、この西郷発言は、はたして真実を伝えるものであっただろうか。幾つかの疑問が挙げられる。そのまず第一は、西郷らが自分たちの武力倒幕計画（あくまでも計画）を久光に伝えていなかったと想像されることである。この点を考えるうえで無視しえないのは、土佐藩の寺村左膳が懇意にしていた薩摩藩の田中幸助（のちの中井弘）となした問答である。本稿では紙幅の関係で充分にふれえないが、西郷の発言がなされる前、長崎から上洛して来た土佐藩仕置役の後藤象二郎から有名な時局収拾策が西郷らに対して提示される。将軍に政権返還を求め、それが聞き入れられない場合、それを討幕の大義名分とするという趣旨の提言であった。これを西郷らが受け入れ、六月二二日に薩土盟約が両藩首脳の間で結ばれる[*25]（なお、西郷の山口行が中止となったのは、盟約の締結によって後藤が帰国し、その報告を京都にあって聞き届けねばならなくなったためであった）。

しかし九月に入ると、西郷らはこの盟約を一方的に破棄して再び挙兵論を口にしだす。そして小松が自分たちの下した決議を大坂にいる久光に報告する旨を土佐側に通知する。この時、ここに至るまでの経緯にどうしても納得がいかなかった土佐藩の寺村らが田中に対し、「是程之大事件、今迄君公御存知無之と申儀ハ有之間敷」との疑問を伝えたところ、田中の返答は次のようなものであった。「隅州公ニハ真ニ是程之事とハ御存知無之、若前以申上たらハ忽チ御差留ニ成り候ハ顕然之事故、事急迫ニ成リテ后ニ申上ル之策也[*26]」。

田中の返答は、西郷が前月（八月）に長州藩の使者に対して発した言葉の一部に重大な虚偽が含まれている可能性を指し示している。いうまでもなく、久光が三都で同時挙兵の計画を知らされていなかったということである。そして、もし仮にそうであるならば、八月一四日の西郷らとの会談に先立ち、久光との会見を求めた長州藩の使者に対し、久光の病気を理由に西郷らがそれを頑なに断わったことも首肯できる。もちろん、当時、極めて深刻な様相を呈していた久光の体調不良が長州藩の使者両名（御堀耕助と柏村数馬）との会見を著しく困難にさせた（あるいは、後述するように下坂前で彼らと会う時間が持てなかった）であろうことは疑いない。だが、久光と会わせれば秘密が曝露されかねない恐れがあった以上、久光との会見を、西郷らが避けたのは当然だったと解せる。また、当時の鹿児島では挙兵に立ち上がりかねない西郷ら在京薩摩藩指導者への警戒心が強まっていた。さらに、他ならぬ京都藩邸内名でも西郷らの挙兵論には強い反対論があった[*27]。こうした面でも久光の承諾を得られるような状況では到底なかったといえる。

ところで、西郷が重大な虚偽発言をあえて長州藩の使者に対して行なったとすれば、それはどうしてか。つづいて、この点を簡単に検討しておくことにしたい。考えられる要因の第一は、久光の同意云々を持ち出さなければ、長州側が納得しなかっただろうということである。すなわち、客観的に判断すれば、西郷らの挙兵計画は、「相当にずさんであり、軍事的・政治的リスクが大きく、強行すると自爆に終わる可能性が大きかった」[*28]。こうした計画を小松・西郷・大久保の三者のみで立案したと正直に話せば、長州側に相手にされないのは至極当たり前のことであった。長州側を納得させるためには、どうしても、久光の参画を示唆すること（久光が計画を承認したと言明する）は欠かせなかったのである。

それといま一つは、西郷が自分たちの計画を語った相手の一人が御堀耕助だったことである。この点を考えるうえで参考になるのは、慶応四年二月二九日の夜半に記された、岩倉具視家の執事に宛てた田中光顕の書簡[*29]（当然、これは具視に読まれることを想定していた）である。田中光顕は脱藩して政治運動に従事した元土佐藩士であったが、彼はこの時点で、ほんの「三・四年前」のことを次のように回顧した。それは、桂小五郎が黒田了助の働きかけで慶応元年の末に上洛を決意した際、「御堀某（＝耕助）等ハ尤（最）異論之巨魁」で、桂の上洛を「実ニ虎穴ニ自ラ陥るニ似たり」と、「飽迄差（し）留（め）」ようとしたとの憶い出話であった。ここからは、御堀がかねてから薩摩側への強い不信感を抱き、木戸の上洛を徹底して阻もうとしたという史実が明らかとなる。したがって、こうした立場にあった長州藩の使者に対し、西郷が、相手の警戒心を解き、かつ長州側の協力を得るために、久光の件をあえて加えたとしても、なんら不思議ではなかろう。西郷にすれば、戦略的見地からいえば当然許される範囲内での虚偽、もしくは高度な政治的かけひきの実践だったのではなかろうか。

つづいて、久光が武力倒幕に踏みきったとする通説的見解に対する、その他の疑問点を幾つか挙げておきたい。その一は、久光が討幕を明確に否定した史料（後述）はあるのに比し、彼が武力倒幕に踏み切ったとハッキリ証明するに足る、客観的で確実な史料が見当たらないことである。その二は、久光が常に大局的な観点に立って、物事を冷静に判断しようとした人物であったことに関わる疑問である。幕末の中央政局に乗り出して以降の久光が見せたのは、「内乱」の発生を極度に恐れる観点から、血気に逸る藩士の出兵論を留め、かつ無謀な攘夷即行論に異を唱える姿であった。また西郷や大久保らの突出行動を押さえることはあっても（その代表例が安政六年に計画された誠忠組の脱藩突出計画を「諭書」でもって押さえた件である）、彼らの言いなりになることは無かった。さらに書き足せば、長州藩に対しては終始良い感情は持っていなかった。そうした人物が、この時だけ、西郷らの挙兵決意をすぐに受け入れ、武力倒幕論に突如変わったとは考えにくい。

その三は、久光が武力倒幕を決断したとされる時点で、側近中の側近であった大久保利通が国元に発した書簡[*30]の存在である。すなわち大久保は、慶応三年六月段階で、鹿児島の蓑田伝兵衛に宛てて書簡を送付したが、その中には次のような文面が記されていた。「此上は兵力を備、声援を張、御決策之色を被顕、朝廷に御尽し無御座候而は、中々動き相付兼候故、為御引合、長州えも御使被差立御賦に而（下略）」。これは、在京薩摩藩邸での決議内容を報じたものだが、当然、蓑田の背後に控える藩主島津忠義の眼に届くことを想定して書かれたものであった。さらに注目すべきは、かねてからの藩の方針（京都の情勢如何によって藩主自らが率兵上洛する）にそえば、今回は忠義が上洛することになろうが、その前に藩主の代わりとして島津備後（重富領主。久光三男）が、「一先軍艦三艘を以、一大隊之兵士」を率いて上洛して欲しいと要請されたことである。そして今回、国元では忠義が「神速御上京ならては不為済段、衆議も相起」るだろうが、そうした世論を押さえ、ぜひこのような方策を実行し、そのあと藩主の忠義が「堂々御出馬」という形をとってもらいたいと要請した。

むろん、これは久光の同意を得た（正確に記せば、久光の指示によった[*31]）ものであった。問題にすべきは、もし久光が武力倒幕を決断したのであれば、このような指示はありえなかっただろうということである。やはり、藩主自らが大軍を率いて即上洛する形をとるのが一番自然な選択肢であったろう。だが、久光は国元に出兵の準備を要請したものの、忠義の早期出陣は求めず、逆に押さえにかかった。これは、まず軍事的圧力を朝廷にかけ、朝政（廷）改革を迫るという狙いがあったためだと思われる。いずれにせよ、大久保書簡からも、薩摩藩がこれから執ろうとする新方針が、即武力発動（武力倒幕）だったとは受け取れない。

その四は、島津忠義に関わるものである。もっとも、これは久光以下在京薩摩藩首脳が武力倒幕を決断したとされる段階より一年ほど前に当たる史料である。すなわち、第二次長州戦争が始まる前、忠義は腹心の黒田嘉右衛門に密かに自分の考えを示したが[*32]、そこには、次のような文言が見られた。「薩長戮力同心大ニ張兵威ヲ、策略ヲ出シ、不戦シテ人ノ兵ヲ屈シ、橋・会・桑ノ姦ヲ除キ、皇室反正ノ事業可成也、是則上策也」。忠義は父とは違って、長州藩に対しては、より融和的な感情の持ち主であったらしい。したがって、彼はこのように考えたのである。問題にすべきは、忠義が長州藩と協力して「兵威」でもって一会桑勢力を朝廷内から排除し、朝政の回復を図るのが「上策」だとしながら、「不戦」つまり戦争にはならないとの見通しを有していたことである。現代の我々からすれば、なんとも不思議だが、忠義は長州と手を組むことが即武力発動にはならないと踏んでいたのである。そして、おそらく、この発想は一年後に在京薩摩藩指導者の間でなされた決議と同様のものであったと考えられる。

その五は、久光（薩摩側）が、自分たちの周旋活動が失敗に終わった現実を前に帰国を決意した松平慶永及び伊達宗城（山内容堂は、これ以前に早々と病気の悪化を理由に帰国していた）のそれを全力でもって阻止しようとしたことである。すなわち、慶応三年後半の時点で、全て自分の意思にもとづいて行動し決断する政治家将軍であった慶喜の前になす術を失った越前藩サイドから、慶永の帰国決心を告げられた薩摩側は、直ちに小松帯刀を越前藩邸に派遣して、それを阻止する作戦に打って出る。七月一七日に自分を訪ねて来た越前藩の酒井十之丞に、久光に伺ったうえで小松が語ったところによると、「大隅守にも術計に盡たるは（慶永と）御同様の事なれとも、今日は危急の場合故、今暫らく時機を見合はせたしとの事なり」との理由の下、改めて酒井に慶永の退京中止を求める斡旋の依頼がなされる。[*33]ついで、翌一八日、越前藩邸に招かれた小松は、自分限りの意見だとしたうえで、慶永の暫時滞京を求める。そして翌一九日には、慶永の退京猶予を求める久光の書簡を持参して、小松が再度越前藩邸を訪問する。そして、小松は慶永と会って直々に滞京を要請した。[*34]

もし五月下旬から六月上旬の時点で、通説的見解が提示するように、久光が武力倒幕の決意を固めたとしたら、このような、まどろっこしい対応は解せない。やはり久光（薩摩側）が慶永の帰国をなにがなんでも阻止しようとしたのは、機が熟し、宗城をふくむ三者が揃って帰国するという形にもっていきたかったからに他ならない。そして、この間に、久光がなんとか帰国しうるだけの大義名分を獲得できれば、真に有り難いというのが本音であったかと思われる。つまり、いま少し今後の状況を観望している間に、朝廷や幕府サイドから自分たちの顔が立つような妥協策が提示されるのを期待したが故に、このような働きかけが越前側に対しなされたと言えよう。いずれにしても、ここからは、一日も早く国元に帰りたかった（久光一行の京都滞在が長引けば長引くほど、費用の負担増は深刻なものとなった）にもかかわらず、なんら成果を挙げられないために、その決断を下せないでいる久光の姿が痛いほど鮮明に浮かび上がってくる。それは、いってみれば、途方に暮れている姿である。多分、久光の生涯で、これほど追い詰められた経験は無かったと思われる。

そして、些かくどくなるが、久光がこれより前の五月・六月の時点で武力倒幕を決断していたとしたら、彼のこのような姿は見い出しえなかったであろう。武力倒幕に向けての準備を着々と進めればよかったからである。だが、久光の実態は、このように苦悩（苦慮）の中に在った。もっとも、こうした中、八月六日に到頭慶永が京都を去る（八月九日福井着）。ついで、八月一八日には、久光にとっていま一人の盟友であった伊達宗城も退京する（なお、この間、宗城に対しても薩摩側は執拗にその出京を止めようとしたが、及ばなかった）。ここに久光は、この年の四月・五月時点で京都に出揃った有力者の中で唯一、京坂地域に取り残されることになった。いや正確に記せば、久光は、この段階でより深刻な様相を呈することになった病気（脚気）の治療のために、京都より温暖で過ごしやすかった大坂での養生を、八月一二日に朝廷に対し願い出て、許可を得て同月一五日に下坂した。したがって、形のうえでは宗城より離京は若干早かったが、大きく違ったのは大坂の地に留まったことである。

ここには鹿児島への帰国を即決しえないでいた久光の未練が窺える（事実、鹿児島での養生を勧める医師からの進言がなされると、西郷らは久光に帰国を勧めたものの、久光の拒否にあったらしい）[*35]。しかし、その彼も、体調不良が進行し、かつ政治状況が好転しそうもない中、九月上旬に島津備後が着坂すると、入れ替わる形で帰国する。すなわち、九月一五日に大坂を発ち、鹿児島へと向かった。こうして久光は、万策尽きて九月中旬の時点で鹿児島に帰ることになった。そして、この決定を否応なしに後押しすることになったのが、いま挙げた彼の体調の一段の悪化であった。久光の体調不良が表面化するのは、文久三年から翌年にかけて半年余京都に滞在した時であったが、この時点の彼は、加齢にストレスも加わって、脚気がより進行し、それが腰や背に激しい痛みを及ぼすようになっていた。[36]そのため、気力も萎え、それが、こうした結果となったのである。

しかし、それ以上に、久光自身に明確な今後の方針が依然として確立しえていなかったことが、要因としてはやはり大きかったであろう。また、いま一つ、久光をして明確な方針を打ち出せなかった理由としては、彼が藩の分裂を心配したことが考えられる。つまり、藩内に対幕強硬論者と穏健論者が存在していたため、明確な方針を打ち出せない面があったと想像される。いずれにせよ、こうしたことが重なった結果、久光には真に不似合いな極めて中途半端な対応で大坂の地を出ることになった。島津備後に京都の警護を命じた以外は、なんら具体的な指示ができずに京坂地域をいわば逃れるように去ったのである。いわば、実質的には京都に残った小松らに丸投げに近い形であとを任し、帰国したと言える。久光にとって、不本意であったという点で、人生で最初の大きな挫折体験になったと思われる。そして以後、幕末期の中央政局は、久光を抜きにして進展することになる。

4　離京前の島津久光の政治構想

さて、ここで、帰国後の久光の動向等についてふれる前に、離京前の久光の政治構想を検討しておくことにしたい。この問題を考えるうえで参考になる史料が存在する。久光の数少ない盟友の一人であった伊達宗城の証言である。だが、この証言には一見して、あい矛盾する内容が含まれている。以下、考察を試みることにしたい。薩土盟約に関しては先にほんの少しふれたが、この時、後藤象二郎から提示された状況打開策の柱は次の二点であった。①解決を急ぐべき根本的問題は「国体」の「変革」にあること、②具体的には将軍に朝廷へ政権を返上させ、そのあと朝廷が中心となって公議機関（議事院）を設立し、万国に対峙できる強力な中央集権国家を樹立しなければならないこと。[*37] そして、この提案を西郷や久光らが受け入れ薩土盟約の締結となるが、興味深いのは、この直後に明らかとなる久光の反応であった。すなわち、六月二六日、伊達宗城から山内容堂に渡す書簡の件で相談された（後藤はこれより前の六月一七日に宗城を訪ね、「政事堂」を設け、「皇国の国（政）体」を「大変革」すべきだとの自分の考えを伝え、宗城・久光両者の協力を求めた）[*38] 久光は、後藤の建白論に関する感想を洩らした。[*39] それは、「此頃象次郎如立論処置ハ甚不宜と独見ニハ存候」というものであった。

これによると、久光は国体の大変革（天皇を戴く中央集権国家の成立。すなわち王政復古）につながる方策は断固拒否する考えだったことになる。ところが、これと矛盾する発言を久光はやはり宗城に対して行なっている。七月一六日に五山の送り火を見物する約束があったため、越前藩邸にやって来た（大文字山は同藩邸の目の前にあった）宗城は、この日より前に久光との間で交わされた話題の内容を慶永に告げた。[*40] それによるとまず後藤から宗城が聴かされた主張の核心が、「当今の世態、公議会の制度を立らるる外、良法あるへからす」というものであったとする。ついで、このあと後藤から土佐に帰国して山内容堂に自説の採択を要望したいので、宗城と久光両名の添書（書簡）の恵与を頼むと懇望されたこと、そこで宗城が自分の感想を久光に伝えたところ、次のような返答が寄せられたとする。返答は次のようなものであった。「皇国政事の主権を朝廷に帰せしめ、其政府を上院下院に分ち、公議に拠りて庶政を施さるる様にとの趣意なりしか、道理ハ至極宜しけれとも今日に於て行はるへきや否やは確認しかたく則大隅守へ相談に及ひしに是も同様の意見なり」。

いうまでもなく、前者は上院と下院とから成る公議政体（議事院の樹立）を強く否定するのに対し、後者は時期尚早としながらも「道理」面では公議政体の存立意義を肯定している。つまり考え方としては相当程度真逆で、あい矛盾している。残念ながら、この相反する久光の意見が吐かれた日時は特定しえない。が、もし否定論が先だとしたら、久光は思わず本音を洩らしたものの、その後、自分たちの置かれている深刻な状況を変えてくれるかもしれないと判断（期待）して、妥協に転じた可能性がある。あるいは、その逆だとしたら、冷静に考え抜いて、公議政体は日本の国体には合わないとの結論に久光が達したのかもしれない。

なお、何時の時点から始めたのかは不明だが、久光が律令の勉学をしていたことは、彼が令義解や延喜式といった律令の注釈書に、自ら朱で書き込みをしたものが残されているので間違いない。おそらく久光は王政復古後の新しい体制づくりに備えて律令を勉強したのであろう。もっとも、そうはいっても、久光が武家政治の開始によって実質を失っていった律令制の復活を希望したのかどうかまでは判らない。律令制は、神権的天皇をトップに据え、中国伝来の王土王民思想のうえに、国家的な土地所有・中央集権的な官僚制・統一的な身分秩序を基本とした国家体制であった。この中で、実質的な権力を保持しない飾りとしての天皇の存在、及び統一的な身分秩序は、身分制の擁護論者（貴賤や男女の別を重視する）であった久光本来の考え（理想）に合致したと思われるが、国家的な土地所有の復活（集権的統一国家の成立）を久光が希望したとは到底思えない。もちろん、これは、明治期の久光の言動から明らかになることだが、彼が幕末期にあって封建制の支持者であった（領地を名目上ならともかく、実際に天皇に差し出す気持ちなど毛頭なかった）ことは、疑いを挟む余地はあるまい。したがって、そうしたことを考慮すれば、後藤の提案に断固異を唱えた久光の方が、むしろ彼本来の姿を示していよう。

さらに書き足せば、久光に、はたして王政復古クーデターを望む気持ちがあったのか、それすら些か疑問に思われる。ましてや、クーデター後に成立する近代天皇制国家の在り方は本質的に是認できなかったのではなかろうか。何故なら、近代天皇制を支える最も根本的な理念は四民平等を前提とする公議政体論であり、衆議の尊重であったからである。これらは、いずれも封建的身分制の存続を妥当だとした久光の考えとは合わなかった。こうしたことを考え合わせれば、明治期の久光が、近代天皇制国家と鋭く対立するようになる要因はすでに幕末最終段階にあったと見ることが出来よう。ただ、それが白日の下に曝け出されるに至らなかったのは、彼が極度の体調不良で政務にいっさい介入しえなかったことがやはり大きく関わった。いずれにせよ、久光の暴走が始まるのは時間の問題であったのである。

5　帰鹿後の島津久光

つづいて鹿児島に帰ったあとの久光の動向についても、ごく簡単に振り返っておくことにしたい。久光一行が鹿児島に到着したのは九月二一日のことであった。ところが、その久光を待ちかまえていたのは、京坂地域への出兵に反対する声の猛烈な高まりであった。すなわち、在京薩摩藩指導部から要請された一大隊の兵士の上洛が強い出兵反対論の前に先送りされることになる。そして、ようやく久光も希望したと思われる若年寄の島津主殿を上洛させることが決定を見る。しかし、これに対しても藩内に「大議論」が巻き起こることになった。[*41] 反対運動の先頭に立ったのは、川上助八郎や川畑伊右衛門らであった。そして、この川上らの運動に対して島津一族からは島津図書（宮之城領主。久光二男）の支援が寄せられた。ついで彼らの運動には多くの賛同者が集まった。本稿では詳細は記せないが、要するに長州藩と手を携えて討幕行動に立ち上がれば、島津家を毛利家の直近のような運命（禁門の変後のそれ）に陥らせるとの危惧の念が強まったことによった。また、軍制改革（艦船の購入も含む）や度々の出兵による藩財政の窮乏が、藩士に多大な犠牲を強いたことへの反発も大きく関わった。

さて、こうした中、久光が採った行動について、ふれることにしたい。帰鹿後の久光は、既に指摘したように、慶応三年六月以来、「脚気症」の進行による深刻な体調不良状態に陥っていたため、起居も歩行も共にままならず、かつ気力も失せていた。[*42] しかし、このような中、あえて気力を振り絞って取り組んだのが、出兵反対論が渦巻く藩内の不穏な情勢を早急に沈静化させることであった。すなわち、病床にあった久光は、島津図書から「無名之出兵不相成候」との「直諫」がなされ、かつ出兵に反対する「藩士之建白」が相次いで提出され、「事起ルノ勢」が現れたのを見て、出兵が武力倒幕を目的とするものではないとの「御書取」を発した。そして、これによって事態は「稍鎮静」した。[*43]「稍《やや》」つまり、ほんの少しだが鎮まったということである。ついで、こうした経緯をへたうえで、ようやく島津主殿に率いられた薩摩藩兵が一〇月上旬に鹿児島を出発する。

なお、帰国後の久光の考え（立場）を理解するうえで参考になりうる書簡が存在する。芳本でも取り上げられている（一九一頁）、八月三日付で忠義に宛てて出された久光の書簡である。本書簡では、鹿児島での出兵準備に関連して、次のような要請が帰国前の久光からなされた。それは、上洛してきた床次正蔵から島津図書の「存慮」を聞いたこと（出兵反対論だったと思われる）、「当時柄」「兄弟中不和合相成らざる様」に願っているので、このことを充分に「承知」して欲しいとの要請であった。この箇所からは、通説ではもはや武力倒幕論一辺倒になっているはずの久光が、早期出兵に乗り気だと思われる忠義に同意を表明していない（換言すれば、島津図書の出兵反対論にも反対していない）ことが窺われる。すなわち、当時の久光は、先述したように、極度の体調不良に加え、明確な指針（判断）を下しえない混迷の中にあったことが、このような息子に対する中途半端な要請になったと想像される。しかし、そうした状態に喘いでいた久光であったからこそ、帰鹿後に出兵反対の声が沸騰し、藩内が大混乱に陥ると、明確に武力倒幕を否定する「御書取」を出して（ただし家老の連名で出された）、改めて自分本来の考えを打ち出さねばならなくなったといえよう。

帰鹿後の久光が、依然として武力倒幕論に傾いてはいなかったと思わされる根拠は、他にも幾つか挙げられる。その一は、徳川慶喜が大政奉還を行なったとの情報を伝えられると素直に喜び、歓迎の意を表明したことである。そして、事態の新たな展開を想定して、病床にあって指揮を執れない自分に代わって、忠義を京都に派遣することを決定した。[*44]いうまでもなく、これは武力倒幕を視野に入れてのものでなく、大政奉還後の政治状況の中で、薩摩藩が主導権を掌握するための措置に他ならなかった。もっとも、忠義の上洛決定に関しては、従来の幕末政治史研究では、一〇月下旬に西郷や大久保らが国元にもたらした、いわゆる「討幕の密勅」の果たした決定的な役割のみが指摘されがちである。すなわち、これによって出兵反対論を押さえることができ、薩摩藩の武力倒幕の方向性が確定したとする評価である。本稿ではこの点には立ち入らないが、こと久光との関係で言えば、いま挙げたような大政奉還後の新たな政治状況の到来に対する久光の思いが、王政復古に反対する政治勢力を至急封じ込める必要もあって、忠義の率兵上洛を認める要因となったことはほぼ間違いなかろう。

その二は、武力倒幕の動きを警戒して京坂地域への出兵に反対した島津図書や川上助八郎らを、久光が押さえこんだ痕跡が全く認められないことである。もし、久光が武力倒幕の決意を固めて帰国したのであれば、当然のことながら、出兵に反対した彼らを敵対者として排除してもおかしくはなかった(いやむしろ、そうした行為に出る方が自然であったろう)。だが、いっさい久光はそのような行為には出ていない。

その三は、忠義の上洛にあたって、久光が西郷の同行を当初拒否したことである。すなわち久光は、忠義の京都への派遣が決定を見た時点で、西郷の従軍を差し止めた。これは、過激な挙兵論者と目された西郷を上洛させれば、大政奉還によって中央の政治状況がようやく自分の望む方向に向かいだしたのが阻止されかねないと、危ぶんだためだと思われる。が、西郷擁護論が高まり、病中の久光もそれに押されて結局は西郷の随行を認めることになる。すなわち、藩主出立の当日になって急に西郷の上洛が命ぜられることになった。[*45]

おわりに

以上、久光が幕末期の中央政局に登場して以来、一貫して武力倒幕論の立場にはならなかったのではないかと推測した。そして、このことは、明治期に入ってからの久光の発言によって、不充分ながら、より一層裏づけられると考える。久光の発言とは、松平慶永に対して語られたものである。明治二一年（一八八八）七月時点で、松平慶永の口から述べられた「久光公密事稿」抄には、こうある。[*46] 些か長くなるが、左に重要だと思われる箇所を掲げる。

明治御一新後、久光公左大臣被任、浜町御邸へ暫時御居住之砌、慶永折々訪問して御懇切之御親話を伺ひたり、もとより昔はなし也、……公之仰にハ御一新之組織ハ老生と反對なり、……（かつて孝明天皇の希望もあった）ゆへ御一新を機會として大老を被設、一橋慶喜公今ハ将軍職被辞候へとも、大老の上席トシ、土州長州薩州外一人都合五名万事万機を統轄し、議決之上、御上（＝天皇）江伺ひ奉願御親裁候様いたし度、毎度大久保西郷へも申遣置候へ共、愚説不被行、且又諸大名封土奉還之願頻に出候よし、老生ニハ矢張封土奉還無之方可然存候、日本全国ニ各大名封土を有し兵馬之権を握るは全国之堅固不過之と存候、此義大久保西郷へも拙論申越、大久保西郷も篤と致承知居安心候処、無程明日封土奉還被聞召候御指令有之候由申来、老生之見込反対すれともいたしかた無之、今更残念候、老生も徳川とハ親戚、広大院と申天璋院と申、御承知之通ニ候、徳川瓦解之節ハ大久保は勿論西郷へも能々申付置、慶喜之身体徳川家之興復相成度、乍御内々山口之人抔ハ別而妨害するやう被存、大久保西郷盡力候様頼置候（下略）

島津久光死去の翌年に発せられた、この回顧談は、ごく大まかながら維新後の久光の考えを我々に教えてくれる。例えば、明治初年にあっても、久光が理想の在り方だとしたのが、かつて文久年間に大原勅使を擁して江戸に乗りこみ、幕府首脳に突きつけた有力藩主（島津家・毛利家・山内家・前田家・仙台伊達家）を五大老とし、国政に参加させるとする構想と、そう大して変わっていないことが解る。また、徳川家と姻戚関係にあることを強く意識していたため、慶喜の助命や徳川家の存続を願ったことも判明する。さらに、なによりも久光が鳥羽伏見戦争後も武力倒幕論者ではどうやらなかったらしいことも窺える。さらに、このことは、木戸孝允の書簡でも間接的ながら裏づけられる。すなわち、明治九年（一八七六）の一月二六日付で、木戸は後輩の槇村正直に対し、近況報告を兼ねた書簡[*47]を送ったが、そこには「薩人には戊辰前後より国事に盡力候もの、左派と申ものは一向無御坐候」とあった。

「国事に盡力」とは、いうまでもなく対幕強硬路線に基づく政治活動のことを指すが、それには「左派」つまり久光派に属した者は「一向」関係しなかったと、木戸は批判の矛先を久光グループに向けたのである。これは事実であった。久光は、先程も指摘したように、幕末最終段階にあって出兵に反対した川上助八郎らアンチ対幕強硬派を、維新後もなんら抑圧しなかった。しかも、それに止まらず、やはり挙兵に反対した公武合体派の伊地知貞馨と奈良原繁の両名を側近として重用した。さらに付け加えれば、明治四年の末に久光は突如鹿児島県令への就任を希望するが、これは元はといえば川上助八郎の献言に端を発したものであった。すなわち、久光によると、県令就任を思い立ったのは、伊地知や奈良原が久光を中央で働かせようと考えて、川上に願い出させたものであった。[48]こうしたことから明らかになるのは、久光は一貫して武力倒幕の動きには与しなかっただろうということである。

最後に、いま一つ明治期の久光について明らかになるのは、彼が天皇を実質的な国家主権者とし、かつ諸大名の領主権を否定する近代天皇制とは相容れなかったことである。右の慶永の回想によれば、こうした考えは、明治四年七月の廃藩置県以前からのものであったという。戊辰戦争に従軍した薩摩藩の凱旋兵士が帰国後、階級打破をスローガンに掲げ、藩政改革の実施を藩当局に求めたことに対し、久光が身分制（門閥制度）を打破するものだとして嫌悪感をあらわにしたのが明治二年段階であったことを考えれば、久光の封建制支持の態度は、維新期の早い段階で、もはや揺るぎない信念となっていたと評することが出来る。

したがって、明治四年から同五年の時点で久光が共和政治を日本の国体とは合わない「悪弊」だと政府に建言し、近代天皇制と鋭く対立したのは、なんら不思議なことではなかった。また、征韓論争後、西郷らにとって代わって、中央政府内での発言力を強めた久光が、文字通り公議政体の樹立を求めた民撰議院設立建白運動には見向きもせず、服制の問題など復古的な主張を繰り返したのも、同様に不可思議なことではなかった。すべて幕末時以来の彼の不変的な政治構想の延長線上にそれはなされたのである。

註

＊1　芳即正『島津久光と明治維新—久光はなぜ討幕を決意したのか—』（新人物往来社）。

＊2　幕末史では、著作としては、佐々木克『幕末政治と薩摩藩』（吉川弘文館、二〇〇四年）、町田明弘『島津久光＝幕末政治の焦点』（講談社、二〇〇九年）、同『幕末文久期の国家政略と薩摩藩—島津久光と皇政回復—』（岩田書院、二〇一〇年）等が、論稿としては、笹部昌利「薩摩藩島津家と近衛家の相互的「私」の関わり—文久二年島津久光の「上京」を素材に—」（『日本

歴史』第六五七号、二〇〇三年）が挙げられる。また維新史では、刑部芳則「廃藩置県後の島津久光と麝香間祗候」（『日本歴史』第七一八号、二〇〇八年）、久保正明「明治六年政変後の島津久光派」（『日本史研究』第六二号、二〇一三年）等が挙げられる。

＊3　町田明弘『グローバル幕末史―幕末日本人は世界をどう見ていたか―』（草思社、二〇一五年、一五二頁）。

＊4　この点に関しては川道麟太郎『西郷「征韓論」の真相―歴史家の虚構をただす―』（勉誠出版、二〇一四年）を参照のこと。なお、本書は、明治六年時点での西郷の意思は明確であり、西郷は朝鮮に行って死のうとしたのだとする。

＊5　『西郷隆盛と幕末維新の政局―体調不良問題から見た薩長同盟・征韓論政変―』（ミネルヴァ書房、二〇一一年）。以下ミネルヴァ本とする。

＊6　芳本、二七～二九頁。

＊7　ミネルヴァ本、三一二頁。

＊8　『鹿児島県史料　玉里島津家史料』第一〇巻（二〇〇一年）六五五～六六五頁。

＊9　拙著『徳川慶喜（人物叢書）』（吉川弘文館、二〇一四年）六九～七〇頁。

＊10　ミネルヴァ本、一七〇頁。

＊11　この点に関しては、拙著『江戸幕府崩壊―孝明天皇と「一会桑」―』（講談社学術文庫、二〇一四年）の第七章以下を参照のこと。

＊12　ミネルヴァ本、一二〇頁。

＊13　同右、一二三・一三五～一三七頁。

＊14　日本史籍協会編『続再夢紀事』第四巻（東京大学出版会、一九八八年）三九八～四〇〇、四一一～四二一頁。

＊15　ミネルヴァ本、一八七頁。

＊16　『続再夢紀事』第六巻（東京大学出版会、一九八八年）二一一～二一三頁。

＊17　一八〇～一八一頁。

＊18　末松謙澄『修訂防長回天史』下巻（柏書房、一九六七年）一一五四頁。

＊19　『続再夢紀事』第六巻、四〇九頁。
＊20　この点に関しては、ミネルヴァ本の一九〇頁を参照のこと。
＊21　高橋秀直「「公議政体派」と薩摩倒幕派―王政復古クーデター再考―」（『京都大学文学部研究紀要』第四一号、二〇〇二年）七頁。
＊22　註＊18。
＊23　『修訂防長回天史』下巻、一一六二頁。
＊24　ミネルヴァ本、三〇四頁。
＊25　この点に関しては、拙著『幕末政治と倒幕運動』（吉川弘文館、一九九五年）の第五章第二節を参照されたい。
＊26　ミネルヴァ本、二〇三頁。
＊27　同右、一九七～一九九頁。
＊28　高村直助『小松帯刀（人物叢書）』（吉川弘文館、二〇一二年）一八〇頁。
＊29　『岩倉具視関係史料』上巻（思文閣出版、二〇一二年）二五三～二五四頁。
＊30　日本史籍協会編『大久保利通文書』第一巻（東京大学出版会、一九八三年）四七五～四七八頁。
＊31　芳本、一九〇頁。
＊32　「茂久公密示」（『鹿児島県史料　忠義公史料』第四巻、一九七七年）六四〇～六四一頁。
＊33　『続再夢紀事』第六巻、三九一～三九二頁。
＊34　同右、三九六～四〇五頁。
＊35　ミネルヴァ本、二〇二頁。
＊36　同右、一九一～一九二頁。
＊37　同右、一九四頁。
＊38　日本史籍協会編『伊達宗城在京日記』（東京大学出版会、一九七二年）五三一頁。
＊39　同右、五四〇頁。

＊40　『続再夢紀事』第六巻、三八八〜三八九頁。
＊41　ミネルヴァ本、二〇四〜二〇五頁。
＊42　同右、一九二〜一九三頁。
＊43　「島津主殿上京ニ就テ諸説（成人日記抄）」（『忠義』第四巻）四二七〜四二九頁。
＊44　ミネルヴァ本、二二一頁。
＊45　同右、二二二〜二二三頁。久光が西郷の上洛を認めた理由としては、他に足痛で小松帯刀の上洛が見送られたことも考えられる。すなわち、小松に代わる大物がこれからの政局との関連で必要とされ、それが西郷であったということである。
＊46　『大久保利通文書』第四巻（東京大学出版会、一九八三年）三七八〜三七九頁。
＊47　『木戸孝允文書』第六巻（同右、一九八六年）三四六〜三四九頁。
＊48　芳本、二二五〜二二七頁。

あとがき

本論集編集委員会は、現代の政治的な課題を踏まえ、二〇一二年に活動を開始した。執筆者のうち家近良樹氏を除く六名の準備報告は、次のとおりである。

・二〇一四年一一月八日（東京・於明治大学）
久住真也「政治君主としての徳川家茂」
宮下和幸「加賀藩主前田慶寧の政治判断」

・二〇一五年一月一〇日（東京・於明治大学）
藤田英昭「幕末期における尾張徳川家の意志決定と徳川慶勝―慶応三年前後を中心に―」
栗原伸一郎「仙台藩の動静と藩主伊達慶邦―元治・慶応期を中心に―」

・二〇一五年二月二一日（東京・於明治大学）
後藤敦史「幕末政治・外交と岩瀬忠震」

・二〇一五年六月一四日（愛媛県宇和島市・於宇和島市生涯学習センター）
上田純子「長州藩の国事周旋と益田右衛門介」

論集編集にあたり査読でお世話になった諸先生方、また準備報告でご意見を賜った各位、そして出版を引き受けてくださった有志舎・永滝稔氏に改めて心からお礼申し上げる。

本論集が現在を見つめ未来を見据えるための視座の一助となり、明治維新史研究のさらなる進展に寄与するものであれば幸いである。

二〇一六年九月

論集編集委員会
久住真也　後藤敦史　柏原宏紀
中川壽之　＊前委員　勝部眞人

執筆者紹介（執筆順）

後 藤 敦 史（ごとう　あつし）　1982年生まれ　大阪観光大学国際交流学部専任講師

久 住 真 也（くすみ　しんや）　1970年生まれ　大東文化大学文学部准教授

宮 下 和 幸（みやした　かずゆき）　1975年生まれ　金沢市立玉川図書館近世史料館学芸員

藤 田 英 昭（ふじた　ひであき）　1973年生まれ　（公財）徳川黎明会徳川林政史研究所研究員

栗原伸一郎（くりはら　しんいちろう）　1975年生まれ　宮城県公文書館公文書等専門調査員

上 田 純 子（うえだ　じゅんこ）　1968年生まれ　山口県史編さん専門委員（明治維新部会）

家 近 良 樹（いえちか　よしき）　1950年生まれ　大阪経済大学経済学部教授

明治維新史論集 1

幕末維新の政治と人物

2016年9月30日　第1刷発行

編　者　明治維新史学会

発行者　永滝　稔

発行所　有限会社　有　志　舎

〒101-0051　東京都千代田区神田神保町3丁目10番、宝栄ビル403

電話　03(3511)6085　　FAX　03(3511)8484

http://yushisha.sakura.ne.jp

振替口座　00110-2-666491

DTP　言海書房

装　幀　奥定泰之

印　刷　モリモト印刷株式会社

製　本　モリモト印刷株式会社

ISBN978-4-908672-06-4